本书为教育部人文社会科学研究青年基金项目
《数字化赋能特殊儿童社会情感能力培养的协同机制研究》(

特殊儿童

社会情感能力
培养的
行动研究

黄珊 著

TESHU ERTONG

SHEHUI QINGGAN NENGLI PEIYANG DE

XINGDONG YANJIU

山东人民出版社·济南

国家一级出版社 全国百佳图书出版单位

图书在版编目（CIP）数据

特殊儿童社会情感能力培养的行动研究 / 黄珊著
.--济南：山东人民出版社，2024.7
ISBN 978－7－209－14952－5

Ⅰ.①特… Ⅱ.①黄… Ⅲ.①儿童教育—特殊教育—
心理健康—健康教育—研究 Ⅳ.①G76

中国国家版本馆 CIP 数据核字(2024)第 029654 号

特殊儿童社会情感能力培养的行动研究
TESHU ERTONG SHEHUI QINGGAN NENGLI PEIYANG DE XINGDONG YANJIU

黄珊 著

主管单位 山东出版传媒股份有限公司
出版发行 山东人民出版社
出 版 人 胡长青
社 址 济南市市中区舜耕路 517 号
邮 编 250003
电 话 总编室 (0531) 82098914
市场部 (0531) 82098027
网 址 http：//www.sd－book.com.cn
印 装 济南升辉海德印业有限公司
经 销 新华书店

规 格 16 开 (170mm×240mm)
印 张 18
字 数 284 千字
版 次 2024 年 7 月第 1 版
印 次 2024 年 7 月第 1 次
ISBN 978－7－209－14952－5
定 价 58.00 元
如有印装质量问题，请与出版社总编室联系调换。

前　言

社会情感能力的培养是当下我国基础教育发展方式转变、促进德育内涵式发展、提升学生全面发展质量的重要途径。特殊儿童作为德育对象的重要组成部分，其在情绪、行为以及社交能力等方面的问题更为突出，如自闭症儿童在情绪、沟通互动、同伴关系和亲社会行为等方面均存在障碍，智力障碍儿童的情绪管理、自我管理、人际交往、规则遵守等能力远低于普通儿童。因此，提升特殊儿童的社会情感能力显得尤为重要。

本书是一份关于特殊儿童社会情感能力培养的课程行动探究及经验分享，是行动研究实施历程与成果的说明。在此，笔者将研究者的经验与写作置于被观看和被阅读的公开论述场域，希冀能广邀鞭策与指教之言，激荡行动实践和反省批判之心，也希望能够抛砖引玉，扩大学术界和实务界对特殊教育行动研究的对话。

第一章阐明本研究的研究背景、动机和目的，第二章详细介绍特殊儿童的社会情感表现特质和社会情感能力培养的理论基础、课程建构的核心概念和基本精神，并基于理论提出如何建构特殊儿童社会情感能力培养的课程并实现教学转化。为了解说整个课程与教学行动历程、结果，本书在第三章中按照课程行动探究策略与研究设计的要求，说明社会情感能力培养的行动研究是如何展开的，以建构技术与实践综合取向的课程与教学行动研究。在第四、第五章中，通过第一轮一学期的课程方案设计与改善研究，以及第二轮一学年的课程教学转化和调整探究，记录和分析课程内容、教学策略与组织、评估方式的发展和转化实施历程，呈现出特殊儿童社会情感能力培养的行动实践探究过程，说明其间所潜藏的教师个人信念对课程与教学的诠释，展示学生课程推进过程中的真实表现。第六章则从学生、家长和教师的多元角度对社会情感能力培养的课程进行回馈与评估，呈现该课程行动的实施成效，并在综合讨论之后，分析本研究的课程与教学思考。最后，在第七章对整个社会情感能力培养的行动研究做回顾省思，以分享从行动实践与探究中所获得的启示。

目　录

第一章

导　论

第一节　研究缘起与动机

一、研究缘起

在最近的几十年中，教育中最重要的问题之一是让特殊儿童充分参与至融合学习环境。研究表明，将社会情感作为重点的教育教学内容是特殊儿童纳入融合环境的基本优先事项（Maria & Nikolaos，2017）。目前在生活化、小区化康复服务大力推行的背景下，特殊儿童的生活自理能力和职业能力康复得到了较大的关注，但人际交往、掌握社会规则等社会情感技能在整体的课程体系中仍处于边缘地带，没有得到足够的重视（唐赛君，2015）。社会情感是一种复杂且具有挑战性的学习，主要原因在于一个人的情绪行为表现不仅受限于个人的认知能力，还会受其所处环境及文化的影响（Smith & Matson，2010）。特殊儿童在社会信息组织与统整、心智解读以及同理心方面的能力薄弱，难以理解别人行为背后的目的、想法和感受，无法预测他人行动，也未能察觉一般的社会情感规范及惯例。这导致他们在生活中呈现社会适应困难与社交技能不足，如缺乏情绪的辨别与调控能力，进而可能在学校、家庭和小区生活中不断出现内、外在的冲突与挫折，产生情绪与行为问题，影响他们的求学与未来生涯的发展。因此特殊儿童必须接受社会情感的指导（Drew & Hardman，2007），以帮助他们提升社会适应能力与人际的接纳。另外张玉红（2019）的研究显示特殊儿童良好的社会情感能力从小学低段到初中阶段将保持持续上升的趋势，是故为此阶段的特殊儿童提供合适的社会情感训练，对于其在学校、社会生活以及未来的转衔，具有非凡的意义。

与此同时，随着世界科学、技术、医学和保健领域的发展，残疾人士的预期寿命有很大程度的增加。例如，唐氏综合征患者的平均预期寿命已增加约 30 年（Umadevi & Sukumaran，2012）。但大部分成年残疾人士仍无法有效地融入社会生活（曾凡林，2006；Umadevi & Sukumaran，2012），当父母无法为他们提供足够的护理或无法帮助他们解决行为问题时，他们自身和家庭的发展会受到极大的限制。特殊儿童未来能否融入社会是家长们最担心的问题之一（王静，2010），而让特殊儿童能够走出家门，参与普通人的活动，顺利融入社会的必要前提是掌握符合社会期待的社会情感能力。因此，特殊儿童的社会情感能力培养亟待受到关注且任重道远。

近年来我国特殊儿童的社会情感能力培养在政策层面上越来越受到重视。根据我国《特殊教育提升计划（2014—2016）》中所指出的"深化特殊教育课程改革……注重培养学生自尊、自信、自立、自强的精神，注重学生的潜能开发和功能补偿……强化生活技能和社会适应能力培养"，与《第二期特殊教育提升计划（2017—2020）》提出的"尊重残疾学生的个体差异，注重潜能开发和缺陷补偿，提高特殊教育的针对性。促进残疾学生的个性化发展，为他们适应社会、融入社会奠定坚实基础"，以及 2021 年教育部等部门颁布的《"十四五"特殊教育发展提升行动计划》指出的"促进残疾儿童青少年自尊、自信、自强、自立……教育质量全面提升，课程教材体系进一步完善，教育模式更加多样，课程教学改革不断深化"可知，社会适应能力的培养是贯穿特殊儿童教育的主轴，各文件均强调从课程教材体系方面不断提高对特殊儿童教育的适宜性和有效性。同时，教育部于 2007 年印发的《培智学校义务教育课程设置实验方案》在培养目标中明确指出要"使智力残疾学生……具有初步的社会公德意识和法制观念；具有乐观向上的生活态度……适应生活、社会以及自我服务的技能"。在此基础上 2016 年教育部颁发的《培智学校义务教育课程标准》进一步指出课程设计思路应着力提升特殊儿童的社会适应能力，帮助其了解基本的生活常识、掌握生活必备的适应性技能、养成良好的行为习惯、形成基本的生活适应能力及良好的品德。从中可看出，社会情感能力作为社会适应能力的重要组成部分，也是特殊教育课程的有机组成。同时现有的政策文件越来越强调"选择性课程"的设计与开发，"选择性课程"指学校根据当地的区域特色、学校特点、学生的潜能开发需要而设计的可供学生选择的课程。《培智学校义务教育课程设置实验方案》规定了培智学校的"选择性课程"占整个课程比重的 20%—30%，这就扩大了校本课程的开发空间，增强了选择性课程的课时比例弹性，为社会情感课程的设置提供了较大的灵活性与保障性。

分析上述可知，作为特殊儿童生存技能与社会适应的关键部分——社会情感能力的培养在宏观层面上越来越得到重视，这也是特殊教育学校课程改革的重要领域（王辉、王雁，2015）。2002 年联合国教科文组织向全球 140 个国家的教育部发布社会情感与情绪学习的实施原则，希望各国政府重视并全力推动相关课程。美国、英国、澳大利亚等西方国家近年来大力发展以生活质量为导向、以小区为基础的教育与康复服务，致力于提高残疾学生的社会情感与社会适应能力。美国特殊儿童委员会（Council for Exceptional Children，CEC）于 2017 年提出的 High-Leverage Practices 即 HLPs 的最新改革中，包含了合作、评估、社会情感/情绪/行为这几大领域的 22 项基于实证的教学策略，目前正在全美积极地实施推广，可见在特殊教育改革中，社会情感能力的影响日趋重要。具有系统性、针对性与指导性的教材教法逐渐形成，各种有效的社会情感教学策略方案开始为现场教师提供有价值的参考与借鉴（The HLP Writing Team，2017）。英国提出了特殊儿童着重发展的技能包括"交流、合作、解决问题、个人和社会情感、日常生活技能"等（刘春玲、马红英，2011）。Monash University（2017）的一项联合研究发现，69%的家长认为学校应该教授更多的社会情感能力，近一半家长希望他们的孩子能够学会"如何在工作场合言谈举止恰当"，考虑到种族因素，印度和其他亚洲父母中的这一比例显著提高到94%。基于近几十年以来社会情感能力在促进学生学业成绩提升方面的实践证据，在新的澳大利亚课程中，发展学生社会情感能力的要求被纳入包括特殊儿童在内的整个学校课程之中（Davies，Cooper，Kettler & Elliott，2014），如预防性的 FRIENDS（Feeling—Relax—I can do it—Explore solutions—Now reward yourself—Don't forget to practice—Smile and stay calm）情绪教育课程。该课程主要分为七步：第一步，教导儿童认识与辨识自己和他人的感觉（Feeling），并做出调整；第二步，以各种技巧进行放松（Relax）；第三步，教导儿童把负面想法（红灯，停止）改变成正面想法（绿灯，尽力而为），即"I can do it!"；第四步，探索解决问题的办法（Explore solutions）；第五步，奖励自己（Now reward yourself）；第六步，别忘了多练习（Don't forget to practice）；第七步，学会微笑，平静面对人生（Smile and stay calm）。由此可见，这些国家都将社会情感能力的发展作为特殊儿童教育的核心目标和重要内容（王辉、王雁，2005）。

上述数据显示，全球特殊教育领域对于社会情感能力的培养都在政策与课程上给予高度的重视，并取得不少成果。我国对于复杂的社会情感教育问题也已经逐渐引起特殊儿童家长、教师等相关人员的重视。在当今我国特殊教育发展日益蓬勃的环境下，采取有效的课程方案切实提高与改善特殊儿童的社会情感能力，进一步提升家长与教师的重视，既是特殊教育工作者的一项重要任务，更是促进特殊儿童社会性适应发展的良好契机。

二、研究动机

学校是提高特殊儿童社会情感能力的重要支持系统（Baczała，2016），已有的研究强调教师必须使用社会情感教学作为手段以保持和促进学生的学业准备（Hughes，Katsiyannis，McDaniel et al.，2011）。但社会情感的重要性与现场的实践性并未有效契合，Kemp（2015）通过问卷调查教师教导特殊儿童社会情感现状之后发现，一线教师深感社会情感课程的缺乏与迫切，教师在实施社会情感教学的最大障碍是缺乏足够的时间与资源来设计方案，难以找到合适的社会情感课程。因此，他们希望能够提供可操作性的课程与教材，以协助特殊学生习得社会情感线索解读、人际问题解决等能力，并减轻特教老师负担，提高教学效率。

纵观我国，自 2007 年颁布培智学校课程设置新方案到 2016 年出台新的课程标准，为了提升特殊儿童的生活与社会适应能力，不少学校开展了有关社会情感的课程编制，如上海市 A 学校（2008）的特殊儿童基础道德的戏剧式教学、上海市 B 学校（2009）的中重度特殊儿童生存教育社会化课堂的实践研究、北京市 C 学校（2011）的生活适应性功能课程、宁波市 D 学校（2011）的培智教育小区化实践研究、广州市 E 学校（2011）的启智学校社会适用课程、广东省 F 学校（2011）的中重度特殊儿童教育人性化课程之情绪分化以及南京市 G 学校（2016）的培智学校中重度特殊儿童生活化校本课程等。从中可看出社会情感方面的教学逐渐引起各类学校的重视，其内容主要分布于品德与生活适应课程及康复训练课程之中，关于社会情感方面有系统性、针对性的教材教法相对较少。

　　综合上述可知，社会情感能力影响着特殊儿童的人际互动质量与生活质量，且逐渐受到重视，然而社会情感虽然为特殊儿童课程的一部分，但仍缺乏系统的课程研究和对教师有意义的完整教材及评估工具。特殊教育的目的是培养学生自立谋生的技能与适应社会生活的能力，故增强特殊儿童的社会情感能力，提高相关课程质量实属必要。

　　课程并不仅指教科书中所呈现的教学内容，或是计划好的学习活动方案，更是广泛地涵盖了整体的教育实践，包括由学校促成的"正式"与"非正式"的教学内容与过程，创造出各种各样的学习机会和教育经验，使得学生获得知识、产生理解、培养技能、改变态度以及涵养价值观等（Doll，2008）。而课程的落实有赖于教师在教学实践过程中的课程规划艺术和教学转化功夫。也就是说课程需要在教室内与学生产生互动，才能产生实质性的作用，否则只是个计划而已。

　　当前我国大力倡导特殊教育课程改革，鼓励各地区、各单位基于课程标准的基础上自主研发区域性、校本性的课程。但大部分教育实务工作者在课程改革的实践过程中，仍会秉持传统"自上而下"的课程实施模式，往往被动地执行课程任务，缺乏相应的教学热情和专业的自信与自主性。虽有许多学者或从批判的角度，或从实务的角度，提出许多关于特殊教育课程与教学的政策性建议与讨论，但较少从教室层面切入对课程实践核心的探讨，即对教师课程筹划艺术和教学转化实务缺乏关注。特殊教育的研究对象往往是异质性的个体且人数较少，一般的统计分析方法或比较研究等较难适用，因此行动研究在特殊教育研究中正在起着日益重要的作用（许家成，2008）。而实践中教师不仅是教学者，更是行动研究者、课程教学的设计者、决策者及执行者（蔡清田，2013），因此教师必须产生行动。

　　行动中单靠个人一己之力确实有困难，即便是对的事也必须集众人之力才更有成功机会。高校研究者拥有某种教育原则或理论基础的整体性知识但较缺乏实务的教学经验，中小学教师拥有丰富的实务教学与现场经验但可能缺乏一定的理论作为指导，因此，高校研究者若是能同一线教师共同合作进行行动研究，通过搜集相应的省思等资料，便可以发展出符合特定教育情境的实践知识（潘世尊，2006）。

本书研究者借由在特殊教育学校临床教学的机会，为特殊儿童规划及实施合理的社会情感能力培养课程，并结合一线教师同伴的力量共同产生确实可行的方案。课程的构建与方案的提出使研究者与教师共同解决困境，跳出原有的思维狭隘，展现教师在课程与教学的研究、设计和实施中具有的主动创造的地位。希望本研究的开展与最终成果的呈现，对特殊儿童的社会情感能力培养有所帮助。

第二节　研究目的与问题

鉴于目前特殊教育领域对社会情感教育的缺乏，结合特殊儿童的发展需求和学校的课程结构安排，本研究以正处于青春期的六年级特殊儿童为对象，以自编的社会情感能力培养课程所进行的临床教学过程为例，通过实际探究方式，探讨以下两个议题：

1. 特殊儿童社会情感能力培养课程的建构、教学转化实施的历程与成效。

2. 行动研究对特殊教育教师发展课程与教学能力的意义与启示。

本研究主要是结合理论和实务，在实践中探索如何基于社会情感能力培养的主要理论基础发展出相应的课程，并将课程转化到实践中。基于理论与实务的对话，本研究力图达到以下两方面的目的：一方面，厘清课程教学转化的要素和实施技巧，通过反思与批判，检查课程行动研究的实用价值，为实务工作者提供一个实际的范例，以推动"教师即研究者"的概念，展示教师在课程发展、教学转化和课程研究中，是具有主动创造的角色和运筹帷幄的地位。另一方面，为特殊教育教师或融合教育教师在实施特殊儿童社会情感教学时，提供参考架构。

第二章

社会情感能力培养的课程建构

第一节　课程建构的核心概念与基本精神

本研究主要是关于实施社会情感能力培养课程的行动探究，是我（研究者兼教师）与学生及实际任课教师一起合作的行动探究过程。以此为依托，研究者和教师深入探究以人为本的课程教学转化过程，并进一步省思如何为特殊儿童提供最有效的教学，秉持"教师是课程主导者"的理念，基于"转化型课程"的精髓，整个过程以课程规划和调整艺术作为课程教学转化的核心概念。

一、课程规划的内涵

课程规划（curriculum planning），就是课程工作者（包括教师在内）作出决定、制订教师和学生在教学活动中将要执行的计划的过程。科学的课程规划主张课程实务需要在具体的情境中，通过"慎思规划"来做成行动决策，实施过程既是规划付诸实践的过程，也是规划不断接受实践检验和完善的过程。张玉华（2023）认为，课程规划实施闭环包括"编制（Plan）—转化（Transform）—行动（Do）—反思（Reflect）"四个基本环节。因此想要编制出科学的课程规划，首先需要了解实践过程中的教学问题，确定目标，广泛地评估不同的方案，详细地评估各项方案可能产生的各种结果，综合各种优点加以互相调适，产生相对合理的方案。但这并不是最终的答案，每当情境转变，新的处境会引起新的问题和需要，这就需要课程规划进行持续性的更新，以行动、判断、省思、评判、论证和合理化等迭代思维对锚定问题的持续解决，实现若干小周期循环改进的基础上大的提升，以促使课程的实践有一番新的气象。

二、课程的教学转化

课程教学转化（pedagogical transformation of curriculum）是以"课程即过程（curriculum as process）"作为基本前提的，强调教学是一种课程实践历程，也就是转化型教学，极其看重教师的个人专业与信念，以及学生的课程诠释与教室文化（甄晓兰，2003）。一般老师在教学前，都会针对教材内容进行各类型的教学准备（转化便是其中一项工作）。那么是否所有教材都需要进行转化呢？这是笔者在阅读文献时首先产生的问题。帮助学生将一个他们无法自行消化处理的学习内容，做形式上的转换，好让他们可以习得该教材的目标，固然是教师专业能力的展现；然而若教材内容不符合学生的理解能力，这时的协助重点便显然不再是进行直接转化，而是涉及其他性质的活动了，例如为其提供练习机会，让学生能够将习得的知识内化等。因此转化的程度如何，在老师心中应该有一套判断准则才行。至于这套准则为何，在笔者看来答案仍要回到 Bloom 的认知教学目标来思考。举例而言，在教授一篇课文时，老师心中究竟设定了哪一个层次的目标？若这堂课的教学目标仅设定在"记忆""了解"层次，则教导学生认识新字词、理解语词等，应该算是颇为合理的做法。

为了提升教学转化的质量，教师在教学之前，必须对教学目标与学生的准备状态有所评估，这样才不至于会犯"多此一举"抑或"误判情势"的错误。而除了事前评估之外，教师更应注意持续设计一连串复杂的诠释、规划、评估、决策和实践行动及事后评鉴，以使经过转化之后的教学内容，的确如"毛毛虫变蝴蝶"般有相当优质的水平（唐淑华，2011）。因此从"理想课程"层层转化到学生的"经验课程"之间，教师要成功展现出课程领导和规划艺术，至少要做好实务性探究、教学想象力和批判性反思三项工作，这三者之间并非截然分开的，而是相互交感、彼此影响的。通过实务的行动探究，将不断激发教师对"学生""内容""教与学"的专业认知，使其竭尽所能发挥教学机智与想象力，使得教学活动具有创意、内涵和品质，使学生建立有意义的学习。

三、课程教学转化的基本假设

教室层级的课程实践秉持着教师乃是课程潜力的主导者信念，相信学生是有发展潜能的独特个体，其所该享有的学习机会，应该是全面、带有情感的学习（甄晓兰，2003）。特殊儿童群体之间存在极大的差异性，更需要教师发挥主观能动性，充分挖潜特殊儿童的学习潜能，本书基于实践取向的课程教学转化认为：

（一）课程是弹性与持续性的过程性文本

任何课程的定义和内涵都涉及"知识性的文本事件"，而在这些文本事件中，参与者能够在情境中创造意义。因此，课程不应被视为一种"成品"，也就是说课程不仅仅是出版的教材和教师手册，真实的课程是在教室中被经验的部分，应被视为包含师生间的互相理解、互动与意义共创的历程。在这个历程中，各轮课程规划与实施之间要"首尾呼应"。上一轮课程规划实施的成果经验可在总结归纳后进行制度化，纳入下一轮规划的"规范"部分，积淀课程经验，成为学校教师开展类似实践的行动引领；上一轮课程规划实施的遗留问题则可在梳理后进行持续解决，纳入下一轮规划的"创新"改进部分，实现持续改进。此外，还要促进上、下两轮课程规划之间"连贯一致"，持续聚焦同一课程关键问题的解决或某一改进发展目标的达成（张玉华，2023）。因此课程是活的过程，在师生互动过程中，通过不同的文本形式、沟通管道，来产生相生相衍的意义与转化。

（二）课堂是诠释的场域和社群

教师在课堂上的诠释活动主要是将呈现内容知识的课程材料，转化为有效教学的形式，来满足不同能力学生的需求。由于师生之间的课程诠释活动，常常试图解读各种不同声音和各种教学材料所蕴含的深层旨意，试图在教室的时空脉络中理解个体与群体的互动，使得课堂的诠释活动呈现出交互辩证的历程。这种开放性的诠释活动促使课程设计具有展示出不规则、生动的和生成性的特质，因此教师在规划课堂教学活动时，应预留空间，尤其是针对充满不确定的特殊儿童课堂，让生成性或未成熟的观点有机会衍生出新的觉醒（甄晓兰，2003）。

第二节　特殊儿童社会情感能力表现的特质

一、社会情感能力的内涵

社会情感能力有很多定义，总的来说，它是侧重于一系列与社交、情感、行为和性格相关的技能，这些技能帮助学生在学校、工作、人际关系和社群中获得成功，通常被认为是"软技能"或是个人特质。虽然某些社会情感能力似乎得到普遍理解（例如，问候、发起对话），但还有更多看起来更复杂且根据每个儿童而变化（例如，解决问题、自我控制）的技能，也是属于社会情感能力的范畴（Mandi，2012）。可见社会情感能力是由一系列能力组成，包括识别和管理情感、设定并实现积极的目标、建立和保持积极的关系、欣赏他人观点、做出负责任决策以及建设性地处理人际关系（Durlak，Weissberg，Dymnicki et al，2011）。根据美国 CASEL（Collaborative for Academic，Social，and Emotional Learning）组织的理念，社会情感能力被界定为五大能力的组合，包括自我意识（Self-awareness），即理解自己的情感、个人目标和价值观并且知道它们如何在环境中影响自己行为的能力；自我管理（Self-management），即在不同情景下有效管理自己的情绪、思想和行为，并实现目标和愿望的能力；社会意识（Social Awareness），即理解他人观点并与他人共情的能力；人际关系技能（Relationship Skills），即建立并维持健康和支持性关系的能力，并且在有着不同个体或集体的情境中自如沟通的能力；负责任决策能力（Responsible Decision-making），即在不同情况下对个人行为和社会互动作出关怀和建设性抉择的能力（郭绒，2022）。对于特殊儿童而言，这五种能力对其融入社会、提高生活质量发挥着重要作用，能够帮助他们理解情绪，正向回应与善待他人，以及有效解决问题冲突等。

个体的社会情感能力主要体现为三个方面：首先是处己的能力，即自主行动的能力，包括自我形象、自我能力与自我概念，如辨识与处理情绪、接受结果、伦理行为、表达感觉、对自我的正负态度、负责的行为等；其次是处人的能力，这是个体本身在社会知觉与社会情感规则中与他人的人际关系表现，如通过接收和解读信息，学习尊重、欣赏他人，以及妥善处理冲突情境的能力等；最后是处环境的能力，这是个体本身与环境的交互作用，主要包括在社会参与过程中与任务/工作有关的表现，如适应教室、家庭和小区等各种特定情境的能力（Gresham，1998）。其中人际交往是社会情感能力的重要体现，人际交往的合作、尊重、表达需求等技巧需要借由特定的学习，并最终以符合社会文化期待的行为展示出来，并产生良好的社会效应（周宗奎，2002）。情绪管理能力近年来也越来越受青睐，这种理解和体验自己与他人情绪以及控制情绪的能力，对于特殊儿童的生活质量尤其重要，因为他们也具有情感体验的能力与权利。丰富的情绪经验能够让特殊儿童更立体地感受人际互动的温度与精彩，而这些经验的获得需要通过系统性的学习。通过学习，特殊儿童能够获得对情感情绪的辨识、解读与管理，甚至是对他人的同理。

不同的研究者对于社会情感能力界定的维度与偏向会有所不同，但也具有互相共通之处，即社会情感能力是一个正向行为的集合，包含外显行为及内隐技能，可经由后天习得，需要个体主动发起和互动，能对自己的行为或情绪进行适当的控制等（Gresham，Elliott，Vance & Cook，2011）。从本质上讲，社会情感能力是一种胜任性能力，是像智力发展一样可以通过学习、练习并在具体情境中应用而获得的能力（杜媛，毛亚庆，2019）。

本研究将社会情感能力视为个人社会能力的成分之一和社会情感情境有效运作的决定因素（Matczak，2007），个人经过学习和训练后，将复杂的社会行为或价值标准，转换为一系列社会接纳的正向技巧策略，用以沟通并适应生活，甚至能够适应环境变化（黄珊，陈玉，佘丽，2017）。也就是说儿童在特定情境中，运用自我认知基础，将其难以言说的内心转化为适当的外显的口语及非口语的行为表现或感受，且该行为与情绪感受能被社会所接纳。是故社会情感能力不应只是外显技巧的呈现，还包含儿童本身的思考脉络。学习者所需学习的应当是一套多元弹性的复合选项，而非绝对单一的标准答案。社会情感能力培养项目正是依据这些要素进行选择和设计，其习得历程乃是螺旋状的连贯性学习，教师在教学前应通过多元评估了解学生行为或情绪问题的症结所在。因此针对特殊儿童的课程设计首先需要分析了解他们社会情感能力在这几方面的具体表现和特质，以定制适合其发展需求的教材教法。

二、特殊儿童社会情感能力表现的特征

社会情感表现困难是特殊儿童的一个重要特征（De Bildt，Serra，Luteijn，Kraijer，Sytema & Minderaa，2005），主要有：

1. 自我意识与自我管理表现：（1）自我观念消极：特殊儿童对于生活中的突发事件常缺乏弹性，较容易表现出自卑、逃避、拒绝、紧张、焦虑、固

执、压抑等行为。（2）挫折容忍力低：特殊儿童较常使用"原始性心理防卫机制"面对挫折，即运用的是其大脑中童年生活旧经验所形成低层次的心理防卫机制，而非发展出与其年龄相吻合的较高层次之心理防卫机制。（3）外控制信念（external locus of control）强：特殊儿童为了避免遭受失败，在解决问题上，常将事情的成败归因于外界因素。（4）自我规范能力弱：特殊儿童较不能自我节制冲动的情绪和自我管理自己的生活和行为，需高度的接纳与赞许等外在动机来维持适当行为。

2. 关系技能表现：（1）人际互动差：特殊儿童因其人格与行为特质的限制，很少和同伴有互动的经验，常被孤立、冷落，无法融入团体活动。（2）社会知觉能力不足，心智能力薄弱：特殊儿童在依循特定情境做出相关决定时常会出现困难，分辨情况的能力有限，信息组织与统整、心智解读以及同理心方面的能力薄弱，难以理解别人行为背后的目的、想法和感受，尤其是在具有多重意图的社会情感情境中（Leffert, Siperstein & Widaman, 2010）。（3）语言沟通能力差：特殊儿童常无法了解他人口与信息的重点，对字词语意缺乏区辨能力，故其语汇贫乏、语句不完整，这又直接影响其社会情感互动的质量。（4）异常行为：智障者常伴随着若干不适应行为，例如破坏、不专注、自我刺激等，这些不适应行为导致其遭到同伴的嫌恶不愿与其交友。（5）问题解决与冲突处理方式不佳：在人际交往中遇到问题与冲突时，特殊儿童常使用低层次的、负向的策略和消极的态度与行为去面对，如面对不喜欢的事情，他们会采取逃避的心理或选择装傻、夸大事情的经过与结果。

3. 社会意识与决策能力表现：（1）行为较固执刻板：特殊儿童以直线思考为主，思维缺乏弹性，变通与应变能力差，往往固执于某一固定的模式。（2）专注能力差：特殊儿童的注意力范围较窄，选择性注意能力差，无法长时间专注，这使他们不易习得正确的社会情感行为。（3）问题解决能力差：特殊儿童常未经思考即向别人求助或求取指示，所以比较容易模仿别人的行为，而不是靠自己的能力解决问题。（4）类化及迁移能力弱：特殊儿童的思考方式缺乏随机应变的能力，难以将所学的知识应用至实际生活中。

结合特殊儿童自我意识、自我管理、关系技能、社会意识与决策能力五个方面的表现进一步分析可知，受到认知发展上的限制，特殊儿童在学习上表现出不擅组织学习材料、学习类化有困难，学习时较不容易集中注意力，注意力集中的时间较短，以及选择性注意力能力较差等特征，进而导致后设认知、社会认知、沟通能力、自我控制与自我概念等能力均低于同年龄的常人水平。缺乏使用适当的行为策略能力以及学习能力欠佳，无法解释社会情感问题并产生适当的解决方案（Kemp，2015），使特殊儿童遭遇过多的失败经验，再度衍生一些与常人相异的人格特性与社会情感情绪行为表现，而导致出现种种行为问题，进而影响其学习适应和人际互动，严重者甚至会伤害到自己和他人，造成暴力或犯罪事件。因此，深入探究特殊儿童这些特质背后的原因并提出合理的教育教学方案，十分有必要。

三、特殊儿童缺乏社会情感能力原因的探究

社会适应不佳是由于特殊儿童存在社会情感缺陷，这导致他们未能拥有足够的情绪与行为处理能力来适应社会情境中的各种问题与需求。社会情感缺陷常被划分为三类：无情绪干扰和有情绪干扰的习得性、表现性与流畅性缺陷（王雁，2014；Gresham，Sugai & Horner，2001；Gresham，Elliott & Kettler，2010），见表2-1。

表 2-1　社会情感能力缺陷的假设与分类

	习得性	表现性	流畅性
无情绪干扰	习得性缺陷	表现性缺陷	流畅性缺陷
有情绪干扰	自我控制与技巧缺陷	自我控制与表现缺陷	自我控制与流畅性缺陷

数据源：研究者整理。

进一步分析可知学生无法表现出适当的社会情感能力，是"不能"与"不为"两方面的问题。若是学生能做但做得不佳，是"技能流畅性的问题"，原因可能是技能练习不够，也可能是环境的问题；若是学生能做，但是不去做，则是"动机的问题"或"表现性缺陷"，可能的原因有本身有不合理的想法、选择策略不适当，以及环境的问题；若是学生没有能力去做，是"习得性缺陷"，原因可能是缺乏技能或是环境问题。

综上所述，造成特殊儿童社会情感缺陷的原因既有内部的认知不足、自

我控制弱、低自信等因素，更有外部缺乏适宜的表现情境、线索，缺少正确的训练材料、方法和积极回馈，练习机会不足等因素，因此要从学生的个体本身以及环境两个层面来探讨社会情感缺乏的问题。要解决这个问题，应以学生为本，根据学生的不同缺陷类型提供不同教学设计，了解学生目前社会情感的水平包括他所拥有的技能（获得缺陷）或可以执行的程度（表现缺陷），然后根据适合的学派理论依据选择教学措施（Sansosti，2010；Sansosti，Powell-Smith & Cowan，2010），再配合学习材料，使用适当教学策略，以达到有效教学的目的。

第三节　特殊儿童社会情感能力
培养的理论根源

许多研究表明，特殊儿童表现出社会情感不足，需要系统地教授这些技能（Seray，2016）。如何系统地向特殊儿童教授社会情感技能呢？不同的学者有不同的观点，笔者通过分析与整理，认为社会情感的教学模式可分为行为学派、认知学派与认知行为学派：

行为学派认为学习是刺激与反应的联结，强化物对于行为塑造有着关键性的作用。该学派的社会行为塑造是指对于逐渐接近某一新行为的一连串反应，通过工作分析法将目标行为按逻辑顺序细分成数个独立的动作或因素，强调将社会情感能力培养目标分为许多小步骤及加强演练（王欣宜，2007），当学生完成分解目标之后再串联所有的目标。因此行为学派认为社会情感能力培养是操作制约的过程，强调行为因果关系，如强化、工作分析、行为塑造、积极赞许、正向练习等方法。行为学派虽有助于社会情感的获得，但缺乏对行为背后规则的统整，故在实际情境的迁移与类化上有一定的局限性。

认知学派认为人类的学习是个人与其社会环境持续交互作用的历程，儿童的知识、观点和态度的发展受到周遭的人和环境的影响（刘思佳、高瑜，

2011），某一特定情境中社会行为的产生需要儿童解读相关信息，以知觉到情境和其中各种行为特性的能力，如情绪辨识、同理心等。认知学派主张个体辨认自己错误的认知以及用合适的想法替代原先不合适的部分，方法则是通过教导特殊儿童表现社会情感的普遍性过程即解码→决定→表现→评估→统整，使其能有系统的陈述社会目标，解读或解释社会环境内的线索，决定并表现达到目的的社会行为（王欣宜，2007）。因此认知学派认为社会情感能力培养非被动的、局部的，而是由上而下的整体模式，个体如何诠释事件，才是情绪行为反应的关键。

由于特殊儿童认知能力较差，若单纯以认知学派方法加以训练，而缺乏必要的示范、练习和强化，对于特殊儿童社会情感能力的培养未必有效。反之，若只用行为学派的方法训练则不利于特殊儿童对于社会情感的类化。因此兼顾二者优势的认知行为学派的方法将更适合特殊儿童的社会情感能力培养。该学派的主要特征是结合了行为学派与认知学派的优点，强调认知活动在行为问题的发生和转化中有着重要的作用（Taylor, Lindsay & Willner, 2008），同时处理个案的行为和认知，一般是在结构性的行动中进行的。该学派的方法包含了让学生了解步骤、教师示范、学生情境中的角色扮演、练习、回馈、重视类化及迁移等特色，更加符合特殊儿童的认知和学习特质。因此已有的研究大多采用行为认知学派的观点培养特殊学生的社会情感能力。

对于缺乏社会情感能力的学生，主要原因是其社会情感不足、缺乏相应的社会情感知识等，认知行为取向的社会情感训练过程兼顾认知与行为，在为学生提供社会情感架构的同时，通过适当的示范、练习、回馈与修正，让学生不仅了解社会情感的架构，并能付诸行动，达到"知行合一"。基于这些学派的社会情感教学主要理论如下所述。

一、社会学习论

（一）社会学习的内涵

社会学习的核心内涵以观察学习为主，Bandura 提出行为可以从两个途径学习：一为直接经验，二为观察别人所获得的结果。所谓的观察学习是学习者通过观察去了解楷模的反应，学习编码为未来保留这些反应能力。在自然的情境中，个体由观察楷模的行为及其行为结果以获得新的知识、规则、技能、战略、信仰和态度（Schunk，2012）。观察学习不一定会有行为表现，但在适当的诱因下，观察者会将习得的行为表现出来。

楷模示范作用之所以能影响学习，主要是因为它具有传递信息的功能。在观察的过程中，示范行为会浓缩成符号性的表征（symbolic representations），指引观察者在日后做出适当的行为，因此观察学习涉及观察和行动过程（Spriggs，Gast & Knight，2016）。观察学习过程主要包括行为模仿的四要素：一是注意，学习者首先必须要注意到要模仿的行为，尤其是行为中的关键部分，因为注意过程决定了学习者将关注的模拟行为的特征（Bethards，2014）。而示范者所呈现出的行为特质、楷模行为是否受到强化、楷模本身的能力和权威以及观察者处理信息的能力，均会影响学习者对行为的观察重点及解读信息。二是保留，学习者要重复示范对象的行为，将所观察的行为记在脑海里。根据 Bandura 的说法，此阶段的保留历程可由两种方法完成：形成影像与语言编码。此阶段需要使用符号将楷模行为加以组织，再经由演练表现出来，保留效果可达最佳的境界。三是动作重现，即将原先已编码的影像和语言表征转换成动作。也就是说，观察者在表现出楷模行为前仍需一段时间做认知的演练，在演练过程中个体将通过与其认知的楷模行为做比较、修正及回馈，通过不断的自我观察及校正，逐渐仿效楷模行为。四是动机，社会学习理论将学习划分为获取与表现两部分，个体通过观察学习获得了某种行为，但还要有将此行为表现出来的意愿，这样才能较成功地完成模仿学习。相较于看到他人受到消极后果的行为，观察他人获得积极效果的行为更容易被表现出来，这也是外部强化的作用。而人们对自己行为所产生的自我评价，也会影响自身对于观察到的行为的反应，即自我强化的作用。这种通过外部强化与内部强化作用影响动机的机制，对于儿童社会情感能力的培养具有重要的指导意义。四个过程具体表现如图 2-1 所示：

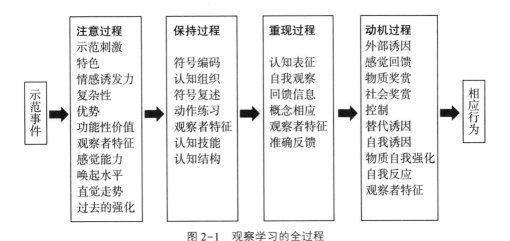

图 2-1　观察学习的全过程

资料来源：Bandura, A. (1995). *Social learning*. In A. S. R. Manstead & M. Hewstone (Eds.),Blackwell encyclopedia of social psychology (pp. 600-606). Oxford:Blackwell

需要注意的是，这四个要素在不同的个体之间有较大的差异。因为不同的个体由于认知的不同，即使是相同的示范者，他们所注意或解读到的行为也可能有所不同。加之他们对于行为的信息记忆与保留也可能有较大的差别，对于动作重现的能力不一样，表现模仿行为动机的强弱不同，这些都使学习者最终展现出的模仿行为具有个别差异性。

（二）观察学习在社会情感能力培养上的运用

Bandura 的社会学习论，可以让教育者和家长了解到观察与模仿同样在特殊儿童社会情感能力培养上扮演着十分重要的角色。对于如何培养特殊儿童有效的社会情感能力（如助人、分享与合作），根据社会学习论者的看法，"言教"的效果远不如"身教"，因此，教育者和家长及同伴的"以身作则"是最佳的方法。而在观察过程中，应给予儿童相应的行为解释与指示。行为解释的策略是指通过解释别人的感觉来帮助儿童了解行为的动机，并借机教导儿童适当的行为处理方式；指示则是指直接教导儿童合宜的社会情感能力。这些社会情感能力，可以通过团体讨论时直接告诉儿童，也可以在适当情境时，适时教导。

大量社会情境中的同伴互动活动例如讨论议题、一起完成角色扮演、合作完成作品创作，所产生的相互询问、互相帮助、模仿与比较的行为，可以对学生的学习产生重大的影响力，改变学习者内在社会情感概念，使其获得新的认知、技能与策略等。同伴互动活动不仅为儿童提供了模仿学习的机会，还有利于加强学生表现良好社会情感的直接动机、替代动机及自我产生的动机，使其把个人的所学到的知识与技能展现出来，分享给他人并教导同伴。由此可见模仿是教导学生社会情感的一种有效方式，尤其对助人行为、自我表露、增进社会亲和行为、自我控制及分享等有显著的效果。在利用观察学习理论来发展特殊儿童的社会情感能力方面，可采取如下做法：其一，突显楷模的社会行为特性来吸引特殊儿童的注意；其二，加强榜样行为的符号印象，指导学习者认知与动作再生的历程；其三，内化榜样的社会行为，给予特殊儿童足够的机会演练，以及善用强化原理激发特殊儿童的动机。

综合上述可知，个体的社会情感行为无法脱离社会的真实性，在教育中可通过观察模仿学习的四个阶段给予个体丰富且适切的榜样，并选择合适的策略改变个体的相关认知与概念。同时 Bandura 相信社会化行为的形成会受每个人的自我调整技能的影响，这种自我调整技能具有检核、判断和评估的作用，故观察学习中的后期，个体的自主性越来越重要。最终教师应让学生从外塑的间接强化转成自我强化，由模仿中达成自我满足、自我强化、提升自我效能，如此循序渐进，必能达到相关概念技能的内化。同时融入于学生所处的生活文化背景与情景脉络之中，以达到教育目的，因此还应重视儿童所处的社会环境。

二、支架学习理论

（一）支架学习的内涵

支架是驱使学生愿意学习的动力，经由有经验的专家指导，支架可以减低学生学习中的不确定，鼓励学生持续学习，并为其提供技术上的示范和特别澄清工作或问题之间的关联性。将支架理论带入教室中，学者们发现支架可以在兼顾学习者的个别需求的同时使其明确学习方向及学习内容，并对教师提出必须释放出学习任务的要求。不同于 IRE 教学的教师启动（initiation）—学生回应（response）—教师评估（evaluation）的模式，支架教学是指导—提示—自发的转化过程（Mason，2000）。由此可见，设计支架的目的是为学生提供适当支持，使学生能力得到最大可能的发展，因此学习任务的难度高时则教师的输入/支持也会较多，相反则减少；学习者的能力强则教师的输入/支持便减少，相反则增强；一旦学习者有进步，教师/支架支持便逐步撤去，由学生承担更大的责任，直至最后完全由学生接管。

可见在儿童由起点能力达到高层次发展的过程中，成人或能力较强同伴的协助不可或缺，这种帮助只有处于儿童的最近发展区（Zone of Proximal Development，简称ZPD）之内，才能有效地促进儿童的发展。最近发展区是"实际的发展层次"与"潜在的发展层次"之间的差距。这种差距可借由有效的引导与社会互动来超越，学习者若能获得来自他人的或专家的协助，其潜在的发展性将优于未接受协助的学习者。根据ZPD的理念，教师应结合学生的优势，更关注学生能够达到何种目标。为了让学生获得潜在发展层次的目标和能力，应将他们放置于社会情境中（因社会互动能唤起其正在发展中的心智能力），在大人或能力较佳同伴的不断支持与引导下，儿童的内在能力逐步发展成熟。此时，还要特别留意让儿童保持在ZPD内来运作，只有着眼于儿童的最近发展区开展教育才能使其跨越目前的能力表现，并且不会失去学习的动力（林汝轩，2012）。

（二）支架理论的教学应用

Cazden是第一位将支架概念运用于班级教学的学者，他认为教师在课堂间的不断提问与引导，也可用支架概念作为隐含的教学策略（Smit，van Eerde & Bakker，2013）。但是在同一课堂中经常会面临ZPD多样化的问题，对于特殊学生的课堂更是如此，对此Puntambekar与Kolodner（2005）提出应该在课堂中设计分布式的支架（distributed scaffolding）课程来支持学生学习，利用不同面向和多元的支架让不同ZPD的学生学习得更好。分布式支架在本质上与之前的支架相同，只是需要在班级复杂脉络中增加更多面向的支架，将个人的支架教学延伸至针对班级复杂情境中的运用。尤其是针对特教班不同障碍类型与程度的学生，教师应充分考虑每位学生的学习能力、需求，针对同一主题设计和提供适合不同ZPD发展的支持与资源。

1. 支架教学原则

维果斯基认为教师的教学应该着眼于学生的ZPD，为其提供有难度的、能够发挥其潜能的内容，而不是提供正确的答案。教师通过活动引导学生发展出新认知能力，在这个过程为学生提供多层次的协助，这些协助是以学生已经具备的能力为基础的，在此基础上引导学生尽自己可能地去做，必要时教师提供适当援助，不断探索可能到达的能力。如果教学者设计的教学内容远远超过学习者的ZPD，无论再给予何种支架，学习者都难以到达要求，因为新的信息被学习者拒绝了。同样的，如果教学者设计的教学内容处于学习者较高的ZPD范围，但若没有提供学习者需要的支架，结果仍然是新信息被拒绝；另一方面，如果教学者设计的内容是处于学生较低的ZPD，学生已经拥有处理相关信息的认知基模，新的信息会被旧的认知基模同化，其学习同样是无进展的。所以，教学者在设计教学内容时，一定要定位在学习者最恰当的ZPD内，而且足以挑战学习者。

从上面的分析，可归纳出两个重要原则——在ZPD的范围内建构支架和随时间拆退支架。在实际教学活动中，可由专家（教师或能力较强的同伴）充当学习者能力发展的支架，且支持的程度依学习者目前的程度调整，即学习者的能力增进时，支持的数量随之递减，支持的多少与难度成正比，支持以内化为目标，逐渐使学习能独立自主。

2. 支架类型及策略

为了能够合理在ZPD范围内运用支架教学，还应根据学生的需求选择不同的支架类型与策略，每一类支架所对应的策略也会有所不同。主要支架类型包括：回溯支架，通过回忆旧经验以提取记忆，帮助主题进行；同伴支架，运用混能分组方式（将不同能力水平的儿童分为一组）增加同伴刺激；架构支架，提供思考框架，让学生有探究或讨论焦点；语文支架，语文是心智思考工具，通过语文可以引发思考及推理，它又包括读写支架（即以明确视像帮助学生聚焦讨论、思考或记录讨论结果）和言谈支架（师生进行教育性对话）；示范支架，通过给予适当示范引导学习者连续不断的模仿，从而使行为趋于复杂化，在教育情境中有专长的教师和同伴都是协助儿童的楷模；材料支架，在教学活动中运用多元材料和表征策略。根据这些类型发展出的支架策略有直接教学演示、口语复诵、提问、线索提示、练习操作体验、经验图绘制、情境布置、材料提供、鼓励与赞美、立即处理、认知组合、示范、澄清、回馈等。

支架策略的引导方式也有质与量的不同。质的引导形式，包括肢体协助、提供材料、参与活动以及口语引导等，以口语为例，就有鼓励、示范、说明、提示、提问等方式。量是指引导协助的数量，引导形式包括全程引导、重点引导、部分分段引导、起步时引导等。在实际教学中，质与量的引导形式可以交错运用，形成多元不同的支架。

3. 教学成分与模式

Wilhelm、Baker 与 Dube（2001）提出支架教学模式的三个阶段：（1）教学者控制：学习活动开始时以教学者控制为主，可使用示范与讲述方式进行教学。（2）协助与练习：教学者在学习活动当中提供支架支持，以结构化的内容协助学习者主动尝试练习。（3）学习者控制：学习者通过教学者协助与重复练习过程后，退去支架独立展示学习成果。在整个教学过程中，教学者的引导比例会随着学习阶段的发展逐渐递减。进一步的解释是支架有三个构成要素：结构、控制和回应。结构是指给予指示及活动设计的情境，控制是为儿童提供执行决策与完成任务的机会，回应是指为儿童提供社会情绪的支持，使其能对活动的情境有所回应。综合已有的文献与解释，研究者将支架概念与过程整理成如下图所示，以期为运用支架培养社会情感能力提供参考：

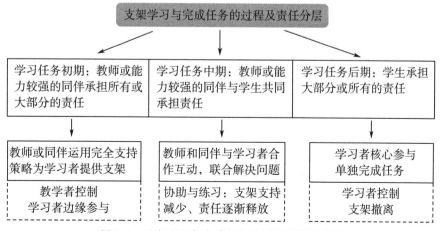

图 2-2　支架学习与完成任务的过程及责任分层

（三）基于支架理论的社会情感能力培养

支架学习将关注的焦点由学习者本身转至整个学习情境，学习者所处的情境脉络以及其中的学习活动，为协助并支持学习者达成学习目标提供合理的支架，因此教学观点亦由传统的强调内容讲述、教材安排，转向着重于学习情境以及学习活动的设计与提供。教师可借由创建支持性的学习环境，为儿童的社会情感能力培养提供支架（Lovat，Dally，Clement & Toomey，2011），如教师通过有意识的互动、言语或非言语的提示方式为儿童参与社会情感能力的培养活动提供情感与言语支架（Mi-Hwa，2016）。

借由支架策略从认知上改变特殊儿童相关的社会情感概念，Dixon-Krauss指出教师可以利用语意网络图、树形图、T形直方图、讨论网络图等策略协助学生澄清社会情感的相关概念，或通过支架式概念构图策略改变儿童的友谊概念。讨论网络图，即将学生对于某一主题的分享式（如关于情绪的主题）讨论的各种叙述摘要写在长条纸上，接着在大的海报纸上将概念相近的话语放在一起，并以较大的字体写出题目，如同主题网制作一样。另外，支架式语言教学被广泛应用于特殊儿童的口语表达等社会情感能力的提高，如将支架式语言教学结合多媒体增进小学中度障碍特殊儿童口语表达能力。在实践中支架的运用更广泛，如随着学习者学习水平的提高，逐渐拆除支架直至完全取消支架的教学策略，不仅能有效促进并维持智障幼儿的正向社会情感行为，同时对降低智障幼儿的负向社会情感行为亦有维持作用。综合以上研究所述，研究者认为支架学习理论对教学有以下的启发：

1. 应用各种支架工具的辅助

以往较多的研究主要是集中于成人与儿童间教学互动的支架议题，近年来有关支架工具的研究有增多趋势，学者们开始将教室视为一个高度复杂的学习环境，认为学生的认知发展可以经由多样化的学习工具中介完成，其中更包括了各项具体直接的材料和科技信息工具的使用。

2. 重视学生主动学习与解决问题的能力

教师通过适当的教学引导与师生互动，让学生经由高级心智作用将教材内容内化成自己的知识，然而教育的最终目的是学习者不仅有内化知识的能力，还要有主动学习及解决问题的能力。通过支架作用的教学方式，培养学生内化知识及解决问题的能力，是教育工作者刻不容缓的任务。

3. 体现出学生个别化的教育方式

由于每位学生的学习起点有差异，对事物的理解、ZPD 有所不同，故搭建教学支架应该基于学生原有的经验，必须具备个别调节性。也就是说，搭建支架取决于不同的学习情境与学生的认知差异，对于能力较佳的学生，提供的支架可以比较少；对于能力较弱的学生，提供的支架应该较多且具体。此外，更可以采用不同的学习活动、辅助方式与鼓励策略等，搭建不同的教学支架来因材施教。

在社会情感活动规划过程中，通过给儿童提供支架资源和互动机会，为他们的社会技能和学习能力发展打下基础。例如，作为调解工具的社会故事，可以在儿童与同龄人和成年人互动时"唤醒"其相关技能，帮助儿童理解他人的社会情感脚本，从而协助其与他人互动，通过社会情感互动促进学习。与此同时，通过创建社会故事来帮助儿童了解他们的周围环境，教师应有意识地把儿童带到他们的 ZPD，为他们提供模仿的机会，并让儿童参与技能的内化与运用。

三、信息处理模式

对于特殊儿童而言，他们重要的发展挑战之一就是学习如何驾驭真实生活的社会情感世界。这些儿童经常遇到各种各样不太熟悉的社会情感情境，且往往不知如何感知和解读社会情感线索并自我调整所展示的社会情感行为。

社会信息处理理论由 Crick 与 Dodge（1994）提出，Arsenio 与 Lemerise（2004）将情感因素纳入考量，形成新的信息处理整合模式，该模型反映了现实生活中社会情感互动的反思与线性思考（Larkin, Jahoda & MacMahon, 2013），更能适当解释儿童的社会互动行为与评估判断及信息处理的认知历程（Al-Yagon & Margalit, 2013），处理历程如图 2-3 所示。

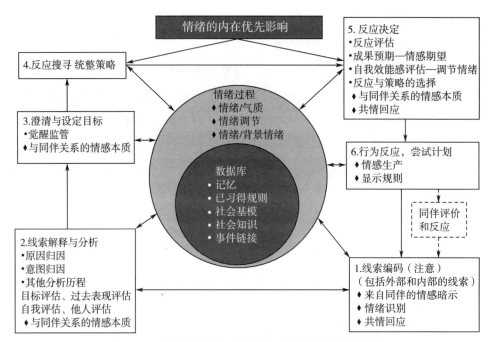

图 2-3 社会信息处理中的情绪过程和认知综合模型

该模型将 Crick 与 Dodge (1994) 社会信息处理模型标记为实心圆圈，用实心菱形的标记代表添加到模型中的情绪过程。翻译自"Aggression and moral development: Integrating social information processing and moral domain models", by W. F. Arsenio and E. A. Lemerise, 2004, *Child Development*, 75(4), 987-1002.

社会信息处理（social information processing, SIP）模式与社会情感之间的联系，已在很多实证研究中被证明。Shearer，Fernandez 等人（2011）认为，儿童的信息处理的确会影响其社会行为。郑芬兰、蔡惠玲等（2010）以及 Crick、Dodge（1994）的研究表明，适当引导其认知信息处理，以认知重整的方式解读社会情感信息，确实有助于儿童更明确的掌握思考内容及其行为反应乃至影响其社会适应。Larkin 等（2013）指出，由于认知和情绪有密不可分的关联（例如在经验生气情绪之前人们会先做认知评价），该模式在心理领域中用于减少智障人士问题行为最广泛的做法是进行愤怒情绪的管理。此外 De Castro（2010）强调我们对 SIP 发展的看法应该重新关注能力如何提高，例如，不应该只聚焦于儿童具有攻击性行为的扭曲现象，而应该评估儿童如何学会认识到（他人）良好的意图以及他们如何对此做出反应。

从上图可知，在 Crick 与 Dodge（1994）的 SIP 模式中，第一步是译码与注意并输入外在与内在社会线索，包括周围人的表情、肢体语言、音调及环境线索等；第二步是对于所知觉到的信息进行意义诠释，如推论他人观感；第三步是澄清目标，对于所处情境选择欲达目标（如，逃离麻烦、结交朋友）；第四与第五步中，个体知道目标后，可能根据旧经验而产生行为反应与搜寻，或是在新情境中建构新的行为进行策略的统整，之后对反应回应进行决策，评估行为反应后选择最适当者；第六步是执行行动，根据选择作出行动，并监控情境与行动间的关联性（曾琼祯、洪俪瑜，2015）。若是不成功，这个认知过程必须再重复一遍。而位于 SIP 模式中心的是有关社会互动的记忆储存库，记忆库中的社会情感法则与规约知识会影响儿童每一项认知的处理过程。整个复杂的序列可能在几秒钟内有意或无意地发生，其中个体可能不知道它的全部或部分。研究人员认为，教导个人以连续的方式思考社会情境是改变无效和不适当的社会行为的关键（Leffert，Brady & Siperstein，2009）。

虽然 Crick 和 Dodge（1994）的 SIP 模型提供了一个综合评估涉及处理社会信息的多种社会认知技能的框架，但他们也承认情感的作用在该模型中并没有很好地阐述。因此 Lemerise 和 Arsenio（2004）在同意 Crick 和 Dodge（1994）关于儿童生理上限制的同时，如选择性注意力、知觉、记忆力和处理速度都会影响儿童对于情境的注意和处理，他们也认为，情绪过程必须被视为这些生理因素的一部分，包括情绪风格，情绪强度和情绪调节技能的变化（Eisenberg，Valiente & Sulik，2009）。故 Lemerise 和 Arsenio 假设情绪和监管能力会影响儿童对社会情感和情绪信息的处理，同时它们也是儿童在具有挑战性的社会情感情境中做出决策的重要影响因素（Al-Yagon & Margalit，2013）。

在他们将情绪处理整合到 SIP 模型中，Lemerise 和 Arsenio（2004）认为儿童数据库包括获得规则，社会知识和社会图式（即儿童对过去经验的潜在心理表征）的记忆库，不仅包括认知成分，还包括情感成分。根据情绪和认知过程的相互影响的神经心理学证据（LeDoux，1995），Lemerise 和 Arsenio 将这两个组成部分之间的联系称为"情感—事件联系"，即儿童的社会情感知识可以通过事件和/或情绪线索来提示与获得。而对于社会情绪知觉与诠释可通过（情境式）影片/图片侦测非语文情绪信息（如：生气、困窘、害怕、挫折、喜悦），来诠释社会情境与情绪表达关系（Al-Yagon & Margalit，2013）。以 Crick

和 Dodge（1994）最后一步中情绪相关的过程为例，情绪感受的强度和儿童的监管能力可能影响行为的反应。例如，在具有挑战性的情境中，平静的状态下即使失调的儿童也可能会很清楚遵守相应的规则，更有可能注意到重要的社会情感线索，如皱眉和点头，并准确地解释它们和采取相应的行动（Leffert et al.，2009）。但在高度激发的条件下，这些知识可能无法付诸实践。同时情绪线索也是存储在儿童的社会情感数据库的知识的表征的一部分。假设一名儿童想玩同龄人的玩具，正面情绪下交换玩具的结果是这名儿童不仅得到了期望的玩具，而且两名儿童都对这次交换感到快乐，甚至可能一起玩耍。然而，在负面的情绪下，这名儿童可能会要求同伴交出玩具，这极有可能会引起同伴的愤怒和抵制，结果是儿童既没有玩具也没有玩伴。在这些例子中，作为儿童行为一部分的情感线索引发了同伴的反应，并最终导致了相处的结果（Lemerise & Arsenio，2004），可见情绪规约以及觉察和统整情绪经验在儿童的社会性互动过程的重要性。

综上所述，儿童对于社会情感的理解和解释与他们的认知、情绪和行为息息相关。在教学过程中，教师可创设学生熟悉的生活情境，如在教导有关情绪的活动时分阶段让儿童角色扮演难过的情境。第一阶段，让学生进行线索编码，注意到扮演者的处境；第二阶段，引导学生进行线索的判读分析，进行原因归因，即他为什么会很难过，并评估自己能否有能力帮助他；第三阶段，让学生根据线索分析察觉对方的处境，在进行情境归因以及自我效能分析之后，对于自己的社会行为作目标设定；第四阶段，反应搜寻，让学生想想所学的方法哪些可以协助解决问题（如安慰他，陪他聊天，陪他看电影，和他一起运动等）；第五阶段，学生搜寻既有的生活经验后，决定采用的处理问题方式；第六阶段，行为反应，包括口头上的和行为上的。在实际教学中这些步骤可以分开，也可以综合使用，最终目的是让学生形成解决社会情感问题的能力。

此外 Crick 和 Dodge（1994）认为儿童的社会经验和成年人促进其认知能力的数量和质量的变化会改善 SIP 的效率和复杂性，成人可通过启发式、脚本和图式来简化 SIP 中涉及的认知任务，将这些要素（如记忆，社会图式，脚本，社会情感理解和获得的角色）作为构成个人社会情感知识库一部分的潜在心理结构或认知数据库。同时 SIP 的综合模式融入情绪的元素，教导学生思考并练习、规划自己的社会情感行动，这种从认知学习策略的角度帮助学生学习社会情感是有效的（Lenz, Deshler & Kissam, 2004），能够改变学生在社会情感情境中的回应模式。当他们对社会情感问题形成新的认知反应后，就可能开始思考社会情感行动的后果，进而修正自己的行为。该模式将社会思维技能结合起来，使儿童能够产生社会情感竞争行为，解释了情绪调节和社会思维在其中的功能，并通过实践经验的引导刺激儿童获得完成这些过程所需的社会知识。总的来说，SIP 模型为教导学生在社会情感场合"自我思考"提供了蓝图，借由为学生提供实践社会情感思维技能的机会，帮助学生更好地理解社会情感情境，并最终以最少的成人教学自己解决潜在的问题。

而教师可借由 SIP 综合模式反思他们所观察到的学生社会行为与思维模式——以频率较高的不太理想的社会情感互动模式作为可能线索，找出学生在处理社会情感信息方面遇到的潜在困难。教师应在熟悉社会情感思维技能模型的基础上，以儿童可接受的语言描述每个技能，将它应用于每天的社会情感场合，并观察个别学生对技能的表现。在实际运用中将儿童现有的社会情感教学活动"映射"（Mapping）到 SIP 模型，确定其属于当前正在解决这个模型的哪个组成部分以及其中尚未解决的技能是什么。此外，这种映射练习可能会引起教师对其他社会思维技能的注意，例如解释社会情感线索或考虑目标。通过这种映射方式突出了针对社会情感思维技能可用但尚未使用的教学实践机会，以提供相关技能的指导（Leffert et al., 2009）。

四、生态论

受 Vygotsky 社会文化认知发展论的影响，生态观由 Bronfenbrenner（1979）始创，特别强调环境对人类行为与发展的影响，并将环境依与个人的空间和社会距离，以同心圆扩散的方式分为一层一层的各种系统（如图 2-4 所示）。个体置于整个系统的核心，与其密切相关的是交流最直接、影响最大的家庭系统，即微观系统（microsystem）；各微观系统的互动如家庭与学校之间的联系，个体与同伴之间的互动，形成了具有虚拟性质的中间系统（Mesosystem）；外观系统（Exosystem）个体并未直接参与，但却对个体的发展及生活环境有重要的影响，如儿童父母的工作单位、学校的行政制度规章等，都会间接影响儿童的日常生活；而由各种社会文化制度、法律政策、社会风俗等所形成的巨观系统（Macrosystem），涵盖了整个社会环境、文化及亚文化，也对个体发挥作用并影响个体的发展与成长，如社会整体上对于特殊儿童的了解与接纳度。另外，随着时间的推移，个体的生活环境和所涉及的各个生态系统都会产生相应的变化，这种变迁势必会对个体的发展产生深远的影响。因此对于特殊儿童应重视其长期生涯发展中各阶段的衔接与转换问题，尤其是社会情感的发展，应考虑学生未来在不同阶段中生理与心理的转换以及适应新环境的需求（吕梦，2016；颜瑞隆、张正芬，2012）。

生态系统理论所构建的系统具有系统性、结构层次性、动态发展性以及时序性等特点，而个人的终身发展始终会受到环境的制约，与其所处的社会性生态环境息息相关。基于生态化的教育理念与课程观，最终是为了回归真实的生活世界，强调在教育过程中将个体、自然与社会有机的融合统一，秉承自然化、生活化与个性化的原则（吕梦，2016）。以具有口语障碍的特殊儿童为例，通过观察学生在自然对话互动中的具体表现和问题可以发现，其可能需要帮助的是如何使用社会互动中的语言。对于这种特殊儿童来说，认识词汇仅仅是有效沟通元素之一，重要的是他该如何结合未来的发展与日常生活情境中的学习开始及维持一段有效的互动、专注于交流的主题、运用一般社会行为策略阻断说话者及提问，如何运用社交礼仪以及使用适宜的身体姿势与非语言的相关技巧，这就要求教师结合学生的生活经验与形态设计相关的情境，以教导先备技能。特殊儿童的社会情感不仅要全面化、个性化，更应当考虑其终身发展的需求。在特殊学校中，特殊儿童可能会形成属于自己的特殊社交方式，如在与教师的长期相处中形成了默契的手势暗号。这种交流方式在学校中可能并无太大问题，但如果从儿童的长远发展以及融入社会的角度来看，这些独特的方式对其并无益处，儿童仍需学习大众普遍接受的交往方式，如此方可顺利实现社会化，进而实现我国特殊教育十四五规划所提出的"最大限度的发展"和成长为"国家有用之才"的远景目标。

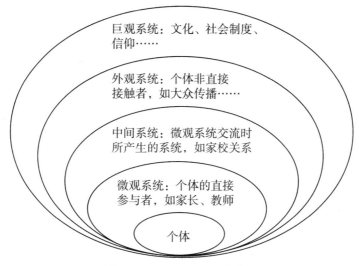

图 2-4　Bronfenbrenner 生态图

参见冯燕:《从生态观点看幼儿托育发展》,《幼儿教保研究期刊》2009 年第 3 期。

基于生态观的社会学习理念主张对特殊儿童进行自然介入（又可称为附带教学或中介学习），即使特殊儿童在社会情感层面上具有质的缺陷。值得注意的是，社会交往中很多内容往往是双向的动力过程，美国心理分析师 Sullivan 认为他人所反应的评价会影响个体对自我的认识。当儿童在发展过程中与重要他人之间的互动经验是正向的，可使儿童产生正向的自我概念（郑宇彣，2004），因此在教导特殊儿童学习社会情感的同时，还可以从改变互动的另一方做起，让儿童真实生活情境中的支持者理解儿童的行为，为他们的社会表现提供支持。如对学生正在经历的事发表意见、持续学生的谈话主题、使学生持续参与对方的主题、使用开放式的意见等。对于增进学生的同伴关系质量而言，常用的方式是提供支持或鼓励儿童互动，以询问重要事件（生日或考试结果）为例，教师的支持性帮助体现在提示特殊儿童以做卡片、给小纸条或见面时说生日快乐等方式记住朋友的生日。由于社会情感技能不足会影响儿童在家庭和学校生活的各个领域，因此双向的咨询、对话与合作显得尤其重要（Sansosti，Powell-Smith & Cowan，2010），故家校之间的互相合作支持也是影响儿童人际互动质量的重要因素。如教师借由建议学生交换联络信息或让家长知道儿童在学校的友谊关系，为家长提供家庭教育指导，帮助家长为特殊儿童创设接触同伴的机会（周末参与小区的同伴娱乐活动等），允许学生在学校和小区中和其他人一样有广泛的同伴选择等，在鼓励中促进特殊儿童独立的社交活动。

将社会情感教学融入现有教学活动，包括在课堂环境和惯例中增加社会技巧维度，整合社会情感和学业指导以及通过机会教学自然发生的社会技巧问题，以扩大预先的教学影响。具体做法有教学计划的安排、及时回应以及课堂调整：在计划教学中，教师将社会情感教学整合到学业教学（语言、艺术等）中；在自然发生的社交互动中，教师和其他学校人员使用即兴反应来刺激学生练习"社会思维技巧"。此外，教师通过教室环境的准备和课堂调整来改变学习环境和课堂惯例，例如在教室的墙壁上，呈现一系列代表情绪状态的面部表情图片并做相应的标记，来促进儿童社会情感技能的自我使用（Leffert et al.，2009）。因为教室是儿童感到舒适和放松的主要环境（Weiss，2013），也是儿童开始形成社交联系和依恋的场所。因此，教师必须建立一个不仅使学生感到舒适，还应包含可预测性、支持性和鼓励性的社会互动环境（Myles，Hagen，Holverstott，Hubbard，Adreon & Trautman，2005），包括组织以强调友谊和儿童为中心的游戏，以及建立社会行为方面的期望和规则（Myles et al.，2005）。社交、游戏和规则的结合强化了社交环境的真实感，让所有学生都能感受到一定程度的社会责任感。当学校人员利用这三个教学机会时，学校生态环境中每时每刻都有社会技巧学习的机会，课堂也转变为"社会情感教学丰富的环境"。

通过强调和发展儿童的基本社会情感能力，并采用生态方法来研究如何在家庭、学校和社会文化框架内发展特殊儿童的社会技能，加强发展的合作努力可以取得更大的成功（Mandi，2012）。总的来说，自然干预创造了儿童可以体验各种学习机会的环境，它鼓励儿童自己选择如何互动，并为教师提供支持，让儿童练习课堂上常见的针对性行为。

五、基于社会情感能力培养理论的教学启发

(一) 教学策略的启发

基于社会学习论的观察学习，在对学生进行社会情感能力培养时可充分利用学生所熟悉的形象作为楷模示范的榜样，包括生活中的真实（如教师与同伴

楷模）与虚拟（如英雄角色）人物的榜样，并借由影片示范法的方式为学生提供可重复观察和模仿的对象，给予充足的演练机会，使其最终习得某种社会目标行为。同时根据观察学习的注意、保留、重现及动机的四个过程探索有关社会情感故事教学法的运用机制与学生的学习历程，包括社会故事与绘本故事的教学。此外基于行为与观察的结果，个体会通过不同的强化方式来调整自己的行为表现，故强化策略亦是社会情感学习不可或缺的策略。

基于支架学习理论的观点，教师应在学生的最近发展区内为其提供各种有效的策略以帮助他们完成有效的学习，包括各种提示策略与其他各种学习中介材料的提供，并借由支架式概念构图等定向策略的运用，为学生提供各种学习辅助的工具。此外，具有成人或同伴支架参与或指导的角色扮演策略能够帮助学生将所获得社会情感知识表现为外在的行为，并引导其及时做出调整，体验并处理现实环境中可能面临的各种社会情感状况。充分的角色扮演与支架支持将有助于特殊儿童类化所习得的社会情感。

此外生态论也强调在自然情境中教导社会情感的学习，因此本方案在设计时除了关注课堂中结构性环境的安排，也注意调整学生的生态环境，为他们设计在课堂之外的其他生态情境中获得社会情感学习的可能性。同时教师应置身于学生的日常生活环境中，敏锐地捕捉学生社会情感的日常表现，通过随机教学、提示、支架等策略与课程内容作联结，及时引导学生发现问题、厘清状况并探索解决方案。

（二）对课程内容的启发

从支架学习理论的观点来看，社会情感教学内容的选取首先应基于学生的最近发展区，根据学生的能力与发展需求做动态的调整。基于 SIP 综合模式做法，学生在社会情感课程的学习中，首先以情绪管理作为教学起点并将其贯穿于学习过程始终，包括情绪的辨识、理解与调节；其次是学习社会信息的运用，也就是识别与解读社会线索，清楚社会互动中他人的意图，提出并分析问题；最后基于有效的自我情绪控制和社会信息的解读，生成与选择策略并付诸行动、检视结果，以解决生活中常遇到的社会互动问题。

因此在设计社会情感活动方案的内容时应注意关注以下几点：第一，社会情感的基本知识。对于这一点可从情绪的辨识与管理入手，教导学生首先学习识别社会情境中的各种线索，以形成社会图式中的情感认知成分，并与之后的行动产生联结，逐渐内化成良好的自我控制与管理能力。第二，社会思维技能。将之融入互动情境中可以帮助学生实现对于社会线索的注意与解读，包括表情、肢体语言、语调等非言语线索的认知，帮助他们区别他人的互动意图，为其下一步的社会问题解决提供基础。第三，社会问题解决。学生具备了社会情感线索的识别、注意与解读的记忆蓝图之后，最终是期望能够在回应他人、友谊的发展和维持及人际冲突等方面解决问题。由此也得出教学活动方案的主要目标，即教导学生在保持良好情绪的基础上，分析社会情感情境中的有效信息，结合自身的社会情感需求设定相应的目标，生成和选择合适的策略，并付诸行动，以预防将来可能发生的社会问题并提高社会情感能力。

第四节　特殊儿童社会情感能力培养的课程与教学转化

SIP 综合模式倡导在情绪情感作用的前提下，提升儿童对社会交往互动的整体认知，并最终形成正确的解决问题蓝图。这种以发展儿童可运用于任何社会情境的认知技巧的理念，并融入生态观的相关做法，有助于儿童成为独立的社会情感思考者和类化与维持相关技能。同时根据社会学习论与支架学习论所发展出的策略为本课程方案的教学提供依据，如影像示范、社会故事等，本节主要讨论基于上述理论，从教学转化角度提出的特殊儿童社会情感能力培养的课程内容、教学策略和评估方式。

一、教什么——社会情感能力培养的主要内容

本研究的活动架构主要是基于 SIP 的综合模式进行设计，原因如下：首先，在近四十年关于特殊儿童社会情感的研究中，结果都支持了 SIP 模式的运用（Leffert & Siperstein，2002）。其次，SIP 框架作为高风险儿童社会情感教学计划的基础，取得了积极的成果（Conduct Problems Prevention Research Group，

1993）。第三，SIP 源于社会认知理论，提出的框架阐明了特殊需求儿童在普通教育课堂上处理社会情感信息和问题之间的联系，该模型已被运用于包括智障在内的多种障碍类型学生的社会认知研究中。特殊儿童需要不断调整社会情感行为以适应他们遇到的各种不断变化的情境，这就不免涉及社会信息处理的六个情绪与认知过程（见前文图 2-3），每一个过程都为其成功适应各种社会情境发挥着独特而关键的作用（Leffert et al.，2010）。只有当儿童可以较好地处理自身的情绪状况才能产生良性的问题解决方案，因此教师应重点教导学生如何编码和解释社会环境信息，如何识别和管理情感，以及如何在游戏和课堂互动中产生适当的目标和反应（Fraser，Nash，Galinsky & Darwin，2000），并提供充足的角色扮演机会，教导学生通过一个个分步骤的过程来理解与同伴之间的互动问题，练习以有效的策略解决矛盾而非诉诸肢体方面的冲突或攻击。

基于此，本研究在设计教学内容之时尤其注意增强学生基本的社会情感能力，包括情感洞察力和解决社会问题的能力（Mandi，2012）。教学内容的选择最终取决于学生的需要，更具体地说是取决于学生可能缺乏哪些社会情感能力。在实际教学中可从以下几个方面进行考虑：

（一）感觉与行为的意识——增强自身情绪管理能力

SIP 综合模型认为社会信息加工是儿童在社会交往中对各种社会性刺激，如他人的表情、动作、话语等赋予意义，并据此决定如何做出反应的过程（赵悦彤、孙晓娟、张向葵，2019）。在这个过程中，最重要的是对情绪的识别、理解与调节，如果无法有效地在社会情感环境中管理自己与识别他人情绪，儿童可能较难达到成功的社会互动（Bauminger，Edelsztein & Morash，2005）。正如 Lemerise 与 Arsenio（2000）所认为的那样，应将情绪过程（例如情绪识别、调节）完全整合到社会信息处理的每个阶段。

因此 SIP 模式强调优先建立情感意识和情绪调节技能，教导学生情感是传达有用信息的信号。要实现这一目的，首先需要引导学生正确识别与编码社会情绪线索，可通过帮助其学习各种情绪来识别自己与其他人的想法或感受（Boxer & Dubow，2002）。主要内容包括引导学生借助语言、肢体和情境线索分辨六个"基本情感"——开心，悲伤，愤怒，惊讶，恐惧和厌恶。学生可以问自己：我生气/伤心/快乐了吗？这些感觉有多强烈（例如是有点生气还是愤怒)？根据 SIP 模式，整个过程的学习可充分运用"情绪脸谱""情绪盒子""情绪红绿灯"等技术来帮助学生识别各种情绪以表达或交流自身的感受，并学习如何在情绪起伏时让自己平静下来（Kusché & Greenberg，2006；Boxer & Dubow，2002；Kam et al.，2004）。其次，鼓励学生解释情绪层面的实际情况，引导其根据别人的肢体语言、面部表情和语气这些外显的信息来解读特定情境下其他人的感受，解释他人行为的意义，思考人们对类似事件的不同感受以及情绪如何随时间变化。

当学生开始学会倾听自己和他人的感受、自我调节内部情感状态时，他们就可以利用这些信息来决定下一步的行动，从而将自我控制技能与解决社会问题的技能相结合（Vygotsky，1978；Kam et al.，2004），为之后的信息解读、目标确立、策略选择、反应决定和执行反应做好准备。

（二）社会信息的运用：识别与解读社会线索——社会意图解读，找到并分析问题，确立目标

社会认知的一个关键点是对他人意图的解释，而社会情境中的线索会影响儿童解释的准确性（Leffert et al.，2010）。如果特殊儿童在社会情境中不能充分解读符号或误解他人的意图，可能无法对同龄人发起的互动做出适当的回应（Torres，Saldaña & Rodríguez-Ortiz，2016）。尤其是在解决负面事件的社会问题中，在这种问题情境下即使社会情感线索传达的是良性意图，特殊儿童仍很难准确地解释他人的意图。例如学生甲不小心撞倒一杯水，将水洒在学生乙的零食上，甲又立即伸手去拿餐巾纸擦掉零食上的水，请判断甲是不小心还是故意的。从认知加工的角度来看，解释良性意图需要整合社会情感情境各种冲突信息，这对于特殊儿童来说具有较大的挑战性（Leffert et al.，2010），但仍可以运用社会信息，如甲生当下的表情、动作或说话语气等，教导他们做出有效的判断。

人们可能会注意到相关的社会线索并正确地解释它们，但如果无法将这些信息有效地运用于社会情感问题分析与社会目标设定中，可能无法获得良性的策略选择和结果评估。因此教师若能教导学生运用有效的社会信息与线索解读他人的社会意图，引导学生发现问题并调整目标，那么他们就更有可能选择适当的目标与应对策略，对于特殊儿童同样如此（Leffert et al.，2000；Burgess，

Wojslawowics，Rose-Krasnor et al.，2006）。当发生社会情感冲突时，教师应首先检查学生是否注意到相关的社会情感线索并正确地解释这些线索，在他们平静之后，帮助他们阐明人际互动过程中意图与目标，具体做法如下：

（1）学生可能无法立即判断他人的社会互动意图，不了解可能的社会目标是什么。当冲突发生时，可以提出一些探究性问题，以帮助他们思考，如"他是不小心还是故意的""我想要发生什么"等。

（2）在学生确认社会情感意图与目标之前，鼓励他们先休息直到平静。

（3）突出社会情感线索的重要性，尤其是发生负面事件时，特殊儿童对于意图的解释会更加困难，应充分运用社会情感线索解读并分析（Burgess et al.，2006）。

（4）在社会故事和影像示范中暂停以识别角色的社会意图与目标。通过故事中的线索判断角色的意图，并在故事结束之后检视判断的正确性；对于故事中的任何特定角色，讨论他/她是否只有一个目标，或同时有不同的目标，并列出可能的其他目标。

（5）可向学生展示各种社会情感冲突情境情况，让他们进行角色扮演，并鼓励"头脑风暴"，以了解冲突发生的可能原因及互动中角色的社会意图（Boxer & Dubow，2002）。

（6）运用"澄清"策略帮助学生重新解释事件的意图与问题，教师可利用影片或重现最近生活实例的过程，引导学生发现其中的有效线索再一次分析其中的互动意图（庄雅茜，2013），从而确认合理的目标。

在这整个过程中学生必须知道如何管理他们对情境的情绪反应。如果没有这种自我控制，学生就不太可能使用已获得的社会情感认知技能来解读意图和确定问题与目标。例如，过渡悲伤或愤怒的情绪可能会妨碍学生意识到朋友和老师的善意帮助。

（三）社会问题解决：生成策略、选择策略并检视结果

Ogelman 与 Seven（2012）的研究表明，社会信息处理过程对儿童社会情感能力和同伴关系有重要影响，正确编码与同伴相关的社会情感线索，将同伴意图理解为友好，有利于儿童产生有效的解决方案，帮助其发展成功的同伴关系。因此当儿童冷静下来，开始注意、解释社会情感线索并发现问题时，教师

应教导其思考可能的解决策略，并做出选择。

策略是人们为解决问题而制定的行动方针，好的或有效的策略是解决问题而不会产生其他问题。具有社会情感能力的人通常会产生一种以上的策略来解决问题。已有的经验是学生产生策略的最大来源，他们通常会借鉴过去的经验来选择将尝试的策略，甚至可能会对这些策略进行排序。为了决定采取哪种策略，可以尝试使用预测，也就是试图通过问自己"如果……结果会发生什么"来决定策略是否合适。另外拥有较完善的概念库和相关的因果关系，也可以让儿童根据特定的情况评估并确定哪种策略最适合。因此通过有效系统地教导特殊儿童识别问题、考虑可能的解决策略、确定解决策略等步骤，能够提升其社会问题解决能力（Crites & Dunn，2004）。

SIP 模式强调教师应采取以儿童为中心的做法，教导他们使用归纳策略来帮助控制自己的行为和解决问题，而非惩罚或排斥（Novak et al.，2017）。借由正式课程和随机性的指导，教师可提供各种形式的体会活动，如角色扮演、演示、影像示范、正反例比较等来扩展儿童的生活经验，由这些经验的分享与回馈及修正，引导儿童分析问题，以协助他们制定有效的策略（郑芬兰等人，2010；Boxer & Dubow，2002）。具体做法如下：

（1）进行小组讨论（Anderson & Kazantzis，2012），给予学生一些假设的社会情感问题，让他们清楚发生了什么事、遇到了什么问题，利用情绪、意图等作为解决问题的线索，之后想出尽可能多的策略。并预测每种策略的结果，决定是否能够解决当下的问题，若是可能，对这些策略进行排序，最后将可能性缩小为一个解决方案。

（2）借助具象的活动解释抽象的概念（Leffert et al.，2009），例如通过使用平衡的活动介绍妥协的概念：运用天平来解释妥协的含义，每一侧放置相同数量的砝码，并显示从两侧取走或增加相同数量的砝码时天平才会保持平衡。引出对妥协的理解——两个人都同时给予或退让一部分，所得到的解决方案才是平衡的或公平的。

（3）充分运用社会故事或绘本故事帮助学生掌握问题解决方案的含义（Cote，2011），例如在阅读过程中适当的停止并让学生识别角色所遇到的问题，制定可能的解决方案，并选择最佳策略。之后继续阅读以便学生可以了解角色实际尝试的策略。阅读结束后，讨论策略是否有效，以及为什么这样做或为什么不这样做。

（4）发挥榜样的作用，成人和同伴的示范和强化会极大地影响学生在人际关系中解决问题的动机（Kam et al.，2004）。例如当教师为学生提供选择而学生们在众多选择中没有达成共识时，让学生学习榜样如何通过妥协形成一个大家感到满意的结果，从而促进学生之后遇到类似情境时采取妥协的策略。

（5）引导学生分步骤练习社会问题解决的过程与技巧，将其简化为三个步骤："问题在哪里""如何解决""为什么会起作用"。将步骤制作成学生视觉所能接受的书面提示卡，并为学生提供自己解决问题的角色扮演练习机会（Crites & Dunn，2004；Cote，2009）。

（6）在自然情境中随着社会情感问题的出现，鼓励学生用"我该怎么做""如果我这样做，结果会怎么样"的自我对话形成解决策略（Leffert et al.，2009）。

一旦选择和应用策略之后，就需要客观评估这些策略的结果是否有效（Crites & Dunn，2004；Cote，2011）。也就是说，这些行动是否解决了当下的问题而没有造成其他问题。教师可在正式教学和非正式社会情感活动中教导学生评估他们的策略结果：

（1）借由社会故事或绘本故事可以看出社会情感问题解决方案的产生，鼓励学生分析问题的解决方案——它们是否符合角色的目标？是否解决了问题而未导致新问题（Leffert et al.，2009）？

（2）当学生在学校里处理冲突时，引导他们评估结果（Cote，2009；Cote，2011）。在学生制定并应用策略之后，召集班会并让参与事件的每个学生发表他/她对发生的事情的看法。

（3）学生处理冲突时，在他们形成并执行策略之后让每个学生清楚地解释他们对解决方案的感受。

有效的解决问题的教学措施可以帮助特殊儿童发展解决问题的技能（Cote，2009），即使是语言表达能力有限的学生也可通过使用替代的交流设备参与解决问题的教学并从中受益。但是这些学生需要足够的时间来反复练习与实践（例如，角色扮演，小组问题解决），以获得并熟练掌握这些技能。此外，对学生解决问题技能的评估，可以从学生在教学前后以下几个方面的表现（Cote，2009；Cote，2011）来展开：是否发现了问题；是否确定了两种以上可能的办法；是否确定了一个最好的解决方案；是否对所选择解决方案的可行性、有效性进行了评估。

二、怎么教——社会情感能力培养的主要教学策略

基于社会学习论、支架学习及生态观的理念，可通过结构化的任务和活动、视觉支持、物理环境支持等形式与策略培养特殊儿童的社会情感能力（Wilson &Lipsey，2006），具体如下所述。

（一）学习环境的安排

除了针对个别学生的教学，社会情感教学的另一个重要作用是通过教室环境的准备为整个班级提供预防的措施（Wilson & Lipsey，2006）。良好的社会和物理学习环境有助于促进学生之间正向的同伴关系以及师生之间积极的互动，因此为了让学生练习和维持预期的社会行为，教育工作者应在学生日常的各种学校环境中融入社会情感教学，使这些技巧尽可能多地推广到更多元的环境中（Elaine，2010）。

1. 教室与课堂环境的调整

教室是特殊儿童学习社会情感的重要场所。研究表明，将课堂环境的结构与教学计划相结合能够支持儿童社会情感技能的发展，并防止行为问题的产生（Guardino & Fullerton，2010）。为了创建积极的社会情感互动环境，可从以下几个方面着手对教室和课堂环境进行调整。

（1）明确教室规则与奖励制度

教师对班级规章制度的制定通常取决于他们对学生学习，成长和发展的假设与期待（Allen，2010）。学年开始时，教师可与学生一起制定一份课堂基本规则的列表，让每位学生及其父母/监护人签署。然后将这份列表复制并张贴在教室的显眼位置，并以档案或契约的形式与学生约定奖罚措施，让学生在对自己的表现负责并做相应改进的同时，创建一个加强全班正向社会情感行为的系统（Elaine，2010）。在课间或班会时间与全班同学共同讨论一些简单的社会

情感目标，并用贴纸将每天目标的完成情况呈现在图表上，或在透明的瓶子中放入小石子来代表目标的达成。当贴纸图表贴满或瓶子装满时，可以通过游戏或其他团体活动来奖励；确定每天的社会情感和学业目标，并把它们贴在墙上，将表现突出的学生命名为每日之星或每月之星。

　　总之，教师应在课堂以外的学校其他场所推广使用社会情感的相关概念，帮助学生在遇到挫折感、挑战和人际问题时，识别自己的感觉、与他人有效地沟通、使用自我控制策略与解决问题的三个步骤等，最终在自然情境中内化学生的社会情感能力。

　　（2）提供视觉支持与讨论机会

　　学校环境是学生生活的基本生态，是引发社会行为变化的中心，应充分利用这种生态性提升学生的社会情感能力，如将解决问题红绿灯海报粘贴于学校大厅中，以达到把该技巧渗入至学校日常活动的目的。或是在教室里放置一个箱子，学生可以把他们正在经历的社会情感问题，以书写或录像的形式匿名放入箱子。教师根据学生的问题或教学主题和平日的观察，安排每周一次的全班会议讨论班级社会情感情况（Kam et al.，2004）；与学生共同讨论能够帮助自己冷静下来的地方或活动，并进行相应的设置，如在教室放置冷静箱、创设冷静角落，在冷静角的位置粘贴红绿灯冷静的步骤图；在教室里用标签和照片展示一系列情绪，如恐惧，快乐和悲伤；拍摄具有榜样作用的社会情感行为照片，粘贴在教室中；创建一个"停止"的手势信号，来提醒学生在情绪不稳定的情况下调节情绪；将各种社会情感问题解决策略可视化在教室环境中，如"妥协""走开""说出来"，以提示学生制定有效的策略。

　　经过讨论的视觉支持能够吸引学生的注意力，将抽象的概念具体化，无形中可能成为教室内学生日常交流系统的组成部分（Heer & Agrawala，2010），故教师可在教学过程中充分利用视觉支持资源，以达到有效的教学。

　　（3）营造健康的教室氛围

　　除了强调以人为本的模型外，社会情感学习还应关注生态行为系统的作用，也就是说，教师除了借助正式课程来教导儿童社会情感能力，还应注意营造健康的教室氛围。这种氛围主要体现在教师与儿童之间的各种日常活动中，包括教师发起的活动和儿童发起的活动（Leffert et al.，2009）。

教师发起的活动是教师计划和领导的活动，例如故事时间、用餐时间和外出时间等小组活动。这些小组活动为学生的社会情感互动和学习提供了不同的机会，教师可将教室桌椅安排成小组（Guardino & Fullerton，2010），让能力较弱的学生与社会情感能力较强的同伴相邻而坐；将儿童与具有共同兴趣或其他相似性的同伴相匹配来促进社会情感互动。儿童自主、自愿、自发的活动即为儿童发起的活动，如游戏活动、自主探究活动、自发阅读活动等。在这些自发活动中，应允许儿童追随自己的兴趣和探索需求，自己做出有意义的选择，进而练习自我决策、问题解决等方面的能力。

（4）提供促进互动的材料和活动

需要两位或两位以上儿童参与的游戏或玩具能够促进社会情感互动，而不同类型的材料可能会促进不同类型社会情感互动（Leffert et al.，2009）。例如，一个棋盘游戏可能适合两位儿童，抢凳子游戏可能需要三至五人。在为儿童安排活动时，可以限制材料的数量，让儿童必须分享，也可计划需要合作完成的活动，例如教师可以给两名儿童一张大纸来创建拼贴画，还可以提供可能激发社会情感互动的玩具，如玩偶。此外还可借助新兴的科技手段，在丰富的多媒体环境中呈现互动性的故事内容，为学生提供自主选择与双向交互的机会（Lundby，2008）。

2. 联通家庭与社区的合作

家庭和社区是特殊儿童社会情感学习的另一个重要场所，父母的教养对于儿童的人际互动、社会行为具有潜移默化的作用（展宁宁、张益辉，2008），因此安排学习环境还应考虑与家庭频繁、公开和诚实的沟通，以建立融洽的家校互动关系。教师应鼓励特殊儿童的主要养育者，分享他们在家庭和社区中促进儿童社会情感互动的有效策略，并将家长的理念和策略纳入其教学实践中，与家长合作设计专题性家庭亲子活动，通过个性化和操作性的简单任务支持儿童在家庭环境中发展自己的社会情感能力。最终目的是引导家庭重要成员，基于合理的期望，依照儿童发展的需求，采取恰当的方式给予引导与协助，培养儿童良好的社会行为模式。

（二）教学指导

即使有支持性的社会环境，良好的社会情感思维也不会自动发生。除了为学生提供练习社会情感机会的物理空间，更重要的是为其提供直接而有效的针对性教学。社会情感能力培养课程的最终目的是培养学生独立的社会情感互动思维和解决问题能力，具体的教学策略如下所述。

1. 录像（影片）示范法

无论是单独使用还是与其他策略相结合，影像示范和其他电子媒体是目前对儿童进行有效教学的新趋势（Sansosti，2010）。录像示范法（Video-modeling）是运用视觉支持技术，使用视频模拟所需的社会情感互动行为，以社会学习理论为基础，将需要培养的目标行为通过录像记录下来并做适当的剪辑，撷取重要的学习重点，再供学习者反复观看、模仿，从而习得某种目标行为的教学方法（张国栋，2012），是被证明高度有效且基于实证的社会情感教学方法（Wang & Spillane，2009）。目前已有的有关录像示范法的研究多是应用于孤独症儿童的教学（牟晓宇，2012；吴静，2014；翁盛、魏寿洪，2015；Buggey，2005；Delano，2007；Wert & Neisworth，2003）。当学生观看其他学生的故事时，他们能够与榜样之间形成联结，但同时又有足够的距离可以分析社会情感问题解决、情绪调节和社会情感知识，而不会感到受到威胁或挑战。

录像示范法的主要类型有以下几种：一是基本录像示范，包括成人示范和同伴示范，其中同伴示范对儿童具有更直接有效的影响，如通过讨论影片中的同伴榜样或反面例子什么时候会生气，如何表达愤怒以及有效表达情感的方式及其原因，儿童更能获得相关的情绪管理技能。二是自我录像示范，即教学对象通过观察自己成功完成的行为来模仿预定的目标行为，其所观看的录像内容是教学对象自己表现出的合适行为。进一步的研究发现通过自我示范会促进行为的自我效能感和自我意识感，最终塑造了自我示范的合理行为（Shepherd，Hoban & Dixon，2014）。三是观点录像示范，这是从示范者的视角来拍摄目标行为，录像中仅出现示范的目标行为而非示范者，如学习系鞋带的示范录像仅记录示范者系鞋带时手部的动作。四是混合录像示范，它将上述不同示范类型相结合进行教学。结合观察学习的过程，录像示范法首先为个体提供了有限的注意范围，其次通过使录像示范程序中目标行为多次重现而达到行为的保持，最后在教学中结合强化练习目标行为，以促进良好行为的表现和维持（吴静，2012）。

影像示范的有效教学包括四个要素：影像的使用时长，这意味着教学需要足够的持续时间才能有效；榜样的能力，应能准确地表现目标行为或技能；榜样和参与者之间的关系，参与者应与榜样有积极的关系；参与者对榜样的关注，在影像示范时，许多因素可能会干扰参与者的注意力和模仿，如大声谈话。教师必须使用提示和强化来确保参与者专注于目标技能或行为（Alzayer，2014）。同时 Ganz、Earles-Vollrath 和 Cook（2011）亦列举了三个必不可少的步骤以确保正确实施影像示范教学，包括识别目标技能、制作视频，以及实施教学。

影像示范法已在社会情感教学中得到广泛应用（Bellini，Akullian & Hopf，2007；Olçay-Gül & Vuran，2010）。调查结果显示，影像示范在对话技能、回应技能、理解情绪以及互惠游戏技巧等社会互动教学中均非常有效（Scattone，2008）。

近年来科学技术的进步，正在不断地改变学生的学习方式。其中 iPad 的教学因更快更容易的教育过程及更高质量的效益，受到广泛的青睐与运用（Buragga，Dhir & Boreqqah，2013）。随着 iPad 影像示范的出现，学生可在 iPad 等平板电子设备上直接观看录像带，这使得教师和家长能够更快、更轻松地提供高质量的榜样示范，帮助学生更顺利地完成任务。

2. 社会故事法

在社会情感教学中越来越普遍的另一种策略是社会故事（Olçay-Gül，2012）。已有研究将影像示范与社会故事相组合进行教学设计，并在社会情感教学中获得不错的效果（林淑莉，2006；Seray，2016；Olçay-Gül & Tekin-iftar，2012；Olçay-Gül & Vuran，2010；Akmanoglu & Tekin-iftar 2011；Xin & Sutman，2011）。这种组合式的教学设计是近年来对特殊儿童进行社会情感教学最突出的策略，它能促进所有参与者都达成相应的社会情感目标，并且随着时间的推移，特殊儿童在不同情境中仍能保持和类化这些技能（Seray，2016）。这是因为可以在短时间内进行练习的影像示范与社会故事，被认为易于在家中或在学校使用，且能够被不同障碍类型的儿童反复使用（Olçay-Gül，2012；Vuran & Olçay-Gül，2010）。

社会学习理论可以解释社会故事法背后的机制及其影响方式的反应和变

化，社会故事的创建方式可以被看作是符号示范的一种形式。社会故事法可以为特殊儿童提供有助于模仿的刺激，使其获得或了解具体的行为和概念。正如Bandura 所提到的，若个体缺乏相应的注意力，他就不能通过观察学到很多东西，或者认识榜样行为的基本特征（Bawazir & Jones，2017）。因此，如果学生不能将注意力集中在社会故事上，可能会影响他们的学习成果。有研究显示，当学生的注意力被同伴分散了，他们可能无法从社会故事中受益（Scattone，Tingstrom & Wilczynski，2006），这表明选择一个合适的地方阅读社会故事可以帮助儿童专注于任务（Penton，2010）。这为阅读社会故事时间、空间的选择和注意之间的关联提供了理论基础，也就能够理解社会故事为什么在某些（而非所有）环境和条件下是有效的。

信息保留是观察学习过程中的另一个重要因素。Penton（2010）提到，参与者理解和记忆社会故事的能力可能比在前两周内定期阅读社会故事更重要，理解与行动之间的关键点在于联结理解和保留信息之间的关系（Reynhout & Carter，2007）。在阅读代表象征性榜样的社会故事时，学生需要保留他们阅读的内容，以便他们在完成故事阅读后能够执行出相应的行为，这也是观察学习的重现阶段。

将观察模仿的内容重现过程所需的时间因人而异。Bandura（1977）提出，一个人可以展示的观察学习的数量取决于他是否获得了主要技能。有研究显示，社会故事的阅读频率、重复率和时间长度对儿童社会情感学习具有重要的作用，可能是因为有些社会情感需要更多教学时间或更多机会练习才能让学生达到足够熟练程度（Sansost & Powell-Smith，2008）。

在考虑社会故事的性质和影响之时，动机是一个需要考虑的重要因素（Bawazir & Jones，2017）。特殊儿童在社会互动过程中的挑战之一是缺乏与他人交往和学习的动机，若是能够根据学生的兴趣与偏好为他们创设互动的激励环境，将有可能促进他们充分的互动与发挥学习潜力。这意味着符合学生认知与兴趣的、品质良好的社会故事，更有利于鼓励特殊儿童充分地阅读。有时候社会故事的创作方式可能会阻碍学习者的动机，例如使用抽象信息（Samuels & Stansfield，2011），因此在规划和理解社会故事对个体的影响时，应融入Bandura 关于动机作用的理论，以获得更明显的成效。

　　由上述可知，社会学习理论也从注意、保留、重现和动机四个历程解释社会故事学习，这也就能解释为什么越来越多的研究将社会故事与影像示范的观察学习相结合，对于有迁移困难的特殊儿童来说相同的学习脉络与模式更容易接受。

　　除了与影像示范、角色扮演等经典策略结合使用（Dinon，2013），近年来，融入计算机技术开展教学也是社会故事教学的新趋势。Mandi（2012）指出，计算机辅助教学（computer-assisted intervention，CAI）本质上能够直接激发儿童的动机。通过有趣生动的图文互动形式，计算机辅助教学激发学生的参与意愿，为特殊儿童社会情感故事资源的建设提供更多的弹性和推广性。如借助社会故事以对话的方式引导儿童解决问题，首先可以将问题通过录音、录屏的形式呈现，再让学生以按键选择、文字输入或录屏涂鸦等方式对每个阶段的问题进行回应，如此，语言能力较弱的特殊儿童也能够全程参与该课程的学习（Hetzroni & Tannous，2004；Sansosti & Powell-Smith，2008）。因此将社会情感能力培养与沉浸性、泛在性和个性化的数字媒体相结合，能够增强特殊儿童的社会情感表达、传递、接受与理解等能力（Sansosti，Powell-Smith & Cowan，2010）。

　　3. 绘本故事教学

　　另一种与社会故事类似、以非威胁方式培养社会情感能力的方法是绘本故事教学，它可以在安全的社会情感环境中培养儿童的社交思维，渗透道德价值观，强化个性和塑造儿童的正向行为。绘本故事教导社会情感能力有以下四个优势（Ludwig，2012）：其一，绘本故事的语言艺术和社会情感认知技能领域有着重叠的部分，能够帮助特殊儿童积累社会情感词汇、识别和描述社会情感问题，促进特殊儿童沟通能力。例如，利用孤独症儿童的视觉学习优势，使用图文相结合的绘本教学材料，加入互动演绎的环节，使儿童在与教师、同伴的社交互动中练习词汇、理解语义，并用图文结合的方式表达自己的想法与情感，提高他们的倾听能力、语言理解能力和口语表达能力（傅丽美，毛婕妤，2024）。其二，绘本故事为儿童提供练习思考自己社会情感经验的机会。例如，在阅读故事时，儿童可能会记录角色所经历的不同情绪，并引发自身经历过类似情绪的共鸣；也可能会写或表达一些与故事情节类似的社交经验，并描述如何处理；或是在谈到角色的动机和目标之后，判断自己在社交场合追求的目标，并描述如何处理所遇到的障碍。其三，绘本故事情境给儿童提供练习社会情感技能的安全场域。儿童可以基于自身的经验，不拘一格地谈论故事中虚构角色所涉及的社会问题解决、情绪调节等方面技能，并在教师指导下，将这些角色的社会情感情境与自身经验相联结。如将《蚂蚁和西瓜》故事中的蚂蚁开展合作的理念和做法，移植到日常的班级卫生打扫等需要合作的活动中。因此，借由虚构或非虚构的角色，绘本故事可以在自然环境中渗透相关的社会情感技能。总之，绘本故事从认知、情意、美学、语文、艺术等多维角度，营造轻松的社交氛围，给予儿童一个超越有限经验的宽广世界，协助儿童提升沟通与情绪表达、发展同理心以及心智解读等社会情感能力。

将绘本故事和社会情感作为一个综合学习领域进行教学时，教师应来回穿梭于文本和儿童的社会世界之间。首先是探索与文本相关的社会情感思维技能（与阅读理解技能和对故事的主题、语言和其他元素的理解相同），然后将其作为跳跃点，让儿童基于故事情境，根据自己的经验写下、画出和/或戏剧化相关的情境和例子，最后在儿童与自身的生活经历联系起来对文本有了更丰富的理解之后，再回到文本。在选择绘本故事时需要把握一些基本原则，包括文本内必须有对话、每页的文字不宜过多且应有插图、能用简单语言表达关于现实生活情境的复杂主题、故事应能为儿童生活中的社会情感问题提供实用和安全的解决方案、故事内容与儿童的阅读水平相当等。在阅读绘本故事之前，教师应确定想要教授的社会情感主题，如"怎么成为一个好朋友"，并进行预测，询问学生是否注意到角色的感受状态（快乐、悲伤、愤怒）；而在阅读与讨论绘本的过程中，采用结构式的教学策略来反映绘本的脉络，鼓励学生与角色或情境建立"个人联系"及预测后续的发展（Leffert et al.，2009；Ludwig，2012），引导学生进入绘本人物的情绪生活，帮助学生理解情绪、了解自己内在的感觉并为其提供情绪管理策略（Zamboo，2007）。同时借由儿童对故事主角的认同，引导学生学习善恶是非的判断，培养良好的处己、处人和处环境的态度与意识，使其建立解决社会问题的能力，为提升儿童的社会情感能力提供良好媒介。

在绘本故事教学活动中，结合提示句写作或绘图是学生获得社会情感思维技能的另一种方式，可将这种形式作为教学的支架来集中学生的注意力，引导学生思考他们自己社会行为的特定表现。例如"当＿＿＿＿，我感到愤怒/悲伤/快乐/烦恼/害怕等（解释社会线索）""我想成为一个好朋友，所以我会＿＿＿（目标设定）"。另外，特殊儿童可结合自身的特点，以独特的方式理解社会情感方面的知识。如通过绘制或拍摄人物的面部表情和肢体语言，来表达自己悲伤、快乐、沮丧或愤怒的情绪状态。本研究期望借由文字和图画结合的绘本故事，结合对话创编、情景模拟、泛化练习等绘本教学活动，激发学生对社会交往的学习兴趣，提升特殊儿童的沟通理解能力、社会交往能力、情绪理解能力等。

4. 充电卡（Power Cards）

基于 Bandura 榜样学习的充电卡策略是从社会故事延伸出来的教学策略，由 Gagnon 在从事自闭症教学与研究多年之后于 2001 年提出，并受到广泛重视。该策略通过使用视觉辅助设备，借由书面提示增加新的社会情感获得与内化的可能性（Hart & Whalon，2011）。充电卡是将儿童的特定兴趣作为一种激励工具，在课堂教学和常规活动中培养社会情感能力（Gagnon，2001）。社会情感情境的启动和榜样示范的概念是其操作过程中的两个重要元素。两者共同结合，有条理、有战略性地提高儿童社会情感能力（Mandi，2012）。这里使用儿童的榜样英雄或特殊兴趣除了因为它们能够给学生提供动机的这一主要功能，其不具有威胁性的剧本指示能够在儿童与其英雄偶像间建立联结，从而具有模仿的成效。

制作充电卡的过程简单快捷，不需要先进的艺术技巧，只需将儿童感兴趣的图片描绘在小卡片上即可，这种小卡片通常是索引卡的大小，易于携带，可以放在书本、笔记本、文件夹（通常使用魔术贴）或是儿童桌子上（Sansosti、Powell-Smith & Cowan，2010）。这种通过视觉提供具体支持的能力卡是"脚本"教学的一种，卡片的一面详细介绍了相关角色的简短脚本，这个角色通常是学生的榜样或感兴趣的动画形象（Duncan，Holverstott，Myles & Swanson，2007）。脚本中以完成的特定问题或任务为主，并描述了榜样如何解决问题或呈现目标行为。问题的解决方案通常需要在卡片的背面进行三到五个步骤，以便儿童在老师的帮助下进行复习并模仿（Duncan et al.，2007；Gagnon，2001），另外使用学生可接受的语言来描述步骤，且教师与孩子共同阅读步骤，能够进一步促进成功的社会情感学习体验（Mandi，2012）。

概括来说，根据 Gagnon（2001）的架构，充电卡策略包含一个简短的个人化剧本及一张充电卡：个人化剧本应依照学生理解能力，以其特殊兴趣或喜爱的榜样英雄可能涉及的行为和问题情境进行撰写，叙述儿童的英雄或偶像（model）在剧本中如何解决一个与儿童类似经验的问题，并说明其表现出正向行为的理由。最后将解决问题的方法分解成三到五个简单的步骤，以利于学生使用充电卡，鼓励儿童仿效偶像，尝试新的正向行为（Duncan et al.，2007；Gagnon，2001；Linn & Myles，2004；Spencer，Simpson & Day et al.，2008）。可见，充电卡是根据剧本所提供的英雄榜样形象和解决问题的简要步骤，制成的一张张书签大小的卡片，具有随时提示的功能，可作为行为类化的辅助工具。

5. 同伴楷模与小组合作教学

在教学活动中，教师一方面可安排同伴作为楷模示范适当的技巧，让特殊学生模仿与学习，另一方面也可增加同伴间彼此互动的机会，借由同伴之间非正式的互动沟通、分享学习经验，进而发展合作的相处方式，促进彼此了解，培养正向的同伴关系，以发展特殊儿童的人际关系技巧。

基于同伴楷模的小组教学亦是从 Bandura 社会学习理论的模仿历程概念化得到解释，观察者借由观察某一模式的行为，可以获得其所产生的符号反应，并将之转化为外显行为。而以 Vygotsky 社会认知发展理论为基础的合作学习的基本假设是，知识概念的形成是个体与社会互动的结果。当学生之间借由适当的任务进行互动时，外在的社会互动结构内化到个人的心智模型中（Vygotsky，1978），因此在合作学习的情境中，成员之间通过相互讨论与反省，产生新的概念与知识，并内化至个人的心智模型中。同时，根据最近发展区的观点，年龄相近的儿童基本发展区运作相似，而学生的学校生活中来自同伴之间互动而产生的经验占很大的比例，与熟悉的小组开展合作学习不仅能增加同伴互动的机会，也为学生在学校学习社会适应提供重要机会。同伴之间的合作互动能够促进彼此认知的成长，因此在合作情境中的社会互动对社会情感学习有着重要的意义。

6. 强化策略

Bandura（1977）指出行为结果具有传递信息和引发动机的功能，进而诱发个体对未来相同的情况产生期待而影响行为。外在的行为结果并不是影响行为的唯一因素，儿童还可借由观察别人的行为结果和自己引发的行为结果来调节本身的行为。

（1）外在直接性强化

如前所述，导致奖赏的行为得以继续保留，导致惩罚的行为则会被削弱。Bandura（1977）指出，强化物的运用必须随着个体的身心发展而有所调整。强化物包括原级性诱因和符号性诱因，前者有食物、疼痛、抚摸等，后者则指社会性的奖惩，如赞赏、鼓励等。原级性诱因是符号性诱因的基础，往往用于学习初始阶段，随着个体日趋成熟，符号性诱因所发挥的作用越来越大。

（2）外在间接性强化

社会学习论认为人们通过观察他人的行为结果，可得知哪些行为可获得奖赏、那些行为会受到惩罚，进而倾向模仿被奖赏的行为，回避被惩罚的行为。其中，观察到的奖赏数量、类型、频率，也将影响观察者的动机强弱，达到提供信息与产生动机的作用。当楷模受到奖惩时，会出现相应情绪反应，观察者一旦看到这些情绪反应，也易随着反应，也就是情绪学习的作用。此外，楷模被奖赏的行为还会影响观察者的价值观。这表明儿童可通过观察和解释榜样的情绪行为经历与结果，推断出自身产生这些结果的可能性（Fox & Bailenson，2009），最终影响自身的情绪行为表现。

（3）内在自我强化

除了外在的直接与间接增强，个体行为还受到内在自我增强的影响。所谓自我强化，简单地说，就是儿童在活动之前，自己先设立了一些行为和活动的标准，在活动过程中，将自己的活动情况与"标准"进行比较：达到了自己制定的活动标准，就以自己能控制的奖赏（如愉悦、自豪、满足等）来加强和维持自己的行动；达不到预定的目标，就进行自我惩罚（如对自己发火等）。以此，促使自己继续努力或调整自己的行为。自我强化是较高水平的激励方式，对于特殊儿童需要有系统性的学习或支持。

7. 定向策略

该策略基于支架的原理帮助学习者将注意力集中在关键的变项、概念和视觉线索上（Cavalier & Klein，1998；Oliver & Hannafin，2000），使学习者在判断与自身相关的重要教学目标情况下有效降低焦虑，包括：介绍教材或工具架构与内容、提供课前指导、展示教学目标、给予学习单或检核表等。在开展社会情感教学时为了更好地满足课堂中不同学习者的需求，可使用三种不同且经过实践验证的方法：图形组织者，协作组和明确指导。虽然这些方法过去主要用于学业内容教学，但在满足具有不同学习风格和能力的学生在社会情感认知等方面的学习需求上也非常有用（Leffert et al.，2009）。

以支架式概念构图为例，图像化的视觉支持学习是特殊儿童获取知识的重要管道和方法之一（Shepherd et al.，2014），概念构图（concept mapping）就是一种图像化的学习利器，它可直观地表示概念和关键词汇（Vaughn，Bos & Schumm，2000），是以命题形式（节点—联结—节点，概念—关系—概念）来表征知识的图标技术。基于支架搭建的理念，概念构图的教学方法在节点安置与连结射线绘制及连结语思考等方面提供较多的暗示或参考，结合"支架渐拆概念构图策略"，在教学初始，教师通过教材设计与实时教法的调整，提供较多支持协助学生上手，然后有系统性、逐步拆除教师协助，来兼顾"有效"和"有趣"的教学（吴裕圣、曾玉村，2011）。

学生可借此来练习自己的社会情感认知思维，例如从杂志或报纸上剪下人物照片，将图片粘贴到概念题的一列中，在下一栏中绘制或写出特定身体部位所传达的关于个人感受的线索，并在最后一列中描写或绘制一个表示感觉的情绪词汇。

8. 提示策略

提示是指借用口头、手势或身体的支持或指导来帮助学生表现或学习社会行为（Cox，2013），它是影响社会情感正向行为发生的刺激因素，分为自然提示和人为提示。特殊儿童由于认知缺陷，在学习新的行为及新的技能时无法与一般儿童一样进行有效的学习，需要给予适当的反应提示。

本研究中的提示是指在学生反应前或反应错误之后教师给予的提示。包括以下六种类型（钮文英，2003）：口语提示、动作提示、示范提示 、身体协助、视觉提示、刺激内提示。口语提示是在自然刺激后所做的叙述，其任务是提供足够的信息以引起正确的反应，包括直接与间接的口语提示。动作提示是指教师借着手势、非口语动作或表情，协助学生完成动作或行为。示范提示是表演并解释期望的动作让学生观察和模仿，包括口语及动作示范。身体协助是指借着身体接触引导学生做出反应，身体协助的范围从轻微的碰触其手到完全引导学生完成整个动作又可分为两种，即部分身体协助和完全身体协助。视觉提示是指以视觉信息引导学生做出正确反应，如图片、文字、照片等。刺激内提示是指使用附于刺激之内或教材之内的数据来协助引出正确反应，如在量杯贴一段胶带。本研究中采用混合提示的方式，依学生的能力给予适当的提示，如在教导学生分析情绪原因时，教师通过展示学生熟悉的情境图片（收到礼物、被闹钟吵醒等）作为视觉提示，以口头提示图片中的关键信息，引导学生表达出"我觉得……因为……"的句子。

运用提示策略时需注意以下原则：评估学生在重要活动中的表现水平据此来决定哪一个提示可能有用；建立最少的提示系统，协助的形态与量逐渐减少，直到学生不再需要人为提示或在自然提示的情境下能做出正确的反应；给学生等待反应的时间，在做出反应与下一个测试开始之前，不再重复提示，可配合使用时间延宕策略（钮文英，2003）。

在教学中，提示经常与其他有效策略一起使用（Cox，2013），如与强化策略共同使用促进学生的社会沟通与交往行为，或是在学生反应正确时，使用人为强化或自然后果作为强化物。

9. 角色扮演

角色扮演即假装游戏或虚构游戏，是社会情感训练策略的组成部分之一，对0—22岁学生的社会情感能力提升有重要作用（Fettig，2013）。角色游戏中，一般由学生扮演某一职务，体验各种类型人物的心理，在此过程中学生获得启示，从而改进自己的表现。儿童进行角色扮演是其心理状态的外在表现，是成长中为了适应社会生活而进行的一种模仿行为。在社会情感课程中，可提供现实生活中的某一情境模型，让学生担当社会情感情境的某角色进行表演，以体验人物的思想情感，了解社会事件与他人互动，加深对社会情感的理解和感受。基于脚本的角色扮演具体且互动性高，为参与者提供了练习解决问题技能

（Kjesbo & Daymut，2011），做出决策以及在安全环境中适当表达自己的机会，是教授社会情感的极好策略。

学生角色扮演常见的脚本主题包括一般互动、同伴互动和情绪管理技能。一般的互动，例如进行目光接触，尊重个人空间，保持、切换和中断谈话主题等；同伴互动，如成为朋友，尊重差异，处理同伴压力，加入团体，冲突管理；情绪管理技能，如识别情绪，处理生气的情绪等（Leffert et al.，2009）。要将这些脚本主题通过角色扮演的活动呈现出来，首先需要编制合理的脚本内容，以书面文本的形式厘清角色扮演的情境、角色、事件、结果等要素。通过脚本编写，学生所做的一切都是提前计划和编写的，包括情境中的角色和特定的社会情感场景。同样，脚本编写使学生有机会积极参与社会情感的学习，在这个过程中学生不仅可以模拟社会情感行为，还可以通过讨论和评估自己在特定社会情境中的心理活动和行为表现来提高自我意识，并学习与他人适当的互动方式（Jackson & Back，2011）。这种角色扮演活动的组织和结构为参与者提供了探索情境中所有适当和不适当行为的机会，以及选择这些行为产生的后果，最终帮助学生将这些知识和行为类化到学校、家庭和社区的现实生活中。

角色扮演是一种开放的，非判断性的方法且是安全的，因为它假装并没有任何"真实"的利害关系。相较于可能因在现实生活中不适当或不明智的选择而感到羞耻或尴尬，在角色扮演中参与者可以用非评判性的方式检查各种选择。角色扮演方法采取的态度是——在这种情况下没有对错，可以做出不同的选择，只是有些选择比其他选择更好或更安全。通常我们需要多次排练一项技能才能使之成为技能库的一部分并可供使用，在角色扮演的场景中可以根据需要经常排练——可以是同一个参与者再次尝试，也可以是团体中的其他人在相同的情况下轮流，通过参与并观察其他人尝试相同的行为来强化课程。

通过成人或同伴的支架指导或参与，角色扮演可以为儿童创造最近发展区，激发儿童高级心理机能的发展，进而发展相应的社会情感能力。Vygotsky坚持游戏的社会性本质，他认为游戏一开始就是社会性活动，儿童通过角色扮演再现社会生活，通过语言与交往，掌握角色之间的社会关系。因此角色扮演的特征可总结为两个方面：第一，儿童在游戏中拥有一个在现实生活中无法实现的愿望；第二，儿童遵守游戏规则是角色扮演顺利进行的重要保障。从中可以看出，在 Vygotsky 理论中，角色扮演游戏是在规则的基础上存在的，儿童通过游戏中所扮演的角色与其行为规则联系起来，将社会团体的文化价值及规范内化，从而掌握相应的社会情感技能，提高自身社会化程度（于雪莉，2014）。

角色扮演活动与其他基本的社会情感策略相结合，已被证实能够促进技能的获得（Dixon，Bergstrom，Smith & Tarbox，2010）。将角色扮演与社会故事相结合可以看作是帮助个体解释和保留故事中信息的一种方式，Dinon（2009）运用二者结合的教学方案有效地提高了参与者的主动表达能力，类似的综合方案也能促进参与者的社会情感互动能力，并具有较好的维持效果。从另一个角度来看，角色扮演类似于影像示范，均是为了演示出目标行为，二者相得益彰：影像为参与者提供一个便利、及时性的示范，可重复插入至角色扮演的活动之中。相较于视频展示，角色扮演让参与者直接对行为进行演练，Avenell（2012）的研究表明综合使用影像示范和角色扮演活动可以提高中学特殊儿童的社会情感能力。

角色扮演教学分为九个步骤：前奏、选择参与者、布置场地、选择被观察者、扮演、讨论与评鉴、再扮演、讨论与评鉴、经验共享与类化。（1）前奏：介绍问题、引发问题、叙述问题情节探讨争论焦点、解释角色扮演，当情节出现两难时即停止，用发问的方式引发儿童思考并预测故事的结果；（2）选择参与者：分析各角色、选择角色扮演者，注意避免角色指派，以免造成儿童的刻板印象；（3）布置场地：设定大概的动作，再次解释各角色，深入问题情境；（4）选择被观察者：决定观察重点，分配观察工作；（5）扮演：开始角色扮演，表演时间要短，演到预计的行为被明确观察到为止；（6）讨论与评鉴：检讨角色扮演的行为，探讨主要的焦点，发展更深入的角色扮演；（7）再扮演：扮演修正之后的角色，可轮流或交换扮演；（8）同步骤六；（9）经验共享与类化：将问题情境与真实情境相关联，总结当前问题的经验并探讨行为的普遍性原则（Jaggy，Kalkusch，Bossi，et al，2023）。同时，运用角色扮演教学法需要注意以下几个事项：以开放的态度看待学生的演出，避免过度指导；强调同一角色可以有不同的扮演方式，同一情境可以有不同的发展与结果；跳脱"演得好不好"的思维，着重在情境的处理上；创造出来的情境应与学生生活经验贴近；事后针对讨论结果追踪学生在生活中的体会心得与历程，甚至可视情况设计延续性课程；遇到活动冲突时，宜多做鼓励与引导。

10. 提供中介材料

维果斯基（Vygotsky）认为人类借由心智工具（mental tool）将所要解决的问题内化，进行更周密和复杂的人际互动沟通和问题解决。心理工具包括手势、语言、符号系统、数字记忆技巧、解决问题的系统等，这些工具是个体与社会互动后逐渐形成的，具有内在导向的特质，能使记忆结构化、帮助加速记忆、提高技能层次。教学中可以利用心理工具，如符号系统的色彩卡、图片、闪示卡等，帮助儿童将技能内化；对于更复杂的解决问题过程，可将其整体系统拆成局部步骤，以方便将之内化成高阶的认知能力（俞芳、郭力平，2013）。由于这些中介工具对学习产生重要的影响，学校在教育过程中应创新教学方式，提供各类中介材料，将儿童不易认知的成人文化知识与经验加以调整处理，以儿童熟悉的语言及互动方式协助他们发展较高的心智潜能与社会互动形式。

11. 促进类化的策略

社会情感能力最终是要类化在生活的主要范围之内，以确保儿童在学校、家里或其他场所会使用。为了促进其技能的类化与维持，设计合理的类化策略尤其重要。根据生态观的理念，应结合个体日常的学习活动与生活环境，将已习得的技能融入新学习的技能之中，使其成为该活动的一部分。如学生已习得合作的技能，此能力可在其他课堂的学习活动中继续练习，如体育课、美术课等，这样学生更容易巩固此技能。另外，将学生已习得的技能嵌入日常活动之中，也是增进技能维持的好方法。如学生可能掌握交谈的距离与音量技能，但仍无法表达自身的情绪或感受。若情绪表达为当前的学习目标，一旦该目标达成之后，可将上述的交谈技能与情绪表达连接起来，让学生理解在向不同的人表达情绪时也应掌握适当的距离与音量等，让其在日常生活中能更独立、运用更多的技能与人交往。同时还应注意提供足够的范例、在训练过程中有变化及设计共同的刺激，很多时候类化不足的原因是训练所提供的刺激与情境不足。若能使用多种范例将教学刺激导入到其他类似的情境之中，安排共同的刺激在习得与类化阶段，并在习得阶段，将所使用的刺激与反应加以变化，类化的结果将更加成功。

实际上运用于社会情感教学的策略远远不止上述十一种，而每种策略中又可衍生出更丰富的教学策略，应视学生的需求弹性选择并综合运用合适的策略，并在不同的教学阶段加以灵活运用。如在学习初期，可运用录像示范、提问策略、直接教学/讲述/定向策略、提供直接经验的情境等方法引发学生注意；学习中期，以合作学习/同伴协助学习、角色扮演、鼓励与赞美、澄清和回馈、强化系统等策略协助学生学习与联系；学习后期，以自我引导、自我强化等方式将相关概念技能内化。在实际教学中各种策略并不是固定不变的，而是根据学生的情况和教学模式处于动态循环的过程。

在灵活运用各项策略之时，更要注意各单项策略的联合。社会情感能力培养的单项策略在塑造社会行为方面是有效的，但各自存在着局限性。例如榜样示范法受榜样和观察者自身特点的影响较大，而角色扮演法需要儿童对角色和情境具有一定的领悟力，行为塑造法虽然可以增加儿童社会交往的频率，却不一定保证交往的质量。为了弥补单项策略的不足，研究者们往往将单项策略和其他方法相互结合形成综合性的教学策略，这一举措增加了教学影响的强度（张修竹、刘爱书、张妍、于增艳，2016）。尤其是针对中重度特殊儿童的学习特质，若能将不同的有效策略相互搭配，更能促进此类学生社会情感能力的获得与类化，提高社会情感能力培养的教学效益。

三、怎么评——社会情感能力培养的评估方式

社会情感能力的评价不同于学业性知识，仅仅通过知识概念的掌握无法精准判定儿童是否形成该能力。在评价过程中，过于依赖书面或口头表达任务的传统评价的形式可能不适合有特定学习或沟通困难的儿童，应使用更加灵活和综合的评价方法（Brassard & Boehm，2007；Diane，Schoen & Jane，2004；Carter，Briggs-Gowan & Davis，2004）。社会情感能力的评估方式主要有观察法、访谈法、角色扮演法、功能性评估、评估表、自陈量表等，具体如下所述。

（一）社会情感能力的评估方式

1. 自然生态观察法

观察是社会情感能力评估常用的方法，观察的项目根据目的可分为行为表

现的类型、频率、持续度、流畅度或表现前的潜伏时间等（洪俪瑜，2002）。实际情境的直接观察是最有效以及可信的方法，所观察到的行为与情绪比较具有真实性，能够记录儿童惯常出现的行为模式。通常，评估儿童社会情感能力的最佳环境是学校环境，在学校环境中儿童有机会与同龄人互动，特别是在休息、课间游戏或午餐期间（McClelland & Scalzo，2006）。自然观察不仅要评估个人能力，同时也应评估个人所处的环境、学生社会情感行为的优劣势及社会情感环境对个人表现的期待，根据客观指标衡量个人能力与环境期待之间的落差，选定目标行为，才能真正地解决问题（Aksoy & Gresham，2020）。尽管不少研究支持自然观察是评估社会情感能力的主要方法，但其仍有局限之处，主要体现为耗时，在观察期限内，儿童可能未表现出显著的行为特质，故需要与其他评估方法共同使用。

2. 访谈

访谈是搜集个人资料的一种重要方法，长期以来一直是评估儿童社会情感能力的主流方式。当因情境与时间的限制无法通过观察来搜集资料时，访问熟悉学生行为的重要他人就是常用的方式，该方法可以搜集学生现在与过去的资料，获得其想法、观点和态度，以及其背后的动机。访谈的对象可根据目的而不同，可能是教师、同伴、家长，也可能是学校的行政人员、邻居、亲戚、其他班的同学等，也可访问学生本人。访谈有下列几项特征：（1）访谈是有目的的谈话，而非情感交流的闲聊；（2）访谈是双向互动的过程，但不是彼此轮流提问；（3）访谈时双方是平等的互动关系；（4）访谈重视开放和弹性。若要评估特殊儿童的社会情感能力，访谈其身边的重要他人，如一般同伴、教师、家长等，可以搜集无法从量表中得到的一些重要行为或特质，使数据更丰富与多元。

访谈能够了解目前儿童存在问题的原因，为研究者提供初步信息，以形成进一步研究的基础。访谈的灵活性特点使之成为评估过程的良好开端，有助于指导其他评估程序的选择，同时，访谈也是获取儿童生活环境样貌的有效方法。最近的研究表明儿童的发展是在一个动态、多层次、互动的框架内进行的。这些理论认为，儿童的社会情感能力受到一系列复杂的相互作用因素的影响，包括儿童的个体特征（如气质）、家庭因素（如父母教养方式）和家庭环境，以及教育因素如与教师、同龄人之间的关系（McClelland，Kessenich & Morrison，2003）。因此，访谈可以提供重要的背景信息和关于教学可能面临的具体困难，是评估中一个重要的组成部分。但因访谈结果是从受访者的角度来看待儿童，可能受限于其经验、个人背景、理念等各方面的相互影响，故在运用访谈法时应结合多种形式的评估策略综合进行。

3. 角色扮演

模拟情境中的观察可以角色扮演的方式进行，创设所要观察的事件情境，评估者从旁观察儿童在情境中特定技能的质量和/或频率。这样观察的好处是可以观察到想要观察的特定行为，没有在自然环境中观察的负担和障碍，且长期观察可发现行为的趋势。但也有缺点，那就是无法了解真实情境中反映的行为与之是否相同，且不能代表儿童在日常社会环境中行为表现的复杂性与完整性。此外，角色扮演对语言要求很高，对于注意力不集中，推理能力和抽象能力有限的特殊儿童而言，需要较多的支持与准备（Lecavalier & Butter，2009）。Aksoy 和 Gresham（2020）提出，最好做跨情境和场合的观察记录，那样更能看出行为的反应模式和推测行为的前因和后果。同时需要注意观察的期限，因为观察时间太短，儿童可能尚未来得及表现出显著的行为特质。

4. 功能性评估

常用于教学前的评估方式之一。功能性评估是一种通过观察、访谈、检核表等方式搜集数据，直接针对个体在其所属的各项环境（家庭、学校及小区等）中所表现的各种能力、行为的功能进行评估分析，以了解行为问题的主要功能。也可以针对负向的问题行为评估，以发现学生问题行为的主要功能。从评估的结果去分析学生所欠缺的社会情感能力，订定目标行为并加以训练，以提高所选择目标行为的社会效度（Maag，2005）。

5. 评估表

评估表分为具有信度和效度的评定量表和研究者为特殊需求而自行设计的检核表。评定量表的目的在于评定行为的质量及行为发生的频率，有助于确定教学重点和衡量行为的改变，通常包含量化行为的多个项目和情绪状态的系统。与自然观察相比，它们的时间密集程度更低，并且能够在一段时间内有效搜集数据。此外，评定量表提供的资料比访谈搜集的信息更可靠。家长和教师通过评定量表提供了儿童日常的行为信息，是评估低龄儿童或无法报告自己行为的儿童的好方法（Carney & Merrell，2001）。

评估表在儿童社会情感能力评估中扮演着重要的角色，这是由于其可以反映长时间与不同情境的观察结果，可节省许多人力、物力及时间（Elliott & Busse，2004）。学生、教师、同伴与家长都可作为评估者，如 Elliott 和 Gresham（2008）的"社会技能评估表（Social Skills Improvement System）"就是以教师和家长作为评估者的标准化评估表。

检核表是用以评估行为或特质的一种简单方法，它通常列出一些具体的行为或特质，观察者根据观察的结果记录行为或特质是否出现或是表现的频率与质量，若相关行为或特质出现则勾选相关选项，这种方法的好处是快速方便。检核表通常可以基于课程内容进行设计，提供有关学生行为的诊断讯息，让教师明了学生有哪些方面的行为或学习需要改进。累积一段时日的检核表资料，可以看出学生学习进步的情形，以及提供跨班、跨校及跨年度进行比较的参考资料。但因为封闭式的评估可能会遗漏一些重要的行为或特质，所以最好结合观察、访谈等评估方式共同使用（Barbour，2001），如教师结合学生日常生活中社会问题解决过程的观察记录，以及该领域的课程本位检核表，来综合评估学生的社会思维能力表现水平（Leffert et al.，2009）

由上述评估工具可知，社会情感能力非由单一技巧、成分或理论背景而来，因此编拟或选用社会情感能力相关检核表之时，需考虑编拟目的、使用对象及评估方式等，否则可能产生评估效度及教导效果不如预期等负面效果。

6. 自陈量表

除教师、家长不同评估来源外，研究发现并证实儿童和青少年自陈报告是获得儿童及青少年心理状态的有效工具（Junttila，Voeten & Kaukiainen，et al.，2006）。自陈量表是将所欲测量的人格特质或行为编定成评价项目，受试者依自己的感受、思想、意见或行为，对这些项目做出反应。有些人格特质，如态度、动机、兴趣、价值观念、生活适应等属于个人内在心理历程，较难直接观察，若由受试者自己陈述出来，更容易获得直接的相关信息（韩福荣、曹光文，2013）。尤其在评估忧郁、焦虑、愤怒等自我内在状态方面，自陈方式通常比父母所报告的结果更具有效度（Berg-Nielsen，Vika & Dahl，2003）。特殊儿童的自陈报告虽较少拿来与教师评估或其他信息做比较，但却有其特定价值，对表达能力较佳的个案，有些研究者也会采用自陈报告，一方面增加评估的多元化，一方面提高评估的社会效度。

每种评估方式都有自己的优势与限制（Bellini et al.，2014），要根据实际情况综合使用各种方式，才能完整地评估儿童个体内与个体间社会情感能力的差异性。以认知视角评估社会情感能力为例，包括对社会情感线索注意的评估、社会线索解释的评估和策略选择能力的评估。对社会情感线索注意的评估，可以通过提供课程本位的评估材料，让学生识别、命名照片中的四种基本情绪（快乐、悲伤、愤怒和恐惧），并描述或选择与这些情绪相关的情境；社会线索解释的评估，可以通过日常的轶事观察和记录，评估学生"阅读"社会情感情境的能力；策略选择能力是比较内隐的能力，可以创设问题情境或在角色扮演情境中，评估儿童对各种社会情感策略（如接纳他人不同的意见、攻击性行为）的选择判断能力，例如能够理解"以敌对的方式对待朋友会对友谊关系产生不利影响"，因此选择以友好的方式对待朋友。

在观察评估学生的社会情感认知能力时，应同时在结构化和非结构化的情况以及一天不同的时间段中观察，记录和解释特定情境中的个性化行为模式。在实际操作中可与学生 IEP（个别化教育计划，Individualized Educational Plan，简称 IEP）团队共同分享与合作，如学生的班主任、心理教师及家长，请他们帮助获取有关儿童的社会情感能力表现的信息，这些信息往往是由熟悉儿童的成年人根据最近与儿童的互动情况搜集的，能够反映出儿童在不同的生活情境中社会情感能力的具体表现，为儿童的进一步教学改进提供更真实、更全面、更完整的证据（蔡明富等人，2014）。

（二）社会情感能力培养的社会效度

"社会效度"的概念由 Wolf 于 1978 年提出，他认为在行为评估过程考虑题目的适切性时，专家意见不能成为唯一的标准，还应该考虑各题项的社会重要性（Julia，Ferguson，Joseph et al.，2018）。包括考虑：

1. 行为目标的社会意义，思考具体的行为目标真的是社会想要的吗？

2. 实施程序的社会适宜性，也就是说，教学实施的形式与程序对于参与者、照顾者、教师及其他相关人员来说是否是可接受的？

3. 影响的社会重要性，参与者及重要他人认可所有（包括不可预测）的结果吗？

钮文英（2003）对此的解释是社会情感能力培养的社会效度可从目标、程序及结果三个维度来说明。目标的社会效度主要在检视教学的目标是否符合社会需求、程序的社会效度主要检视教学方案实施方式是否适切有效、结果的社会效度主要检视教学方案的结果是否有效，此分类有助于教师多维度检视社会情感教学的成效。因此在评估社会情感能力培养的社会效度之时，还应从教学内容的社会意义、教学实施策略与形式的合理性、教学结果的被认可程度这三个方面进行考虑。

Gresham 等人（2021）将社会情感能力培养的效度评估分为三种型态。第一种型态是从学生的社会系统即生活环境（如学校、小区）和重要他人（如，老师、父母、同伴）角度进行评估。可通过访谈重要他人，来了解儿童的行为表现是否为同伴、小区民众、父母、师长等所接受。第二种型态是在自然情境当中（如教室、游戏场所、家中）直接观察，获得学生真实、主观且多样的第一手信息，通过与研究对象的互动，从"局内人"的角度来获取研究参与者日常生活的详细信息。通过这些日常生活的表现，研究者不仅能清楚了解学生外显的社会情感能力，也能获得参与者内心的态度及情意表现，以便最终选取适合学生发展需求的社会情感能力作为教学方案，并搜集学生在教学过程中的改善情形资料。第三种型态是通过角色扮演（情景模拟）评估儿童的社会问题解决能力以及社会认知能力。借助角色扮演，教师将现实生活中可能的事件和任务融入模拟情境，学生因情境角色贴近自身形象而产生高度认同感，在这种类似真实的情境下，以逼真但安全的方式练习社会情感能力。在课堂上教师也可运用角色扮演的形式评估学生对于社会情感能力的掌握程度，这样做既能够快速直接地检视教学效果，也能据此进行回馈与修正。在实际的社会情感教学效度评估中应综合上述三种型态，从多个角度获取特殊儿童社会情感表现的信息，以达成有效和完整的评估。

综上所述，在为特殊儿童设计与选择合适的社会情感方案之时，其社会效度不应只从单一向度进行评估，应包含熟悉个体行为的重要他人意见，以及通过自然观察与模拟情境中的角色扮演所获得的信息，评估内容也应涵盖教学方案的教学目标、教学实施、教学成效三部分。故针对本研究教学部分的社会效度，研究者在目标上将采取"社会情感能力表现现况调查表"来评估和观察学生在各种情境中的表现，及访谈重要他人的意见，以确定能找出适合本研究对象的社会情感能力培养目标；而在教学实施的策略、形式与程序等方面，将请研究伙伴以第三人角度进行观察并检核教学活动内容及实施是否适切；在成效评估上，则以"社会情感能力表现现况调查表"评估、观察法、角色扮演法辅以访谈班主任等多种评估方式综合进行，以达到社会效度的检核。

第三章

技术与实践综合取向的课程行动设计

　　本章节说明本研究整体的研究设计与实施的方式，共分为五节。第一节说明选择行动研究的原因、对行动研究的理解以及本研究的架构，第二节说明本研究的参与者，第三节说明使用的研究工具，第四节说明研究的数据处理与分析的方式；第五节从研究质量的角度，呈现本研究信效度与研究伦理。

第一节　研究架构

一、采用行动研究的意义

　　美国智力和发展性障碍协会（The American Association on Intellectual and Developmental Disabilities，AAIDD）于 2010 年发布了"智力障碍"的新版定义和第 11 版定义手册《智力障碍：定义、分类与支持系统》，并提出多项支持内容，其中一项为"修改研究取向和设计成为实用的研究派点"，主张将行动研究融入特殊儿童的研究之中，让实务工作者参与研究的设计、实施和结果评估。由此可看出以解决实务问题为导向的行动研究，可以更深入了解特殊儿童的独特性和整体发展过程，是目前特殊教育颇受欢迎的研究趋势且近年来，相关研究的出版量有逐渐增加之势（Scruggs，Mastropieri & McDuffie，2007）。

　　此外，行动研究还可帮助研究者深入了解教学如何有效及为何有效、确认多种环境因素对于成功教学的影响，以及获取研究参与者的知觉及社会效度等（Scruggs & McDuffie，2008）。在近年来提倡以证据为本位的实务研究中行动研究扮演着重要的角色，研究者不仅着重于呈现研究参与者在真实情境历程中产生的变化，也关注促进研究与实务社群间产生互动与对话（陈玮婷，2011）。

当现场教师作为研究者并与其他教师建立了良好的关系，那么从真实的课堂活动中获得的资料灵活性就比较高，且对学生的干扰性较少（Veronica，2014）。同时质性研究的魅力在于让研究者通过日常语言和方式，深入探究最心仪的主题，研究在真实世界情境下学生生活的意义，借助多元的证据来源，在涵盖参与者生活脉络的情景中呈现他们的观点与感觉（李政贤，2014）。一般来说具有弹性、回馈性和反思性的行动研究，被认为是现场研究的理想方法，因为在这种研究中实践者和研究者的双重角色可同时执行（Whitehead & McNiff，2006）。作为现场的教师，行动研究提供了能够在实务研究中回应不断变化的情况的方法。另外作为行动研究递归循环的一部分，研究者可以在整个研究过程中搜集参与者对行动的反应，以便制定后续行动，同时培养了所有参与者的合作研究氛围（Dick，2011）。与此同时，通过计划、行动和反思的循环能够监控研究者的学习和行动，对这种实践的反思促进研究者价值观的形成。当这些价值观相互矛盾时，研究者被激发去寻求更加多样性、互联性、回应性和实践性的方法。

本研究基于研究者对如何解决教育现场问题的期望，采用行动研究法，通过研究历程，获得关于特殊儿童对社会情感理解与运用的资料，希望借由该研究的详细说明，能够提供关于特殊儿童社会情感能力培养实践的理解与探索。

二、行动研究的理解

在行动研究中，参与者通过执行一连串策略性的行动，并进行系统观察、反省和改变，来改善教育中存在的问题。行动研究的一个重要环节是质性研究资料的搜集、分析及诠释。也因此行动研究主要的活动之一是教育实务者必须不断地保持记录，最好保持每次做笔记的习惯，利用行动日志记录下轶事数据、学生反应、个人观点、事实以及概念的澄清与分析等宝贵数据（郑蕴铮、郑金洲，2020）。当然也可采用量的方法与技巧搜集及分析相关资料，以作为反省、判断及改善现状的基础。因此搜集各种数据后，以适当方式整理、组织使其成为可供解释的有意义信息，作为下一步行动的根据，是行动研究中很重要的一个部分。本研究在确定研究方向之后，可先尝试前导研究，并根据前导研究中的解释与发现为正式行动提供必要的铺路石。之后在探索阶段寻求合作伙伴与研究对象，然后借由不同方式搜集资料、教学、再搜集资料、再教学，经过连续循环过程来提升学生社会情感能力。最后在结果呈现阶段将所搜集的数据整理、组织，使其成为可以解释问题与现象的资料，并能作为下一步参考的数据。

一个行动研究的基本步骤包括：检视目前的实务工作、指出想要改进之处、提出行动方案、执行方案、仔细观察发生的事物、根据观察和发现修正研究计划并再试一次、评鉴修正工作后所得的结果、持续上述步骤不断地优化结果（朱仲谋，2004）。但这些步骤并不是一成不变的，可根据实际的研究情况做弹性调整。

三、研究的整体行动方案

行动研究可分为技术型、实践型和解放型三种取向：其中技术型行动研究是在确定的预定目标下，依循目标进行技术性的改变，旨在掌握现象的规律性与齐一性，以便对客观世界作出正确的预测与有效控制。也就是说，参与者的任务是找出方法来解决问题以完成既定的目标。实践型行动研究同时重视目标与达成目标的手段，并对目标是否合理提出质疑，在参与者的平等关系中共同决定目标与手段，强调实践过程中的批判性反思。也就是说参与者厘清自身的问题、目标并重构新的行动策略。至于解放型行动研究，其特点主要是增加了对社会结构和社会不平等的关注，主张突破不合理的意识形态的束缚，如社会正义等议题。

在教育领域中，技术型行动研究意味着还未将教学目标或教学策略、技术等转移到实践层面，更像是"关于教育"而非"为了教育"的研究（潘世尊，2006）。实践型行动研究是为了改善实务问题，研究议题主要是从实务的角度考虑，由参与者提出。面对各种各样的教学问题，教师应先厘清自己对教育价值与目的的看法，检讨这些问题是否具有改善意义。若在分析之后确定了问题改善的必要性，则可从技术层面去寻找问题的解决之道，这种基于教育目的与价值层面来揭露问题所在的行动研究，可能超越技术层次而进展到实践的行动。

　　本研究中研究者根据自身特教班级管理和教学工作的经验，发现在特教现场如班级管理和课堂教学中特殊儿童情绪表达不良、无法有效地传达想表达的信息、互动过程中会断章取义地解读别人的行动表现、与同学发生冲突等问题十分常见，这些问题影响着班级系统的日常运作和学生之间的人际互动质量，给教师的教学和班级管理增加额外的负担。因此，现场教师尤其是班主任认为教导特殊儿童适当的社会情感能力，不仅有助改善班级氛围、减轻教师的工作压力，更重要的是能够促进学生身心的健康发展，为他们融入社会和提升生活质量做好准备。因此，从实践层面看，特殊儿童社会情感的教学实施有其重要的教育价值。

　　研究者在研读特殊儿童社会情感的相关教学理论之时，尝试探索有意义的教学内容和有效的教学策略与评估手段，并结合现场经验总结设计出可行的特殊儿童社会情感教学活动方案。故本研究基于实践现场发现研究问题，并摸索出可能的解决策略与行动目标。但限于现实条件，研究者只能以外来者的身份进入其他具有类似问题的班级进行行动研究，企图运用所探索的策略与行动目标来解决这些问题。行动过程中研究者同时也是教学者，是规划、行动、反思及观察行动历程的主要参与者，因此本研究综合运用实践型与技术型的行动，设计并实施特殊儿童社会情感教学活动方案。

　　行动方案的拟订，主要依照研究结果、过去文献及当时特定教育情境的特性。本研究主要从特教现场的实际问题与需求出发，以社会情感教学方案为主轴，基于文献探讨和学生的需求，规划和实施方案内容、选择教学策略和搜集题材，以期解决和预防特殊儿童的社会情感问题。行动历程中，研究者与现场班主任及任课老师一起合作，在直接观察、访谈、教学行动、教学反思、向专家请教讨论、修正行动方案、付诸行动等且走且谈、包含转折可能的循环历程中（图3-1），以期通过"涉入其中，有所作为"，落实"实务的理论与理论的实践"。

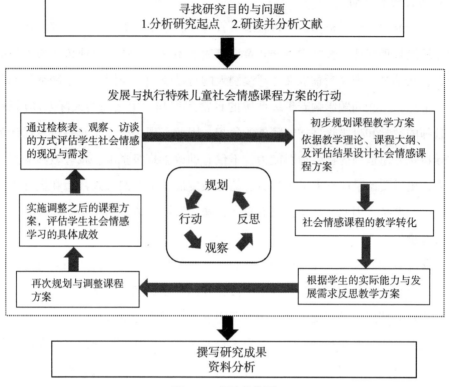

图 3-1   行动架构图

由上图可知本研究首先是寻找研究目的与问题，通过阅读与分析文献，并结合研究者自身的经验，将研究问题逐渐聚焦于特殊学生社会情感发展需求，从文献中寻找适合他们的教学理论与教学内容。在此基础上，将理论与实践相结合进行第一阶段为期一学期的整体方案研究，搜集、整理教学活动资料，总结教师将社会情感课程进行教学转化过程中整体课程方案和教学模式的改进之处。

之后基于文献整理与阶段一的反思，从课程目标与内容、教学实施策略与组织、教学评价三个方面规划第二阶段为期一学年的实践教学。在此阶段，通过检核表、档案资料分析、访谈、观察记录等形式获取学生的社会情感能力现况及需求，并根据前一阶段的研究结果与研究伙伴共同探讨课程方案的改进，在这个过程中了解每个学生在社会情感学习过程中的优势与弱势、可能会遇到的困难及所需的相关支持。根据学生的实际能力与发展需求反思教学方案，如从阶段一教学中发现两名中度障碍学生需要大量的学习单作为支架才能理解教学内容，教学设计中的各个环节就重点思考如何令这两位学生真正掌握所学的概念。

同时进一步丰富与完善文献资料和调整课程内容与教学策略，明确课程方案的架构，编制详细的教材教案，请研究伙伴对方案进行检视，从整体布局到每节课的安排都尽可能考量到学生真实状况，思考与讨论如何在每位学生的最近发展区内让其学有所得。实际教学中每周安排 2 节课，每节课 35 分钟，在此过程中通过教学日志与反思、请研究伙伴观察研究行动并提出意见等方式来监控研究者的行动，借由观察、访谈、学习单、检核表等形式监控参与者的学习质量及社会情感能力具体改善情形，使教学活动方案围绕行动、观察、反思及规划几个步骤不断循环。

最后撰写研究成果，将所获取的资料进行分类、重整、组合与归纳，分析每位学生的改善情形，呈现行动方案的编制与调整历程，探讨研究的发现与建议。

第二节　研究场域与参与者

一、研究场域

在设计与执行教育行动方案之时，不仅需要合适的研究对象，更需要愿意认同和接纳本方案的学校与教师，因此在寻找正式合作伙伴之前研究者首先需要寻求必要的行政支持。根据立意取样的原则，研究者分别参观拜访了 Z 省的八所特殊教育学校，与每所特校的负责人交流了研究主题，并了解了学校现有的相关资源。在初步的交流中研究者对几所学校可能提供的支持及对研究者的要求迅速做出判断，之后根据自己亲临现场的感受和同仁的推荐进行取样。

最后选定 WH 学校，原因有二：一是该学校从行政人员到每一位教师，都是以开放、接纳的态度对待外界研究人员的进入；二是该学校形成了比较规范的研究体系。因此，研究者最终将研究场域聚焦在这所学校，之后就是对场域的进一步缩小。在两位校长的建议下，研究者分别跟班四年级、五年级与六年级各一周，再综合学生、教师、家长及本研究需求做出选择。

为了尽可能满足个别化的教学，学校各个班级各个领域学科都会根据学生的能力与需求，将班级学生分为 A（高）、B（中）、C（低）三组，教师在设计教案与执行教学过程中会根据不同组学生的特性，在同一主题下安排不同的学习要求与内容，提供不同的学习材料，以激发全班参与的可能性。根据访谈教师可知，特殊儿童在情绪的表达与控制、友谊的选择与维持、社会情感信息的解读等方面均需要不同程度的提升。尤其是 A 组学生，他们在课后时间有能力融入至普通环境中，参与各类的休闲交往活动，因此对于这类学生而言掌握相应的社会情感能力实属必要。在综合考虑班级教师的便利性与配合度等诸因素后，本研究最终选择了六年级作为主要的研究对象。

六年级学生每日在校的大部分时间是在教室内，因此教室的生态环境是可充分利用的要素。教室里主要包括教学区、阅读区、游乐区、作业展示区、学生个人进步展示区、劳动卫生区、教师办公区以及学生物品放置区等（如图3-2），研究期间可将教学素材与资源实时呈现于各个区域，方便学生的进一步练习与理解。在每日活动方面，每天上午的晨会课和午间的谈话属于班主任的班级管理时间，与班级教师讨论之后，研究者决定在研究期间将所教导的内容适时地融入至这些例行性的活动之中，以加深学生的理解。而每日的早操、吃饭、午间劳动及午休活动都是很好的观察学生社会情感表现的自然情境，也是研究者和班级教师可以充分利用本方案资源引导学生进行类化的时段。是故本研究主要以教学现场的教室及学校为研究场址，属于"多重关系场域"（multiple relationship fields），包含师生教学、教师之间的协作、学生之间的互动等行动主体间的关系，而教师的课程规划、执行及学生的参与和反应是此场域中发生变化的要素。教学现场作为多重关系场域会随场域行动主体的教学而发生改变，本研究借由参与观察和有意义且具计划性的教学，来捕捉与呈现其变动性、获取与分析研究资料。

此外学校的每个班级都有实行代币制，即根据每位学生在学校中的每一个活动的表现，如上课、早操、吃饭、午休等，评定每位学生的代币获得数量。每周根据代币的数量变化，学生可以获得相应的物质性奖励和社会性奖励。学校和班级现有的奖励机制也为本研究的强化系统提供了自然性的支持。

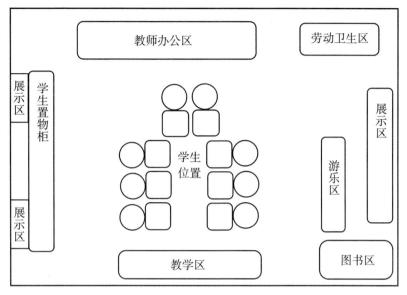

图 3-2　六年级教室简要平面图

二、研究参与者

（一）研究者

"我"既是本研究行动方案教学者的角色，也是主要研究者和研究工具。为了进一步促进研究的开展，我修习"质性研究"课程，获取与处理质性数据的相关知识，也从阅读与评论期刊论文中加强质性研究的哲理内涵与要素；研习"特殊需求儿童社会情感能力培养"的相关课程，并针对特殊需求学生进行教学以增进有关社会情感教学的专业知识与实务运用的能力。行动历程中，我主要担任以下角色，以使本行动得以顺利进行：

1. 行动研究的规划和执行者

我通过阅读文献、适时与协同研究者讨论，参考社会情感能力培养的相关书籍与文献资料，规划特殊儿童社会情感能力培养的课程。例如课前与研究净友共同探讨教案，课后针对课堂表现及时进行总结与调整。此外，我亦是行动研究的执行者，主要形式包括每周两节正式性的教学，以及平日活动中的类化引导。除了亲自执行方案，我还是教室环境的调整者，如：根据教学进度在教室内展示相应的学习内容（如情绪九宫格、温度计与思考图等），以供在自然环境中及时引导学生进行自我管理或更好地与他人互动，并尽可能地让本方案资源在其他班级任课教师的课堂上也能物尽其用。

2. 资料搜集与分析者、撰写报告者

我运用多种方式搜集数据，例如对上课过程及学生的课堂表现进行录像，这既能更全面地了解学生的掌握情形，更是有助于我反思自身的教学效果与存在的问题。搜集数据后我会立即进行分析，若有困难及问题，则探讨原因、规划并执行应对策略，再次搜集资料与分析，以评鉴成效。撰写研究报告时，我邀请研究协同者阅读研究报告初稿，对于疑虑处，一起讨论如何撰写方能符合原意、避免造成困扰，并经其同意后发表。

整体而言，随着行动研究的推进，我与学生之间的角色与关系也在不断地转换：初始时我需要观察学生的日常生活与学习表现，需要了解他们的想法，这时的我是"学习者"的角色，尝试接纳一切观点与思想，同时与学生之间还处于彼此相互试探的阶段；一旦我开始站在研究的角度思考如何规划与改进本方案之时，我又回到了"研究者"的角色；当我执行本研究方案之时，我是教师的身份，扮演的是"引导者"的角色；随着方案的不断推进，我与学生之间彼此更加了解与熟悉，课堂之外我还可能是他们的"朋友"，和他们一起吃饭，一起玩游戏，一起聊天等，这种平等的角色使我能从更"生态"的角度来观看学生的表现，但该阶段如何保持"引导者"与"朋友"之间的平衡是不可忽视的元素。为了避免角色混淆、职责不清以及研究过程中可能遇到的伦理问题，在教室内我尽量扮演教学者的角色，以教学指导为主，努力与学生建立亲和的师生关系，尽量避免干扰教室内原有的活动型态和秩序，整个课程的执行以不妨碍正常教学为原则。

(二) 研究对象——学生参与者

六年级共有八名学生，这八名学生因障碍类型不同、障碍程度不一、障碍表现各异、生活经验不同等原因在教育活动中的表现呈现出极大的差异，同一个体内部也表现出发展的不平衡性。教师必须尊重规律，注重分析和研究学生的差异性及表现（昝飞，马红英，2021），为其制定具有针对性的教学方案。因此本研究有必要深描和勾勒出每一位学生的社会情感能力现状及需求，以制定合理的课程方案。同时本研究据此将学生分为 A 和 B 两组，其中能力较好的 A 组有三名学生，能力较弱的 B 组有五名学生，主要资料如下所述。

表 3-1　学生的社会情感能力解读

组别	能力项目	具体分析
A1	认知能力	中度智障，认知能力较好，相当于小学二年级的水平，能够书写与阅读四五百字左右简单的课文
	情绪管理	一般情况下情绪较稳定，但因性格比较羞涩，具有简单情绪的表达能力，由于缺乏练习机会，情绪表现有时候并不明显，且情绪表达较被动
	社会信息的运用	能够区分他人基本的喜怒哀惧情绪，但要结合社会情境区分情绪对其来说仍有难度。能够分辨生活简单事件中的不小心与故意，对于善意与恶意、真诚与否的区分比较陌生
	人际关系与问题解决能力	口语能力较好，日常生活所需的交流基本没问题，如会和同伴分享自己开心的事，对于喜欢或熟悉的人有时候会主动进行互动，但不敢主动与他人交流，不自信，如玩扔篮球的游戏时，需要在教师的提示下才会有邀请同伴的意识。有些较简单的社会技巧还尚未掌握，如不知道如何正确地邀请他人一起活动。比较害怕失败，个性被动，需要不断鼓励与引导，适度的肯定并提供表现机会，可增进其学习效果
A2	认知能力	轻度智障，记忆力较好，能够记得之前所学的内容；对于比较感兴趣和具有一定挑战性的任务，会保持较佳的注意状态，但有时候会"要小聪明"，认为所学的知识对自己而言不算难事而在课堂中开小差、讲话；和一般同龄人相比，在抽象思考能力、逻辑推理能力方面具有一定的差距
	情绪管理	情绪控制比较弱，容易生气，生气时会朝着他人大吼大叫。有较强的优越感，受不了他人不好听的话和老师的批评，自尊心极强，非常在乎他人对自己的态度尤其是老师，有一颗"玻璃心"。容易装委屈和哭泣，同时情感表现比较细腻丰富，会因为一首歌而感动，也会因为实习老师的离开而哭
	社会信息的运用	能够在社会互动中结合事件解读他人的喜怒哀惧甚至更复杂的情绪状态，但缺乏合理的应对策略；具有区分社会意图的基本常识，但带有个人偏见，有时候即使了解对方的真实意图，仍会采取不被认可的做法；具有根据社会信息分析问题解决办法的可能性，但要在实际情境中多加以练习和考证
	人际关系与问题解决能力	会主动邀请他人一起玩，会积极分享自己的见闻，也乐于协助教师的相关工作。最大的缺点是心胸比较狭隘，受不了其他同学比他更优秀，爱管闲事，会欺负比他弱小的同学，且欺负的手段有时候比较隐晦，例如会趁着早操手拉手的环节，故意很用力地抓住同学的手，对能力较弱同学的包容度低。此外缺乏责任感，尤其是有冲突时，总是会把事情的责任归咎于其他人。能够理解生活中常见的社会情感情境，但缺乏适当的冲突处理能力，导致常会与同学发生冲突，需要更多的实际练习与操作

组别	能力项目	具体分析
A3	认知能力	轻度智障，认知能力接近小学三、四年级的水平。注意力较好，每节课的35分钟基本上能够认真听讲并积极参与。记忆力方面，对于其可接受和吸收的知识能够保持较长的时间，而对于较复杂的知识点需要多次的重复与练习方可习得。基本上能够理解日常生活中的事物及课堂上的新授知识点，对于较难的知识点需要更多的时间与支持方可理解。能够根据所学的知识进行较简单的推理，但若要进行更高阶的推理或推论则有困难
	情绪管理	能够解读基本和较高阶的情绪，理解类似"惭愧"之类的词汇，但对于一些比较复杂和微妙的社会情绪与线索还缺乏相关的经验
	社会信息的运用	能够根据所发生的事件判断他人的情绪状态，并做出较好的回应；能够根据一些简单事件区分生活中的不小心与故意，并做出可被接纳的回应；对于是非善恶和真诚与否的判断比较陌生，需要多加以引导；根据社会信息分析问题解决的可能办法的能力可进一步提升
	人际关系与问题解决能力	在熟悉的环境中与班级同学关系良好，会主动帮助班级同学完成任务，但离开熟悉的环境之后会比较被动。据父母反映，她不敢独立出门购物，害怕去小区公共场所与陌生人交流，需要有外界的提示与支持方可发起主动交往的行为。和相近年龄的普通儿童相比较，在人际问题情境中所使用的处理策略一般是直接反应的形式，如对于给她取绰号的同学，会直接追着对方跑。现阶段已经习得一些保护自己的方法，如当有男生用手去碰她时会立即将对方的手挡回去，未来可教导其在校外情境中如何更好地保护自己，并能够学习区分危险人物和一般人物，以避免一切的消极回避
B1	认知能力	中度智障，注意力较弱，上课时经常会玩弄一些小物品或是和旁人讲话而影响上课参与度，但给予提醒之后能够配合教师的要求；记忆力方面，看到或听到东西很快就忘记，如对于家长的教导当下能够遵守，过一两个小时又恢复原样了。理解能力方面，能够理清一些基本的问题，对于稍加难度的问题无法独立完成，如让其观看一段有关生气的视频之后，能够说出视频中主角的情绪是生气，但无法表达出生气的原因
	情绪管理	能够理解和运用基本的情绪，但对于较复杂的情绪如冷静之类尚未习得。比较叛逆，情绪控制和管理能力较弱，易冲动，会因一句话就生气，情绪表现也比较夸张。能够察觉熟悉人的基本情绪，但是无法分析和表达情绪背后的相关事件及原因
	社会信息的运用	能够区分他人较明显的开心、生气与难过的情绪，对于害怕的情绪比较陌生；其他的社会意图学习之前未接触，不小心和故意的区分经过提示能够理解，但是非善恶和真诚与否的区分与运用对其有一定的挑战

组别	能力项目	具体分析
B1	人际关系与问题解决能力	乐于和同学分享，如生日时会给大家带好吃的。比较讲义气，但也比较冲动，与同学发生冲突时，会以推、踢等肢体动作来直接表达。在小区生活中有时候会有自己的玩伴，但因认知的限制、易怒的性格以及缺乏社会技能与情境的判断能力，导致其与普通小孩很多话题无法交流，无法应对一些较复杂的社会情境，如需要合作的游戏。其结果是在小区互动中有些孩子会渐渐地疏远他，现阶段家庭和小区的生活环境中尚未有稳定的朋友。此外令人和教师比较担心的是，该生缺乏对朋友特质的判断和选择的能力，如何让他能够"近朱者赤"，避免"近墨者黑"的影响，也是其社会技能学习的焦点之一。此外对于异性的好奇会促使其表现出不适宜的言谈举止，学习如何与异性更恰当的相处亦是其需要重点学习的内容
B2	认知能力	重度智障，注意力极其分散，维持时间很难能超过五分钟。经常遗忘活动必备的物品，很容易受到外界的干扰，无法集中精力完成一件事，如装垃圾袋的过程中经常会被其他事情所影响，导致一项只需一两分钟的任务往往要花费五分钟以上；另一个明显的表现是与其对话时，往往是东张西望、眼神飘散、左耳听右耳出，无法抓住对话的重点，最终这些谈话以失败告终。抽象思考能力较弱，有时候过于僵化，需以具体的实物或图片辅助学习。记忆力短暂，容易遗忘交代的事情，如总是忘记交作业，重述刚听到、看到的或学到的内容有困难。若能专注于学习，其在课堂上的学习效果将会大大提升
	情绪管理	能够分清喜怒哀乐这些基本情绪，但是在相关情境事件的辨识与解读方面有困难，表达方式也有待提高，经常会做一些惹老师或同学生气的事情自己却浑然不知，经常无法理解旁人情绪或社会行为表现的原因，无法同理他人的感受与想法。但当涉及与自己利益相关的事件时，会察觉到教师和家长所表现出的比较明显的生气表情与语调，如当班主任提升语调批评他时，会当场认错
	社会信息的运用	区分他人明显的基本情绪问题不大，难点在于结合社会情境与事件做分析；对社会意图的判断往往缺乏个人主见，容易受到他人意见的影响或恐吓而导致解读失败；有时候对于和自身利益相关的问题，会利用社会信息想到比较巧妙的办法，但更多时候自主利用社会信息思考问题解决的办法仍有较大的困难，需要多方面的提示与练习
	人际关系与社会问题的解决	为人比较热情大方，在班级有自己的玩伴，但是有时候会言而无信，缺乏同理心，有时会不顾他人的感受而一意孤行，如午睡时间即使在教师的提醒下仍会喋喋不休而不顾他人的休息需求；对日常生活常见的社会情感线索的判读能力还有待提高；会执着于固定的情境，对于社会情境转变的应对能力也应进一步提升

组别	能力项目	具体分析
B3	认知能力	中度多重障碍，认知较好，能够理解类似于"冷静"这类的词汇，并能够依据所学的文章完成相关的词语填空；注意力与理解能力较好，例如观看红绿灯的情绪管理视频之后，能够记得和理解视频中的主要内容，能够回忆其上节课的主要内容并在教师的引导下复述出来
	情绪管理	具有基本的情绪辨识能力，情绪表达不稳定，有时候在成人的引导下能够以较合理的方式表现，有时候会固执于自己的做法而可能伤害到自己或他人，还不能理解情绪表达的注意事项及正确方式
	社会信息的运用	能通过声音、表情、动作区分他人的喜怒哀惧，但结合具体情境分析有困难；能够理解与区分不小心和故意，对于是非善恶的社会意图区分有待提高
	人际关系与社会问题的解决	低口语，能够表达日常生活的主要需求，但有时候所表达句子实际意义不大；会逃避对于其有挑战性的任务，挫折忍受度差，容易畏缩及依赖心重
B4	认知能力	孤独症，语文认知能力水平相当于学前班，会认识生活中大部分常见事物的图片，但无法单独理解文字。会跟着教师看着图片一起念读，碍于个案的口腔功能（构音问题），在顺畅准确地阅读文字方面有困难
	情绪管理	情绪较容易波动，个性较固执，低口语。常会以他人无法理解的话语与人交流，运用错误的方式与他人互动，如直接拉着别人的手，与他人互动时会有负向的解读，且会直接还手。生气时会有不当肢体表达，如把他人的手甩开、将东西用力摔在桌上、拉开椅子、踢桌椅、故意发出声响等
	社会信息的运用	能够区分他人较明显的开心、生气与难过的情绪，对于害怕的情绪比较陌生；其他的社会意图学习之前未接触，不小心和故意的区分经过提示能够理解，但是非善恶和真诚与否的区分与运用对其有一定的挑战
	人际关系与社会问题的解决	可以使用自然手语沟通，主要沟通方式就是手势动作加有限的语言来表达，能够依据指令执行大部分的任务。在外界的协助下会与同学和老师有一定的互动，情绪状态较佳时会主动打招呼、积极配合自己力所能及或感兴趣的活动与任务。但因表达能力有限而易产生情绪问题，不愿配合教师要求展现出自己的所知

续表

组别	能力项目	具体分析
B5	认知能力	多重障碍，认知能力水平相当于学前班，无口语，但能够理解大部分的简单指令，如"请你拿出铅笔"。需要借助大量的图片来理解比较具体简单的词汇，书写能力极弱。上课时极易被所感兴趣的东西分心。但对于符合他接受度的知识，若给予足够的学习刺激与机会，仍可以掌握
	情绪管理	情绪起伏较明显，表现比较强烈，如开心时会在地上打滚，生气时会用力拍桌子，甚至会扔椅子
	社会信息的运用	能够在提示下区分他人比较明显的开心、生气、难过和害怕的情绪，生活中缺乏社会意图判断的意识。不小心和故意可作为其学习内容，其他更高阶的社会意图学习不适合该生
	人际关系与社会问题的解决	会以简单的肢体语言表达意思，如摆手、点头，对于喜欢的人会主动拉手，对于一些觉得不舒服的事情有时候会通过摇头或挥手表示拒绝。课堂上经常会有干扰同学的动作。与他人发生冲突时，采取直接打架或扔东西的方式来处理

综合上述观察和访谈资料可知，八位学生在社会情感方面都有各自的需求：在情绪管理方面，均能辨识基本喜怒哀惧的明显情绪，但情绪控制普遍比较欠缺，容易冲动。A1 和 A3 的情绪表现一般比较平稳，但在处理负向情绪时比较缺乏经验，在表达情绪的相关事件或原因方面比较有难度。对于社会信息的解读，即使是 A 组学生对于别人行为意图的判断也会带有较强的个人见解，难以自主结合社会情境或事件进行解读。同时 B 组学生缺乏是非善恶区分的常识，且很容易被别人怂恿。A 组学生对于基本的意图解读方面问题不大，考虑到人身安全问题，还是要对他们加强善恶是非的判断。在社会问题解决方面，A、B 组的差异明显。A 组中，A2 的主要表现是说话方式强势不恰当，对能力较弱的同学缺乏尊重与包容；A1 和 A3 在人际问题情境中所使用的处理策略一般是直接反应，且现阶段会常遇到青春期互动问题而感到困惑。而 B 组学生更多时候还是以肢体动作直接表达所面临的问题，对于异性开始有较大的好奇，会执着于固定的情境，不顾他人的感受而一意孤行。

在确定学生的具体教学方案时，研究者首先根据上述学生发展需求与能力现况，结合已有的实践经验及教学理论，列出情绪管理、社会信息运用及社会问题解决三个主轴的细项。之后请研究伙伴勾选出适合学生当下需求和能力的单元，共同探讨初步教学方案的拟定。研究伙伴对方案提出的有益建议有：方案第一主轴情绪管理中的理性评估是引发不同情绪的原因，可根据它引导儿童以符合社会性的适当方式冷静下来；第二主轴社会信息运用中的根据线索区分观察到的行为的善意与恶意，可以此引导学生当出现社会问题时学会区分事件是"不小心"还是"故意"发生的；第三主轴社会问题解决中的友谊管理和两性互动策略的单元内容应是目前教学重点，可进行深入的教学。另外，在沟通单元中应强调基本表达要素的掌握，以使学生在遇到被他人误解或人身安全受到威胁的情况时能清楚说明事实。同时根据讨论，有必要教导帮助学生在复习已有的情绪辨识知识的基础上，为之后复杂情绪、原因分析、冷静等概念的学习做准备。

（三）研究伙伴——教师参与者

1. 童老师

特教硕士学位，资深特教老师，有着丰富的教学经验，现在主要担任体育、语文和社会学科的课程。之前担任过学校的主要行政职位，后因觉得自己更喜欢给学生上课，辞去了所有的行政职务，专心带班级和教学。童老师教学风格活泼而生动，尤其是体育课颇受学生的青睐。

作为我的研究伙伴，童老师总是以开放、接纳和尊重的态度与我讨论交流。每周一下午第二节课我利用他的社会课进行社会情感教学，童老师作为诤友会坐在班级后面边听我上课边做笔记，并在恰当的时机为我提供支援。一般我上完课收拾好教具之后，童老师会立即中肯地与我讨论今天的可取之处与改进之处。

2. 范老师

特教硕士学位，有较扎实的特教专业知识。虽然特教工作年限不长，但愿意接受和尝试有利于学生发展的教学，注意在平时生活中教导学生的言谈举止，如这学期初范老师让班级每位学生为自己设定了目标并写下来粘贴在班级墙壁上，以作为学生期末的自我比较；提出适合本班的班规（观—220921），这些现有的班级管理策略在一定程度上恰好能够融入本研究方案。范老师现在担任六年级的班主任，主要承担语文、生活适应和孤独症的社会故事教学，在社会情感教学方面有一定的经验。尤其是在针对低段孤独症的儿童的绘本故事教学上，范老师总能选取适合学生的绘本和探寻有效的教学方式，与其进行该方面的交流与切磋不失为我们共同成长的好契机。范老师也是我重要的研究净友，她对于特教研究现场有自己的见解，认为"一线老师更想要的实实在在的研究，而不是各种高大上不接地气的研究，有的纯粹是为了研究而研究，如果能踏踏实实地做出能够有利于学生的研究，我们自然是比较喜欢的"（访—范师—221027）。故范老师本人也很认同这种以实务工作为导向的研究方法，同时作为班主任的范老师其办公位置就位于班级后面，这十分便于我们在实施方案过程中就课堂现场学生与教师的反应做及时讨论与修正，以及在自然情境中适时类化。

3. 徐老师

徐老师是班级的副班主任，有十多年的特教资历，主要承担音乐方面的教学，办公位置也在教室里面。除了范老师之外，徐老师最了解六年级学生，在我对学生做"能力现况与需求分析"时她协助我提出数据分析的意见。同时徐老师也乐于与我分享她的从教经验与学生特性，她的音乐课更是在班级内广受欢迎，且班级学生一周之内除了两节音乐课之外还有另外两节兴趣课程也是由徐老师带领。因此在本研究进行期间若能将所教导的技能渗透至徐老师的音乐课堂，请其协助观察、访谈与建议，将十分有利于研究者进行反思与评鉴的循环历程。

4. 章老师

章老师虽是实习助理教师，但是初生牛犊不怕虎，对于特教很有自己的主见。她目前也进行与社会情感相关的研究，能与我分享和交流特殊儿童社会行为研究的资料，且她比较熟悉班级每个孩子的特性，与学生们相处融洽。章老师也是在教室办公，她在研究中一方面协助我全天观察学生与课堂，另一方面针对我的研究适时提出自己合理的见解。

上述的四位研究伙伴各具特色，都有着开放的心态与较高的接纳度，愿意真诚地与我分享班级的各种事迹。范老师和徐老师是目前学校中与研究对象最熟悉也是相处时间最久的教师，因此她们所给的建议或提出的看法不仅中肯且具有实际价值。尤其是范老师，她是本次研究的主要合作者，我需要花更多的时间与她交流、讨论教学过程中的状况与问题，这种密切的交流与互动甚至延伸至生活中，促进了我们对彼此的了解。因徐老师事务繁忙，我与她的互动主要是以非正式的交流为主，目的是从不同教师的角度得知研究对象在不同场景和时间中的社会行为表现。章老师能够在她的实习期中参与至我的大部分课程中，也能让我听到新教师对本方案的声音，并协助我准备相关材料。四位老师均是我行动过程中不可多得的伙伴。

第三节　研究工具

社会情感包含的内容既多且广，除了外显出来且能被看到的沟通与互动技巧外，还有无法被观察但却对社会互动影响重大的社会认知能力表现，例如能否了解他人的观点，能否于社会脉络下调整对人与物的注意而达成共享式注意，是否能表现出合宜的问题解决行为等。因此现有的学者会运用已出版的测验或将既有的小测验组成一套评估工具来了解特殊学生在社会认知能力上的表现，比如运用情绪察觉、问题解决等评估工具来评估特殊学生在社会认知能力不同维度的表现。但对于社会情感的评估不能仅仅停留在狭隘的认知能力上，也不是一次两次就能完成的，行动研究的评鉴工作其实是一种连续历程的层面（朱仲谋，2004）。本研究包含多种评估工具和形式，通过访谈、教学观察、教学日志记录、教学反思、个案作业单等方式，了解教师的教学表现和参与者社会情感能力的学习及类化状况，具体如下所述。

一、教学观察记录表

教学观察记录指根据单元的教学内容，以录像的形式观察课堂中师生的表现，并在当天课程结束之后及时回放观看、做记录，获取教师的教学表现，如教育语言是否让学生理解、是否同时考虑到 A/B 组的能力与需求等，以及时发现当天教学的优劣势。同时发现学生在课堂上的学习情况，了解他们是否真正理解和掌握了当天的主题内容，以及存在困难和进步之处，为后续的教学改进提供依据，如附录三所示。

二、教学日志表

教学日志是关于教学实践议题的札记，包括课程构想、教学计划、活动的进行、材料的选用、学生的反应、作业设计以及对教学历程的描述或对教学主题的想法或灵感等。同时，以质性的方式记录研究对象在课堂之外日常生活中不同时段和场域中，结构与非结构性环境中的社会行为表现，包括研究者所观察到的学生的情绪管理、对各种社会情感情境的解读情形以及解决社会问题的方式等各方面的表现。此外，还可根据研究伙伴和家长所描述的相关事件，记录研究对象在课堂之外各活动场域中所经历的相关事件，搜集的资料可作为后续课程调整的依据。

三、教学省思记录表

研究者针对当天教学观察表和教学日志表所记录的内容进行反思，找出近期教学中面临的困境，思考对应的策略，并观察和记录实施解决策略之后的改进情形，从而获得对教学方案设计和学生社会情感学习的相关启示，为下一步的规划和行动做准备。

四、社会情感能力培养成效的检核表

(一) 社会情感能力培养成效检核表（自编教师家长版）

课程本位评估是由 Deno 为首的美国明尼苏达大学学习障碍中心研究所发展出来的系统化测量程序，其主要目的是借助于程序进行经常性施测，使教师能将学校课程当作评估工具，评估结果为教育决策提供数据基础。课程本位评估的优点主要有以下五点：（1）施测过程用时短，能够重复评估学生的表现；（2）省时、省钱，内容取材自学生的教材，结合教学与评估，不需要额外的测验材料，也有助于教师节省测验评估题目的时间；（3）借由经常性评估，能及时了解学生的表现；（4）以图表记录学生的进步情形，能清楚了解儿童本身的能力状况及与同伴能力的落差；（5）能增进沟通，评估结果为明确数据，利用图表说明学生表现情形，易于教师、家长及学生了解（王梅轩、黄瑞珍，2005；Deno，2003）。

本检核表在参考 Social-Emotional Learning Edition Rating Forms（Gresham，Elliott，Metallo et al，2018）、Question Guide for the Assessment of Social-Cognitive Processes（Brady，Leffert，Hudson & Siperstein，2009）的基础上，依据每一单元的教学目标及内容编制，以课程本位评估方式评估学生在学校日常生活中的学习成效，由熟悉学生的教师或家长分别在每个主轴教学前和教学后填答。主要评估学生在情绪管理、社会信息的运用、社会问题解决三个社会情感向度的表现。其评估细项则是根据第四章表4-2社会情感课程内容的架构（二）进行编制。记分方式采 Likert 五点量表（1分＝没有该项技巧、2分＝很困难、3分＝有点困难、4分＝尚可、5分＝很好）。分数越高表示学习成效越好，据以评估学生在该单元教学行动前、后及追踪阶段的社会情感能力。题目内容方面，请专家及具备社会情感教学经验的一线教师，依据评估表对其合理性提供回馈与建议，据以修正，以建立评估表的专家内容效度，对其意见整理如下表所示。评估表分别由班主任、研究者本人及家长依据学生在学校学习和生活中表现评定。

表 3-2　社会情感能力培养成效检核表修改建议（部分示例）

咨询对象	修改建议
学者	参考已有的量表编制，请家长或教师填写时还须考虑到文字表述上的差异以及和课程内容的契合度；题目数量不宜过多，有些宜作删减或整合；检核表一次只问一个问题
现场教师 1	班级学生家长的文化程度参差不齐，有些词句的表达教师能理解，但家长可能不太理解，例如第二主轴中"工具性目标""关系性目标""评估性维度"这些说法比较学术化，建议改成家长能理解的说法
现场教师 2	有些题目可以增加例子说明，帮助理解，如第三主轴中19题"以适当的方式吸引异性注意"，可举例说明什么样是适当的方式；有些题目过于模糊，如第三主轴中24题"能够接受批评"，对于正常的批评，学生一般也是能接受的，可能要对批评界定得更清楚一些
家长	有些题目感觉不太清楚，如第二主轴中第七题"理解并使用目标概念"，应明确题目的意思

（二）社会情感能力培养成效检核表（自编学生版）

学生版"社会情感能力培养成效检核表"也是基于课程本位评估的理念，在各主轴教学完成后立即实施。因学生能力不同，检核表的内容也有所不同。A组学生可胜任自评的检核形式，因此A组学生的自评检核表内容与教师、家长的检核表内容相似。B组学生需要他人辅助完成检核，检核表依据每个单元内容包括认知与实作表现两部分做了不同的设计。认知部分以作业单的形式为学生设计不同层次的作答题目，实作部分则是通过设置相应的类化情境，以角色扮演的形式进行。通过情境的安排与角色对话的设计，将该单元社会情感技能融入剧本中，让学生在角色扮演活动的过程中，练习该单元社会情感技能的学习步骤。研究者则与研究伙伴共同观察学生对于不同情境的反应情况并商讨应对策略。

五、半结构访谈大纲

访谈是了解研究参与者对行动方案所持观点的重要手段，参与者的想法、感觉和经验，可以透露非常丰富的信息。这些信息不仅能够帮助研究者了解行动方案对研究参与者的意义，还能使研究者检视行动方案、评估行动的成效、反思研究设计等。在访谈时需要通过熟练的技巧与真诚的态度，来鼓励参与者按照平时说话、思考与组织经验的方式，来表达他们自己，研究者则要据实记录，不予包装或格式化，整个访谈的焦点是参与者的观点和经验。但研究者也需要特别留意参与者提出的相左的信息，以及和观察的现象有所出入或显示有所隐藏的信息。同时研究者要善用追问技巧来继续引发参与者更多的分享，以获得更丰富的信息和更深一层的理解。

访谈的方式有正式的和非正式的两种，非正式的访谈是随机发生的。如与班级老师或学生的对话，它可能发生于某次课堂中或课堂后有关特殊儿童上课的情绪或行为表现的讨论中。非正式访谈让参与者在没有压力的情境中，发表个人想法与意见。这些非正式的随机访谈数据将在事后回溯时被记录下来，作为数据分析或后续深度访谈时彼此的佐证。本研究的访谈对象主要包含学生家长、学生班主任、任课教师。同时对于部分表达能力较好的学生，也可直接与其进行对话展开访谈，如此更能搜集学生的内隐资料。

正式访谈采用半结构访谈法，辅以访谈大纲进行资料搜集。半结构式访谈法的特点在于，依据研究问题与目的设计访谈大纲，大纲主要内容包括教学前学生社会情感能力的表现情形、家长和教师的关注重点和面临的挑战，以及对教学方案适切性的看法；教学过程中和结束后，学生的社会情感表现与改善情形，以及是否有解决之前的困境，尤其是在情绪的辨识管理、社会信息的运用、社会问题解决等方面的改善状况，并对本方案的改进提出相关建议。在访谈过程中可以访谈大纲为指引方针，但不必完全依照大纲的顺序进行提问，而是可以依照受访者的叙说情形与实际状况，弹性调整访谈提问，重点在于访谈内容能够涵盖所有重要问题，同时在访谈中保持适当的弹性与开放性能使访谈内容更为全面。

六、研究同意书

行动教学前，我向参与者家长说明本研究目的、行动方案课程内容，及受参与者权益等相关伦理事项，确认参与者家长了解并同意参与研究后，请参与者家长签署研究同意书。

第四节 数据来源与分析

一、资料搜集

教育行动研究所要搜集的资料是相当多元的，所听、所闻、所感、所想都是资料的来源（蔡清田，2013）。因此在研究过程中所搜集的资料不只有通过检核表和评估表的形式获取的信息以及原始的活动数据，还有各研究参与者的意见和评论。这些数据包括：

（一）量化资料

社会情感能力的评价中较为典型的是自我报告法，该方法要求被试在相应的李克特量表上选择最符合自己的选项。由于特殊儿童能力之间的差异性以及理解、识字方面的限制，本研究结合社会情感课程为学生设计了具有针对性的自评量表，能力较好的 A 组采取文字版的李克特量表，能力较弱的 B 组则采取图文结合、辅助解说和理解的方式让其参与自评。

但使用自我报告测评社会情感能力存在一定的局限性，如要求被试掌握一定的词汇、认知程度极大影响着被试的作答结果等（黄忠敬，2022）。这使得特殊儿童的社会情感能力自评具有一定的挑战性，因此还需要增加他评的方式以提升评估的信效度。本研究于课程开始之初和每一阶段课程结束之时请班级教师填写自编的课程本位评估检核表，搜集学生在实施行动方案之前、过程以及结束之后在情绪调节和管理、社会信息运用及社会问题解决等方面的改变资料，以更直观地检视课程方案实施的成效及每个参与者需要调整之处。

（二）观察资料

行动研究者在实践现场除了进行实践行动，最专注做的事就是留意观察，观察重点包括参与者的行为活动与现场中各种状况与事物，如活动过程、情境脉络、事件或行为的改变或转换关键及转折点、特殊事件、活动中的人际关系以及其他背景线索等。考虑到行动研究设计的弹性及可调整性，加之要观察的内容十分庞杂，情境脉络十分复杂，因此需要随时记录所见所闻，记录形式包括图标、录影、录音、备忘录以及行动后立即所做的详细笔记等。笔记除了将所见所闻精准记录，也可记录观察时的想法、推论甚至情绪反应等。

本研究中每次上课所涉及的社会情感能力培养课程设计与教学实践都是由我负责，教室内教学实况观察则由两位研究伙伴以"参与观察者"的身份协助进行。其中一位研究伙伴在教室后面操作录影机，针对我的教学、学生的学习及互动情形进行全程录影；另一位研究伙伴则以纸笔记录我的教学流程，以及学生在学习过程中的反应状况，作为日后观看、转译、对比和分析之用。考虑到学生可能不习惯课堂中有录影或他人介入，在正式上课之前，我会向学生说明录影的目的，并尝试先在有录影设备的环境下上两次课作为热身活动，让学生在最接近自然的情况下表现真实的自我，也让我们的记录更加真实。当学生进行情境演练时，研究伙伴会协助我，视学生的表现情形给予个别化支持和引导，如动作提示、口语提示等，帮助学生巩固所学习的社会情感技能，并借此深入了解学生的各项社会情感能力状况及困难所在。所有观察得到的资料及个人心得感想，都尽可能被记录在观察札记中。观察记录方式，主要是以关键词注记在笔记本上辅以录音内容，事后再借助录音内容完成当次观察的完整记录。观察的向度主要包括情绪表达与管理、社会信息的运用及社会问题解决情形。此外，在整个研究历程的课堂外场域，本研究也进行有系统的现场实务监控，通过观察、拍照、录音、访谈交流等方式收集学生在教室的课后表现，针对社会互动及情绪行为保存记录数据，记下现场情境中重大、值得学习的事件，以及对它们的反思。

（三）教学日志与教学反思

通过教学日志和反思札记以关键词记载教材教法、课程构想、教学计划、活动的进行、材料的选用、学生的反应、作业的设计、教学内容成效以及对教学历程的描述，或对教学议题的想法或灵感、观察心得、访谈所引发的想法、与教师和教授的讨论等。将这些以及由之可能产生的其他观点记录在反思札记中，有助于增进研究的完整性。通过回顾分析和反思，可以对研究资料作初步的整理、浓缩，也可以随着研究的开展，不断地发现问题、提出暂时性的推论。由于身兼行动方案的教学者及研究者，为避免自己的主观信念与经验影响我对现象的分析判断，我借由教学日志和反思记录来觉察自我的主观偏见，同时通过反思记录及我与其他教师的分享讨论，厘清问题的盲点，真正发挥课程行动探究的"在行动中省思""在省思中行动"的精神。

（四）访谈资料

访谈包括正式访谈和非正式访谈，目的在于进一步了解所有参与者的想法。在实践教学研究过程中，我会利用下课时间采用学生能够理解的表达方式与学生沟通，或咨询研究伙伴的意见，进行非正式访谈，如此在自然环境下，让参与者能够自由地发表个人想法和建议。正式访谈方面，则是在每一个大的教学主轴结束之后，对研究参与者进行个别访谈。个别访谈过程中，我会结合参与者的处人处己能力和社会情感能力培养的行动方案与之进行交谈，也会针对生态环境中的突发事件或行动方案中的教学策略与之交流。对每个参与的学生以其能够理解的表达方式展开提问，了解学生对该主轴上课方式及内容的看法与建议。对于班主任即研究伙伴范老师，我也单独进行深入访谈，以了解她对每个主轴教学过程的看法与建议。在征得其同意之后，事后对访谈内容进行转译及分析。

（五）学生档案文本资料

对于课程行动研究而言，文本资料是重要的资料分析来源。课程教学过程中的文本资料不但可以为修正课程设计与教学计划做参考，更可以评估行动方案的实施成效与影响。文本资料的来源相当多元，在搜集资料时必须选取那些与研究所关注的议题相关的、能够提供有效可用信息的，只有这样的资料才有可能达到意义的建构。

为了了解特殊儿童社会情感能力培养的历程与效果，我在研究过程中将作业单或回馈单及反省单等纳入数据搜集项目，以了解学生社会情感学习的潜能，并确认其需要的支持。其中作业单是针对每次上课内容的学习主题所设计的工作单，供学生在课堂上或家庭作业时练习使用，它不仅能增加学生社会情感能力练习的机会，运用于家庭作业时还能间接促进家校之间的沟通。作业单的设计比较灵活，根据参与者不同的能力设计成不同的要求。例如针对情绪辨识与管理这一单元，A 组学生需要记录自己当天的情绪与心理感受，并分析缘由，B 组学生则不需要。对于一部分具备书写能力的 A 组学生来说，还可以从他们的日记记录中看出他们对于处理冲突、同理他人等方面的看法与变化。B 组学生，对其的要求首先是能够将对应的情绪表现进行联结，之后根据他们的习得状况，调整下次任务的难易程度。因此通过作业单相互交叉比较、分析，不但可以知道学生的个别差异及进步情况，还能通过其来了解学生的学习困难或问题所在，作为后续教学活动设计和调整的参考。

二、资料分析

在课程行动研究中，资料的收集、整理和分析是行动过程中持续且循环进行的环节，一般要经过多次这样的循环过程研究才将近完成并告一段落。为了对资料进行更有效的整理和详细的分析，本研究将所收集到的资料加以适当编码。经过编码的资料会形成暂时性的主题或类别，这些主题或类别将根据研究需要进行删减和重组，以建立各种资料之间的意义并作整体的诠释。具体的资料处理方式和分析架构如下：

(一) 资料处理方式

面对庞杂资料的第一步,是进行筛选,去粗取精、去伪存真。首先,通过机械式的操作将资料缩减,初步筛选出与研究目的相关、具有分析价值的资料,其次,对所筛选出来的资料进行分类处理,按照属性和类别(如观察记录、访谈转译、札记、作业等)排出先后顺序,并且做好编号整理,最后,建立不同的资料档案。

在特殊儿童社会情感能力培养行动探究中,我将所收集的不同类型资料(包括参与观察、非正式访谈和正式访谈、前后测问卷、文件记录、省思札记等),就其收集的时间、脉络、参与的人等加以编号整理。质性数据以观、访、档、思、志,表示观察记录、访谈记录、在校档案记录(如作业单、个人档案等)、反思记录及教学日志,之后标注对象与日期,如"访—范师—231019"表示"2023年10月19日对范老师的访谈"(表3-3),最后将与研究焦点有关的部分,进行归类和整合,形成焦点问题的讨论。

表3-3 资料代号一览表

类型	示例明细	代号
观察(观)	2023年9月13日的观察记录	观—230913
访谈(访)	2023年10月19日范老师的访谈记录	访—范师—231019
档案记录(档)	2023年10月25日B1生的作业单记录	档—阳—231025
教学日志(思)	2023年10月16日的教学反思	思—231016
教学反思(志)	2023年4月12日的教学日志	志—230412

1. 课程本位评估资料

课程本位评估前后测旨在了解学生社会情感能力各个向度的现况和经过学习后所取得的进步。各个课程主轴的前后分值依据学生姓名、题号、选项等进行描述性统计分析。

2. 观察与访谈资料

教学现场所收集的资料包括现场的观察记录、现场录影转译和对老师及学生的访谈等资料,这些资料均记录在回顾省思日志和反思上,以电子形式保存，并列印三份，供分类和讨论之用。其中正式访谈的转译资料在经过多次阅读之后，将从访谈问题的性质当中逐渐发展出不同的话题类别和主题类别。

3. 档案资料

为了较完整地呈现学生社会情感学习的过程，研究者收集了学生的学习工作单以及学习心得回馈单等。这些资料在征得班主任同意之下，复印两份，一份保存，另一份用来检核资料的一致性和正确性，原始文件归还学生。

4. 研究者的回顾省思日志

在整个教学研究过程中，资料的收集、分类、分析、反省和诠释等是同步进行的。例如上述几类资料的收集过程中，均有研究者反思回顾的资料，而为了减少资料整理的复杂度，同样将其记载在省思日志中。回顾省思的内容也有主题类别，以说明教学行动决策的原因，以及对衍生性问题的推测等。

(二) 资料的编码登录

无论是量化资料还是质性资料，都需要经过编码登录程序，才能进一步分析。针对质性资料的编码登录，乃是将所收集的描述性信息，就其内容所反映的意义，区分成不同的意义单元，然后赋予简单代码的标签。通常代码是附加在某个特定情境有关的主题上，可以是关键字、片段、句子，也可以是整个论述段落。进行编码的目的是将原始资料组织成概念类别，把堆积如山的原始资料，缩减成可以掌握的数堆文件，从中创造主题或概念，作为日后分析资料之用。编码过程需要对资料进行审慎阅读与思考判断，借以掌握关键语句，形成暂时性的主题或概念类别，这是资料初步分析的重要内容（参见范例表 3-4）。研究者在对资料进行相关主题与概念的归纳整理时，不仅受到研究问题的引导和既有理论基础的影响，也会在阅读资料过程中产生新的关注，从而产生新的主题或新的概念。当产生新的主题或概念时，资料还将面临多次重组，直到形成最终的研究框架。

表 3-4　教学日志编码范例

日期：2022.12.4 　　将社会故事、绘本故事与角色扮演的结合对于特殊儿童的社会情感学习有着明显的效果，每次当我提出有谁要扮演故事中的角色时，<u>大家都会纷纷举手，尤其是 B1 生和 A2 生。B1 生喜欢运动类、警察类这种充满正义和能量的角色，而 A2 生基本上很多角色都愿意尝试，B2 生在他们的带动下也会跃跃欲试。</u>对于 B1 生和 B2 生，因为他们的识字量有限，在角色扮演中需要有旁人在旁边辅助他们说出角色所说的话，对于这个问题，<u>一方面，教师在选取和改编故事时，尽量把故事内容以他们比较熟悉的方式和语言呈现出来，另一方可让能力好的学生或人员在旁边轻声地提示。总之，对于他们要给予一样的机会参与，</u>即使他们说得比较慢，教师切记不要为了赶进度而直接打断或代替他说完。如果总是打断或代替他们说话，长此以往他们会觉得自己没什么成就感，因此教师宁可放慢进度，也要让他们说完自己角色的内容，之后再做进一步的分析和总结。 　　……	学生的反应表现 提升 B 组学生学习效果的方法

第五节　研究信效度与伦理

一、研究信效度

　　行动研究的质量取决于报告数据的丰富性，通过多元资料的搜集不仅可达三角验证的效果，更可丰富研究内容，使研究者视角更为广阔。Robson（2002）指出，提升个案研究的效度策略包括长期参与、持续观察、同伴报告与三角验证。在行动研究过程中，研究者担任本次教学的执行者，得以持续观察学生社会情感表现的动态，并每周至少有三天的时间能够全程参与学生的日常活动。这种情况使研究者有机会长时间进行教学与观察，定期与合作伙伴讨论研究细节，以确保研究进行的适当性。具体来说，主要采取以下几种策略确保信效度：

　　（一）保持理论与实务的对话，全程参与，掌握研究的情境脉络

　　研究者在整个研究过程中不断地重返理论，将理论转化为实践中的课程

教学，并在实践中灵活运用理论。全程参与完整的行动研究过程，充分掌握每位参与者的教学状况和社会情感转变，并做及时的记录，对整体教学的情境脉络尽可能进行完整、丰富的描述，帮助读者充分掌握研究重点并了解研究现象。

（二）方法与资料证据

研究过程中对教师家长的访谈、学生的观察及档案记录、教学行动方案的反思与调整、教学日志等多元数据进行持续性的检核与分析，以利于之后数据的编纂、解组和重组，形成相关的主题和焦点问题。

（三）同伴检核及三角验证

开放大学（open university）对三角验证法的正式定义是：从多个咨询提供者和数据源来处理搜集资料，比较和对照各方说法的异同，进行交叉检查，以确认某个现象是否存在和某个人的说法是否正确，尽可能求取研究资料的丰富和平衡（朱仲谋，2004）。因此在研究过程中的信效度建构参考如图3-3所示（甄晓兰，2003），请同样具有社会情感教学经验的同伴共同审阅方案的可执行度，并提出回馈，包括上课之前共同检阅教案的适合度、作业单的难易度，一起观察学生的日常生活表现等。也请班级的其他教师、家长和同伴留意学生在其他情境中的表现，并通过非正式的访谈获取相应的实际资料。

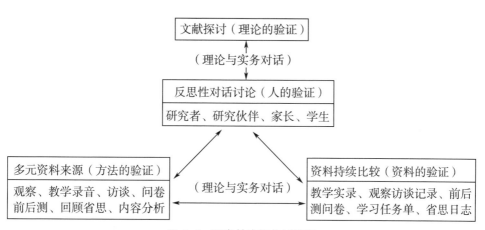

图3-3 研究效度架构过程图

二、研究伦理

研究前，研究者秉持诚实的态度公开自己的身份、研究背景与目的，明确告知参与者包括特殊儿童、班级教师、家长及其他参与研究访谈的对象本研究的内容，让他们在知情同意的情形下签署"参与研究同意书"后展开研究。为了确保参与者的隐私，本研究遵守匿名原则，以别名取代学生、教师、家长及其他访谈者的真实姓名。同时在行动过程中，研究者与参与者之间彼此尊重，就资料搜集与分析以及行动规划和策略作"定期检核与协商"，以符合现场的需求。在完成研究后研究者据以将搜集到资料整理公开，并将研究结果赠予参与者，以分享研究成果。

第四章

....

社会情感能力培养的行动准备

本章主要讨论社会情感能力培养方案的前期准备，第一节呈现了初入行动场域我的感受以及对场域环境的思考，第二节呈现对于课程整体方案的初步实践和改进研究，以为第二阶段的行动提供改进建议。

第一节　我与场域的人和事

我自 2022 年 9 月至 12 月进行第一学期社会情感课程整体架构与教学模式的探究，根据第一阶段反思，2023 年 2 月至 2023 年 12 月从课程内容、教学组织与形式、教学评价等方面开展为期一学年的具体而深入的实践，并汇整过程中所搜集的资料，回答探究的问题。

一、初入场域的碰撞

第一学期刚开始是我和班级学生、教师互相磨合了解的阶段，这一过程并不顺利，课堂上我时不时会手忙脚乱，与协同伙伴和家长的沟通也并未达到完全的坦诚相待。这些都让我深深地觉得"革命尚未成功，同志仍须努力！"

感觉每天都在辛苦准备课件、教具，调整教案，却好像离默认的目标还有很大的距离。不过，也许这种充满未知与不确定性的过程，正是教师现场行动研究的意义吧！如果我们没有全身心的努力过，又怎能体验到活灵活现的现场情境可能发生的变化与挑战呢？这种经验，或许能够推动之后的行动历程吧！（志—220925）。

行动过程中总会遇到各种各样的问题，我该找谁解决？协同伙伴们都有自己的繁忙事务，我也不能一有问题就找她们。再者，有时候我遇到的问题对于他们来说可能亦是挑战。在这个历程中，我累积了一些"是不是""可不可以""怎么做"等问题咨询相关专家，专家在讨论之后告诉我：因为你自己才是在现场，有些困难和经验自己的感受才是最真实的，可能你自己可以根据现场的情况进行反思与改变。醍醐灌顶的一句，令我开始审视自己的现场行动：是自己对现场的了解还不够深入？是缺乏有针对性的思考？是想快速解决问题？行动历程中所遭遇困境，也许应该首先从自我的思考角度出发，正视自己的问题与责任，这就是"教师即研究者"的行动角色魅力吧！（思—221203）。

上学期中的所思所想，加之研究计划中各位教授所提出的各种恰如其分的建议，让我进一步洞察自己研究场域中每天所面对的人、所发生的事，思考自己的教学或研究目的与进展。

二、渐入佳境的关系探索

WH 学校的课程与资源丰富多样，也经常会有各种教学与学术交流活动，但是非教学事务也不少，花去大部分教师不少的心力。要比较顺利地在该场域中开展自己的研究，我需要对教师的工作生活样貌有比较细腻的观察和了解。选择范老师的班级，是因为该班的班主任与任课老师对于我的研究接纳度较高且愿意主动提供协助，因此即便将来研究者退场，研究主题在班级延续下去甚至自立发展的可能性也比较大。同时该班的班主任和副班主任对于班级中出现的冲突或矛盾常以讲理、规劝、鼓励的方式来对待，学生们更愿意在成人面前表现出自己的真实情绪或想法。

确立班级之后，我开始进入研究场域。第一个月（2022 年 9 月），我主要是以观察为主，幸运的是两位班主任性格一个活泼开朗、一个成熟稳重，都比较容易相处，并不用花太多的心思去琢磨她们的想法。因此观察了两三周之后，她们并不介意我以机会教学和从旁协助的方式做进一步的了解，但同时我也会提醒自己不要急于展示自己的课程，以免破坏学生平时的生活节奏。

（一）与学校教师关系的建立及深入

人与人之间都是相互的。我认为要取得协同伙伴和研究诤友的信任，除了完成自己的研究任务之外，也应为其提供力所能及的帮助。基层教师总是忙于各种各样的公务或教学，经验丰富的教师大多兼任行政职务，如何在繁忙的事务中与老师保持良好的沟通，在事多、钱少的状况下让教师有意愿参与这一不能给他们带来任何利益的行动之中，并不是一件易事。和学生互动的状况一样，一开始我也总是急于和老师讨论学生及教学上的问题，忽视了基层学校的工作氛围和高校或研究所的氛围是截然不同的。基层学校的老师在工作之余更多交流的是生活上的事务。最初我总是带着教学问题去与老师们交流，希望取得她们的认同，老师们礼貌上也会和我做一些讨论，但是我总觉得得不到自己想要的结果，有时候还有可能遮蔽了最初的教学信念，却又不知道如何做更深入的挖掘。慢慢地，我意识到现场教师有自己的生活节奏，作为研究者要尝试着进入她们的世界，时时刻刻将自己紧绷在研究的状态可能会适得其反。意识到这一点之后，我和协同伙伴除了持续讨论每个学生的问题、教学的内容及方法外，也会利用闲暇时间互相聊聊生活上的趣事，尝试慢慢融入老师们的日常交流，而这种看似无关的聊天中有时恰恰能透露出一些重要信息。

但是即便如此，我仍无法如本校的在编教师一般参与到学校系统的各种活动中，也比较难像本校教师之间因为对彼此比较熟悉，可以随意地开玩笑和打闹。这原本无可厚非，但是这种无形中的主客关系也让我无法比较深入地了解教师们的真实想法。情况并不总是如此，和六年级老师形成比较熟悉的关系之后，范老师会很自然将我认同为班级的一员，且热情将我带入与其他教师的互动中，例如"我和我们班黄老师都觉得……"。在范老师这种轻松而又水到渠成的引荐之下，我得以充分利用早操、社会实践、午餐、春游等这些全校性的活动与其他教师开展多种交流。久而久之，大部分时候学校里的大部分教师，对于我的出现已非常习惯也不再探询，尤其是小学中段（四五六年级）的老师，因为都在同一楼层，所以大家的交流会更频繁一些。值得开心的是，这些老师的教学心态都比较开放，在了解我的研究目的之后，他们会与我共享教学资源，如互换绘本、教具等，还会与我交流其他班级学生的状况。这让我的视线时不时地从六年级的学生中跳脱出来而较全面地了解场域中其他班级的状况，甚至还会设想若把目前这套方案用在其他班级应该要怎么调整等。这种以更整体的眼光来对待自己的研究的情况，有助于我看到本方案存在的局限性和后续发展的可能性。

在这个场域中我与协同研究者范老师慢慢发展出"信任""合作"的关系，彼此之间也有更多生活上的分享与关照，且与学校的其他教师也有了一定的了解与互动。

（二）与学生之间关系的建立

Jennings 与 Greenberg（2009）认为社会情感能力良好的教师能够与学生形成支持性和鼓励性的关系基调，应设计以学生优势为基础的课程，建立和实施促进学生内在动机的行为准则，通过指导学生解决社会情感冲突、鼓励学生之间合作，为学生的亲社会行为发展做榜样，培养学生社会情感能力。当教师在学校和课堂特定环境中面临各种挑战时，如果缺乏社会情感的管理能力，则儿童也会表现出较低水平的学习行为（Marzano & Marzano，2003）。在行动过程中，我也深深地感受到师生之间的互动质量影响着彼此对课程的投入程度和收获的广度与深度。

1. 不同风格的学生需要不同的相处模式

作为一个外来者，要对学生有比较全面的了解，与他们建立彼此信任与尊重的关系，并不是一件易事。有些学生没过几天就会跟我互动比较多，比如喜欢与新老师互动的 A2 生，有些学生则需要较长的时间才能慢慢地接纳新老师的进入，比如 B1 生，更多的学生对于新教师的到来没有多大的感觉。因此对于一个外来的行动研究者，在现场浸泡一定的时间之后，除了了解学生，与班级老师及时沟通，还要让学生能够从心底接纳你的存在。

第一学期刚开学，我就到班级和学生做第一次接触。学生们似乎对于外来的教师已经习以为常，在我走进教室，班主任将我介绍给他们后，大部分学生对我友好地打招呼："黄老师好！"面对这热情的欢迎声，我对接下来与他们共处一年半的研究开始有了小小的期待。该班学生给我的第一印象是整体上比较活泼、不怕生，班主任也跟我提过班级的三位男生都比较好动，班级上的氛围主要是靠他们三位来带动的，如果在课堂上能够将他们三人引领好，那么上课的氛围和参与度基本上算良好了。

社会情感能力的培养涉及人与人之间的互动与了解，如果教师和学生之间能够彼此敞开心扉，坦诚相待，那么教师就能够了解学生的真实想法，而不是仅凭表面现象来判断学生的社会互动能力。但要从彼此陌生的关系发展到师生能够在课堂上相互配合以及在课后能够分享一些事情，这一过程不是一蹴而成的。最明显的就是 B1 生，起初他在课后的时间根本不愿意搭理我，即使已经入班了两三个月，他还是对我保持着一定的距离。我感觉还要花一段时间与 B1

生培养感情，一离开教室，他似乎又不理我了，即使是我主动找他交流，他也还是不搭理（志—221126）。而对于刚到班级的实习生他却能一两天就和他们熟络地互动，这让我很困惑，不知原因何在。考虑到教学进度，我难免会有所着急，于是请教班主任和其他老师。老师们觉得 B1 生现在正处于青春期，有可能是故意耍酷的，让我先不要着急，与 B1 生互动时，可以他感兴趣的运动主题作为切入口。浸润在这种氛围中，我慢慢开始观察和发现了学生的生活图像，依据他们本身的特性找到借力使力的相处和教学方式，而不是完全依据自己的教学计划妄想立即改变他们的社会互动方式。

功夫不负有心人，我和 B1 生的关系也慢慢地真正熟络起来。之前，虽然我每周至少有三四天会参与六年级的活动，但是感觉与 B1 生之间总是隔着不少距离，例如当我请他做一些事情的时候，很多时候他会不搭理，而对于其他比较熟悉的老师的指令他则会立马执行，一般有问题他也不会主动来找我。而现在 B1 生越来越信任我，不仅会及时对我的指令做出回应，有时候还会主动地找我问一些事情，所以师生之间的关系也是在日积月累的教学现场中慢慢递进的。有些学生比如 A2 生、B3 生，比较自来熟，很容易就融入了新教师的氛围中，而有些学生，例如像 B1 生这种典型的青春初期开始叛逆、有独立的自我意识的，新教师要赢得他们的信任需要给予时间等待。最重要的是能够针对他们的特点设计和选择适合的内容与素材，让他们先喜欢上新教师的课，通过课程这个桥梁与教师之间慢慢形成一种比较信任的关系，通过这种良好的互动关系开展教学，不仅能进一步地促进课程的调整与循环，也更接近学生的发展需求与学习能力。例如因为现在 B1 生更愿意对我敞开心扉，我也更了解了他喜欢的运动类人物与故事，相应就会选择和运动类有关的故事作为教学素材，如此让 B1 生对于教学主题有了比较深入的了解。如对于"包容"，B1 生比较难以理解，我借由《不一样的长跑者》故事，让他扮演与他有着相似特点的小飞，通过小飞前后的态度变化，B1 生理解了何为是"包容"（志—221206）。

我和 B1 生关系的改善不仅有助于他学习和理解课程内容，也让我感受到了教学的成就，看到了研究前进的曙光。不同于和 B1 生循序渐进的发展，对于自来熟的 A2 生，在对他有更深入的了解之后，我发现与他关系的拿捏更需要智慧。

A2 生是班级的核心人物，如果能先和他形成良好的互动，自然而然地也会带动其他学生参与我的课堂。一开始我确实是刻意和他聊天，这种带有目的性的接近被 A2 生敏锐地察觉到了，他很直接地问道："黄老师，你是不是要做论文呢？关于我们班级的同学，你有什么问题要问吗，我可以告诉你哦！"我有些惊讶，没想到自己的意图这么容易就被识破了。之后我开始慢慢抛弃完成研究的想法，带着自然的心态参与到班级的每日活动，也让学生们慢慢习惯我的课程。慢慢地，他们知道社会情感课程和生活语文、生活数学一样，也是日常教育的一部分，也要完成相应的作业。在这种自然而然的教与学中，论文的影子在我们之间渐渐淡去，这时候 A2 生开始不经意地向我讲述他所遇到的事情，如家里的小猫去世了、昨天姐姐回来了等。这种平凡、琐碎而又舒服的交流让我也开始学会从全局的眼光来看待 A2 生的一言一行。

每一位特殊儿童的特质与需求都不尽相同，因此与每一位学生的相处之道都需要研究者摸着石头过河，慢慢地找出与之最契合的相处模式。兵马未动、粮草先行，研究者宁可多花一些时间去了解、感受学生，去回应他们的需求，也不要毫无准备地行动，因为整个行动研究不仅仅是为了完成研究目的，更重要的是要满足学生学习的最大利益化。

2. 教师自身社会情感能力的影响和作用

不像语文、数学这种知识性的学习，可以有标准答案进行纸质的测评，学生社会情感能力习得的情况极难评估，很多时候特殊儿童的社会情感能力在短时间之内较难改变尤其是类化。虽然我们清楚地知道情绪与需求密切相关，也理解必须进入内在，接触自己的情绪，才能看清自己深层的需求，了解需求所在才能找到满足的方式，内在需求满足了，情绪就退去了。但是将理论付诸实践却难上加难，进入内在，解决需求与情绪问题，对成人而言尚困难重重，更何况是有智障的特殊儿童。学生生气的原因有很多，有时是要求得不到满足，有时是为了吸引其他人的注意，有时是因为别人误解自己的意思或找不到适当的方式表达自己。有些学生已经能够解读情绪，也知道正确的处理方式，但表现出来的行为仍是周边人不认同的，这可能是因为他们缺乏理性控制情绪的能力或是练习数量还不够。但如果周边的成人能读懂他的感受，洞见端倪，以适当的回应接住儿童的情绪，或许能产生支撑他的些微力量。

　　每次 A1 生有情绪跟我分享时，尤其是放学之后，教室只有我们两个人时，我都会静静地听他说完，先不以老师的角度去评判他的行为的对错。这种相处方式使得他很愿意跟我说一些那些影响到他心情的事件。建立了这种亦师亦友的关系后，他只要发现情绪比较有困扰，都比较愿意和我分享，相应的情绪控制也变得比较好一点（志—230117）。

　　研究人员已经观察到一种趋势，当教师与学生建立温暖、牢固的关系时，学生更愿意接受具有挑战性的学习内容，并且通常以积极的方式行事（Merritt, Wanless & Rimm-Kaufman et al.，2012），当教师面临较多的管理压力和情绪时，学生的学习成绩和行为通常也较弱（Marzano & Marzano，2003），因为这种压力与情绪在教室内可能会相互传染。换句话说，要培养与学生之间积极的关系，教师首先也应调整自身情绪与信念。回到教室生态系统的本质，教师和学生之间的关系是各自以不同的方式相互影响的动态的过程，并不是单纯的双向道路。要使教师与学生这两个群体均受益于社会情感的教学历程，既要有要正向、安全的环境，也需要积极的师生关系。对于教育者而言，在培养学生社会情感能力的过程中，自身也应具备较强的情绪管控、自我管理、尊重包容及沟通等各种技能，培养与学生的积极关系，保持健康的学习环境，应对挑战，享受这一教学历程。

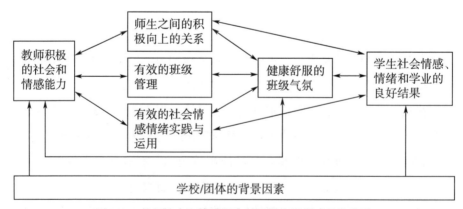

图 4-1　教师社会和情感能力以及学生课堂成果的模型

　　翻译自 P. A. Jennings, M. T. Greenberg, "The prosocial classroom: Teacher social and emotional competence in relation to student and classroom outcomes," *Review of Educational Research* 79, NO. 1(2009), 491–525.

从上图中可知教师积极的社会和情感能力直接影响着师生之间的关系、班级的经营管理氛围，同时教师自身的这种能力无形中也为班级学生做了榜样，有助于学生的社会情感能力和学业成就的进展。反之，课堂和班级气氛的改善可能会激发教师对教学的乐趣，使其提高教学成效、深入开展教学探索，也能防止教师倦怠，从而创建一个积极的回馈循环系统。与此同时，Jennings 与 Greenberg（2009）认为学校内外部各种背景因素都可能影响教师的社会情感能力：同事的支持、校长的领导风格、学校的氛围和规范制度、教师个人价值观和职业发展机会，以及地方教育政策与要求等。教师的个人生活，如整体的福利待遇、成就感以及友谊、婚姻关系和生活压力等因素，也可能影响课堂中教师社会情感能力的表现。对于特教教师而言，如何在这些影响因素中获得自身社会情感的平衡尤为重要，因为这对学生而言本身就是一本活教材。

3. 包容、开放与信任的班级教学氛围

在经常出现各种冲突、随时要做决定的特教现场，教师对学生的言行做出主观的判断是必然存在的，也不太可能完全消除"成人的眼光"。比如有些老师觉得 A2 生的心机比较重，很难表现出比较善意的言行，但是我却在几次交往的微小细节中发现 A2 生的善意之举，如帮 B4 生整理衣领。这也让我开始思考是否应该推迟对现场事件的处置反应，询问他们（研究参与者）对自己和对方行为的想法，以免忽略了更值得探讨的细节。我们长期被灌输以"以人为中心"的思考模式，对于其中的"人"，身为教师的我们是以"学生"为中心的思考，站在他们的角度看待问题、了解学生的表现，还是以"成人"为中心的思考，去观察和评估学生的所作所为？或许我们可以多多倾听学生的心声，让他们在课堂上有更多的自主决定权，确定学生想要表达的内容与成人对孩子想要什么的看法之间存在的差距。这样，当学生与成人的观点相左时，教师可以更深入地洞悉学生在某些学习情境中可能会出现的情况。

而我也反思自己作为一名教育者的信仰，是否足够相信自己的学生，相信他们是有潜力的，是能够改变、能够获得惊人的成长的。教师对学生的这种信任在无形中也会让学生更相信自己能够做到。这种彼此之间的相互信念为积极的社会情感发展奠定了基础。在讨论行为问题时尽量不在全班面前说起涉事学生的名字，虽然大家都知道是谁。因为我们讨论行为问题的目的并不是针对某个人，而是提醒大家都有可能犯同样的错误。我还常常以正向的语言鼓励学生的微小进步，从这些细节中增进与学生之间的情感联结（思—221227）。

教师不仅通过如何教、怎么教影响着学生的发展，还通过与学生之间的关系以及在自然情境中的社会情感示范影响着学生社会情感能力的习得，也就是说教师是不断诱导和回应学生情绪反应的榜样。Marzano 与 Marzano（2003）发现，与学生保持高质量关系的教师，其学生在一学年中的行为问题较其他教师少 31%。在一项超过 150 所小学教室的研究中也发现，教师实施社会情感课程的质量与课堂气氛的改善有关（Conduct Problems Prevention Research Group，1999a）。学校或班级氛围已成为学生学习的一个重点准备工作，在积极的课堂环境中更能培养学生的社会情感能力（Schaps，Battistich & Solomon，2004）。教师应尊重和欣赏每个学生的基本价值，同理学生的感受和困境，并提供明确的支持。在接受性与包容性氛围中培养社会情感能力，允许错误的发生，并找出这些错误的价值；对学生的表现是理解而不是批判性判断，学生也更愿意回应更多的分享。

因为 WH 学校允许陪读家长随堂听每一节课，六年级教师和学生及陪读家长之间的相处模式给我很大触动。陪读家长已是学生在校生活的常态存在，她们会随着学生课堂的变化而移动，如体育课在操场、音乐课在音乐教室、美术课在美术教室，她们与学生在一起的时间比我甚至比班主任的时间还多。因此陪读家长更有可能观察和捕捉到学生的日常表现。有时候在我课堂上，有些主题内容能够激发家长们联想到最近学生所发生的事件，这种立即性的联结最能触发学生的共鸣，也让我开始学会如何以开放的心态对待原生态班级中所存在的人、事与物，这就是他们最自然和最真实的学习环境。在长期与学生互动的过程中，有时候家长也能够运用自身所学的专业知识帮助学生。例如有一次在晨会课时，A2 生因为某件事生气了起来，B5 生妈妈就在旁边引导他"红灯停下来、深呼气、想一想怎么办，你可以先离开一会儿或是去告诉老师们"，结果 A2 生果真选择了先离开现场（志—230514）。因此当我开始以更接纳和开放的态度看待家长的存在，并充分发挥家长的价值时，家长们也愿意主动和我分享学生的日常活动表现。教师的开放性可以促进宽容的气氛，在这种情况下学生也更容易承认负面情绪并学会管理它们，从而降低破坏性行为的发生。

在每个单元结束之后，我的设想是将该单元的主要内容呈现在教室的海报墙壁上，但目前的状况却是教室中相当多的区域已经被利用起来了。当我和范老师表明了自己想法后，她表示可以把一些比较旧的数据替换成我的课程内容。虽然征得了班主任的同意，但是我还是有所顾虑，担心自己的海报占用太多的空间而影响到原本的班级布置，我只以比较小的面积来呈现单元学习内容。这一结果是学生们似乎都没有注意到教室环境有了变化，这让我有些失望。之后的有一天当我到教室时，突然发现原来我贴的 A4 小海报被范老师改换成更大面积的呈现，"这样他们才会去看，原来的字太小，他们一般不会去看的"范老师笑着说（志—221104）。她的话点醒了我，也让我觉得自己对于合作伙伴没有足够的信任和沟通。我不禁反思自己，由于个性过于拘谨，我常常会担心在人际互动上自己的要求、想法麻烦到或伤害到别人，对于自己想做的事有时候也顾虑太多，如果我与合作伙伴能多一些沟通，有些想法可能在实际操作上会更容易实现。

师生关系本身就是一种弹性、动态、有温度的过程，学生的性格、能力，教师自身的社会情绪能力与心态，教师之间的关系和沟通质量等，都会在这个过程发挥着不可忽视的作用，而包容开放的班级教学氛围进一步刺激这种关系的良性循环。因此教师有必要花足够的时间和精力来经营和维持这种关系，创设支持性的班级氛围（李明蔚、毛亚庆、李亚芬，2021），尤其是教导人际互动的社会情感课程更是如此。

第二节　社会情感能力培养的课程方案设计

一、课程内容架构的初步拟定

结合研究者已有的实践发现与经验以及 2016 年我国教育部颁发的《培智学校义务教育课程标准》的相关要求，以第二章文献所述的 SIP 综合模式作为课程内容设计的理论依据，并纳入学生的实际能力与需求，综合教师和家长的意见，设计本研究的活动方案内容架构：

　　社会情感维度上的情感过程会优先发生，换言之，情感对行为反应的影响权重更大（张庆鹏、寇彧，2012）。同时由于情绪的作用是每个社会信息处理步骤的组成部分，且本研究中八位学生在情绪管理方面均有各自的需求，故本方案从情绪的辨识与管理入手。当学生将情绪的调节与社会情感知识逐渐内化形成良好自我控制与管理能力之后再学习社会信息的运用，效果更好。这样不仅有利于他们区别社会互动中的意图，并运用有效的信息分析社会互动问题，也为其回应他人、友谊管理、两性互动及人际冲突解决等方面社会问题的解决提供基础。尤其是六年级学生现在正进入青春期，需要教给其相关的两性互动和对朋友的选择和维持策略，以免其受到不良的社会诱导（志—220913）。从人权及社会福利的角度来看，健康的社会情感活动不仅能为特殊儿童带来满足及愉悦感，两性互动的知识性倡导、自信心训练与沟通经验的累积，也能有效促进特殊儿童发展内在控制力，协助他们在与异性交往的过程中成为参与者，而非旁观者，进一步提高他们的整体生活质量。同时在执行方案过程中应注意不只是教学生"不能做什么"，更重要的是教他们"要怎么做"。具体内容如下表所示。

表 4-1　课程内容的架构（一）

主轴内容	理论依据
一、情绪调节与社会情感知识——学会识别社会情感线索 1. 情绪的辨识与表达 （1）学习各种感觉词汇，了解并辨识生气、挫折、难过、害怕、开心、讨厌、愧疚、平静等情绪感觉 （2）区辨不同的情绪强度与性质 （3）匹配自己所经历的事件与情绪强度与性质 （4）不同的人会有不同的情绪、不同情境中的各种感觉 2. 管理个人情绪 （1）区别感觉与行为 （2）理性评估引发不同情绪的原因 （3）会以符合社会性的适当方式冷静，即掌握冷静的方法与步骤（红绿灯）	根据 SIP 综合模式，社会情感认知与行为和情绪有密不可分的关联，学生首先需要提高情绪的认知与意识，了解他们自己的感受——是生气还是伤心？感情有多强烈？并意识到同一情境中不同的人会有不同的感受，同一人对于不同情境也会有不同感受。同时，学生需要知道虽然所有的感受都是可以接受的，但是表达方式却有不同，进而掌握红绿灯的冷静方法，最终提升自我管理的可能性

续表

主轴内容	理论依据
二、社会情感情境的认知：注意和解读社会线索 1. 注意和解读社会线索：通过脸部表情、肢体语言及语调确认不同的情绪状态 2. 根据社会情感线索解读他人的意图 （1）当出现社会问题时，确定事件是不小心发生还是故意发生的 （2）根据线索区分观察到的行为的善意与恶意 （3）根据线索识别真诚和虚伪的表现	当个体注意到社会情感情境中的内外部线索之后，需要对这些信息进行解读与分析，包括面部表情、语调和肢体语言，基于此对自己或他人的意图或行为进行正向积极的猜测——是故意还是不小心？暗含什么意思？
三、社会问题解决（提高社会情感问题解决能力）：设定目标，生成和选择策略，行为反应 （一）对社会情境中目标的理解与运用 1. 专注于友谊和人际关系目标，例如让别人感到舒服 2. 在选择目标之前先冷静下来 3. 了解不同的社会情感情境有不同的目标 4. 了解特定情况下哪些目标最适合 5. 了解两个目标何时不兼容或有冲突 （二）生成、选择和运用策略 1. 回应策略 （1）基本沟通技巧，观察并以适当时机加入谈话、保持适当的物理距离和语调 （2）对谈话中的暗示或线索做适当回应 （3）根据不同的互动对象，比如教师、同学和家长，掌握不同回应技巧 2. 友谊管理策略 （1）知道每个人都有独特的地方，交友时不以单一标准或条件来选择 （2）判断朋友的优缺点并结交适当的楷模 （3）理解友谊的意义与高低潮 （4）展现合宜行为以维持长时间的友谊：同理心、宽容接纳、合作、帮助、道歉 3. 两性互动策略 （1）保持与他人相处时的身体界线和安全距离 （2）勇敢表达对他人不当触摸或语言的反感或拒绝——果断的解决问题策略 （3）熟练自我保护技巧与危机应变策略 （4）以适当方式引起异性注意 （5）用适当的方式在虚拟的世界与不同性别的人进行互动与了解 4. 解决冲突策略 （1）被他人误解时能清楚说明事实 （2）检视发生冲突的原因并自我修正 （3）学会妥协	目标设定能够解释并直接影响社会行为。学生可能会注意到相关的社会情感线索并正确地解释，但如果他们设定了不适当的社会情感目标，仍无法获得有效的社会情感 一旦学生能够注意到并解释社会情感线索并设定目标，就可以生成可能的策略来实现他们的目标，然后选择使用有效的策略。有效的策略是在不产生其他问题的情况下解决问题的方法 具有社会情感能力的学生可以产生多种策略来实现目标，并可以使用过去的经验来决定使用哪种策略。在评估策略时，引导学生问自己"如果……会发生什么"，以最终提高学生的问题解决能力

如第二章所述，在实施教学中主要采用社会学习理论和支架学习理论的影像示范、社会故事、角色扮演、同伴合作等策略。影像示范包括选择同伴楷模进行直接的脚本拍摄和选取学生所喜爱的角色或影片动画作为示范；社会故事包括针对团体的社会故事和个别化的社会故事；角色扮演则根据内容设计相应的扮演情境。在综合使用以上策略的基础上，本研究还以生态论的理念为依据，期望能在学生生活学习的真实生态环境中促进其社会情感的类化。包括在课堂环境和生活常规中添加社会情感维度，整合社会情感和学业指导以及教学过程中自然发生的社会情感问题，以扩大预先的教学影响；调整参与者的教室与课堂环境，如在教室备有冷静箱、创设冷静角落等；在教室里用标签和照片展示一系列情绪，如恐惧、快乐和悲伤；拍摄具有榜样作用的社会情感行为照片，粘贴在教室中等。

二、课程架构方案的初步调整

为了检验课程架构的设计是否适合本班学生，研究者于 2022.9—2022.12 开展以情绪管理为教学主题的共 24 节课程实践，从课程整体的架构设计、课堂教学策略与组织的设计、实施模式等方面进行整体的反思。

在第一阶段的初步教学中，结合研究伙伴的建议，在执行情绪辨识与管理的教学后我发现，对于学生而言更重要的是能在辨识和分析情绪原因的基础上学习如何管理自身的情绪。针对此，研究者在课程各单元中增加了关于情绪处理的比重。同时结合学生的学习需求，将辨识正负情绪与情绪的处理统合于相同的课时之中，使二者得以更好地衔接，避免二者分散造成学生知识脱节。针对 A 组与 B 组学生不同的学习能力设计不同的学习单要求，加强各自的课后辅导。在每个活动主题结束之前都安排相应的总结与回馈、操作和练习，并设计相应的例行性活动。针对 A 组，在其最近发展区内给予适当的课后延伸；针对 B 组，在课后时间加强个别化指导。如前导研究的建议——充分利用碎片化时间（晨会课、午餐、中午打扫卫生、午休……）执行非正式课程辅导，善于在自然情境中进行引导。

考虑到整体课程方案的前后贯穿性与整合性，经过四个月的观察、互动与访谈以及 24 次的试教，研究者将原来的第二部分"社会情感情境的认知：注意和解读社会线索"中有关解读他人语调、肢体动作、语气的教学内容纳入至修改后方案的第一部分情绪辨识单元中，如此可让学生接受较统一的社会线索知识。由于本研究对象在实际生活中对于他人的社会行为意图解读能力较弱，第二部分的社会信息运用亦强调了确认意图的重要性，且将目标与计划的确立纳入信息运用，为之后的问题解决学习提供基础。因六年级学生目前较少有在线互动的机会，故原先的"用适当的方式在虚拟的世界与不同性别的人进行互动与了解"暂不纳入两性互动的教学内容，该单元重点强调的是如何恰当表达对他人的喜爱和掌握自我保护技巧。由于八个参与者在沟通方面都有各自的需求，而沟通发生于生活中每时每刻，影响着其他技能的获得，故相应地增加了有关沟通的课时。

　　修改后的方案进一步完善了教学模式，学生在学习完第一个主轴之后，需掌握"识别和解读自己与他人社会线索及管理自己的情绪"，之后将所学的社会信息运用于人际互动之中，学习如何解决问题。根据前两个主轴的教学，为学生提供学习解决社会问题的思考架构，以引导其提出合宜的解决方法，拟定步骤时要考虑架构的"普遍性""结构性"，即所有人都可使用并依循。故让学生掌握可以用于多数情境的"红灯停、黄灯想、绿灯行"的解决问题模式，并在之后各个单元中教导策略的运用与社会问题的解决时，基本上都是以该模式设计应对方法——先在解读社会信息的基础上提出相应的判断或解决原则，根据此原则以红灯停、黄灯想和绿灯行（做）三个主要步骤作为各种社会情境问题的方法，并弹性地融入学生惯用语句进行设计。在教材教具设计方面，根据初试教学的发现以及研究伙伴的检视建议，可知不论是社会故事、绘本故事或是影像示范，配合学习单或任务卡更能引发学生对于其中社会信息的解读与分析。此外针对 B 组，社会故事最好能配上相应的图片，允许他们采用口头形式完成学习单。在课堂的教学引导语中，多采用简单词汇和短句便于学生理解；内容安排上，同一节课可用同一个故事进行讲解和角色扮演，或是结合本节课所用的影像进行角色扮演，这样可避免"塞太满"——传递过多的信息造成特殊儿童无法有效吸收的情况。

表 4-2　课程内容的架构（二）

主轴名称	单元内容			课时
1. 情绪管理	1-1	认识及辨识常见的情绪		2
	1-2	评估引发不同情绪的原因和结果		1
	1-3	区分情绪感觉与行为		1
	1-4	冷静的方法		2
	1-5	认识正负情绪并选择合适的表达方式		2
	1-6	察觉情绪的强度并选择合适的表达方式		2
2. 社会信息的运用	2-1	确认意图		3
	2-2	真诚与不真诚		1
	2-3	确立目标		2
	2-4	制定计划		2
	2-5	归纳策略		2
3. 社会问题解决	3-1 基本沟通	3-1-1	倾听与回应技巧	2
		3-1-2	基本表达要素（时间/地点/人物/事件）	2
		3-1-3	谈话技巧	5
	3-2 友谊管理	3-2-1	合作	2
		3-2-2	包容与尊重他人	2
		3-2-3	同理心	2
	3-3 两性互动	3-3-1	恰当表达对他人的喜爱	2
		3-3-2	自我保护	2
	3-4 解决冲突	3-4-1	合理拒绝他人	2
		3-4-2	接受拒绝与妥协	2

三、教学模式的探索

根据第一阶段的探索，逐渐确定了课堂的教学模式：参考支架教学与社会学习的相关理论，在引起动机阶段通过影像、绘本故事、游戏等支架特殊儿童的注意与观察，并以讲述或定向策略等方式帮助学习者将注意力集中在关键的变项、概念和视觉线索上（Oliver & Hannafin, 2000）。在发展活动阶段通过为学生适时提供中介材料，如学习单、步骤海报等进行概念的澄清、重组与回馈，并借由口语和视觉引导或提示与指导相关信息与技能，通过讨论、角色扮演、社会故事等为学生提供足够的练习与思考的时间。而在最后的总结活动中教师扮演的是渐进引导角色，把学习的主控权留给学生。此时学生是学习的主控者，老师只是从旁辅助，该阶段更重要的是在课后的延伸与表现，因此学生需要承担起更多社会情感的相关任务。对于特殊儿童而言，该阶段还需要借助提示卡（充电卡）等方式协助。教师观察学生在该阶段的表现情形，并根据每位学生的应用效果来动态调整之后的教学安排，具体过程如下图：

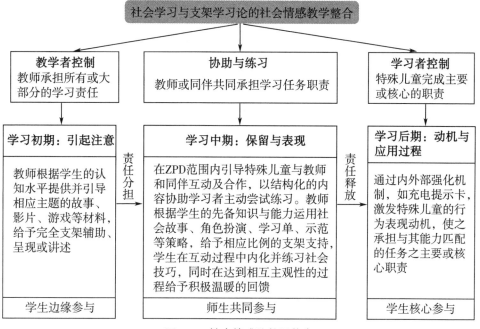

图 4-2　社会情感的教学整合

上述每个单元或每节课中会通过影像示范、社会故事、角色扮演、绘本故事等教导新技巧，辅以提示策略和强化系统，让学生借由各种情境事件的讨论，通过同伴楷模与角色扮演从中演练相对应的技巧，进而熟悉应用该技巧，并通过所提供的中介材料，如充电卡、提示卡等加深理解。另外通过教师所搭建的各种支架，如采用的绘本故事和演示文稿提供图像支架，利用图像组织将抽象的概念具体化，特殊儿童得以深入了解与吸收课程知识。具体支架还有利用流程图说明情绪历程、利用象限图区分情绪管理的方法，通过社会故事情境讨论中所预设的小步骤提供问题与对话支架，角色扮演游戏中教师的旁白提供向导与合作支架等。利用多元的教学媒介，包含字卡与具体的图像（情绪贴图、情绪温度计、正向思考方向盘、情绪管理象限图、友谊线的长短、妥协的天秤……），研究者试图将抽象的社会情感概念具体化/形象化，以帮助学生理解，刺激不同学习类型的学生学习。同时，研究者还与其他任课教师合作，将技能融入至相应的课程中，以增强技能的类化。根据社会认知论，教学的素材应结合学生的文化背景，将学生的生活文化视为连接学生学习经验和主流文化的支架（Gay，2010），因此在选择教学资源时，研究者主要以学生喜爱或熟悉的材料与生活经验作为素材来源。在行动方案教学期间，针对研究对象在生态环境中的突发事件或问题，研究者适时扩充方案所属单元中的情境范例，或新增教学内容，在课程中加以教导和演练，以实时促进学生的社会情感能力。

在方案的实施形式方面，选择了团体结合个别的教学方式。团体教学一般是在教室内完成的，每周执行两次、每次 35 分钟的课程，主要是借助于影像示范、角色扮演、绘本故事等来完成。团体教学的优点是不仅节省了时间和资源，并且不必为了社会情感教学而将儿童抽离。而个体间是有差异的，有些儿童需要额外增加个别化的训练，主要是 B 组学生，这时可利用晨会课和午休时间，针对当下所学内容做进一步的个别辅导。例如，与学生一起再次阅读课堂上所运用的绘本故事，以确保他们能够真正理解所学的技能，对于当日的学习单做及时的反馈与修正，以一系列的学习和类化（Sansosti et al.，2010）增强学生的社会情感等。对于 A 组学生，则可做适当的延伸，为其选择针对性的社会故事或绘本故事等。例如对于 A2 生，因为每天下课之后（下午 3：10）他还会在教室待到四点，可以利用这段时间和他交流读书心得，引导其进一步体会故事书中主角的精神意义，希望日积月累的阅读与交流能够润物细无声地影响他的品行。

除了正式的课堂活动之外，还可在例行性活动中融入社会情感技能教学，如在晨间活动、休息和午餐等活动时间，引导学生说出表达感情（快乐、伤心、兴奋或愤怒）的词汇与句子，并提醒他们相互倾听，引导他们以适当的肢体语言表达相互尊重等。在真实的环境中明确地传授和加强儿童的社会情感技能，使之学习关于同龄人日常生活的重要社会信息，这些信息可能会在将来为他们的人际互动提供支持（Morcom，2014）。而如何在每天的例行活动中插入社会情感教学取决于老师的判断。

此外每周的教学活动结束时，研究者会根据本周的教学重点交代研究对象需完成的家庭作业——将本周的学习内容应用于自然情景中的社会互动。当然，根据不同学生的需求教师提供了相应的记录支架如记录时间、地点、发生什么事、自己做了什么、结果如何的作业单（A组生可直接书写记录，B组生可通过口述记录），学生据此在下次上课时做分享。留家庭作业的目的是希望每位参与者回去后能再反思课堂中所讨论的议题及策略，并能将其实际应用于生活中，以期达到类化效果。同时也希望在下一次的社会情感活动中检测学生将其运用于日常生活的困难所在，另一方面，让学生分享所学策略在生活中的运用，亦可作为下次活动课程开始时的暖身活动。

四、创设适合学生学习风格的班级氛围与环境

研究班级中学生的家庭社会、经济地位整体中等偏低，家庭情况也各不相同，有的父母忙于生计对孩子疏于管教，有些家庭结构并不完整或是重组，有的家庭对孩子的教养方式是溺爱型。在这种家长可能缺乏关心、可能管教不当也可能过于包办的状况下，这些原本是弱势群体的孩子更是缺乏足够的情绪表达诱因与机会。同时本班学生的学习风格也存在较大的差异，如B2生属于行动操作型，具有较好表演能力，比如"在角色扮演环节，他有很大积极参与性，对于生气、紧张等情绪表演得很到位；通过观察他在其他课程的表现可知他在生理向度上的学习风格属于移动型，当变换姿势或位置时，他会有更良好的学习表现"（思—230409）；A1生虽然属于程度较好的学生，但其学习风格在心理向度上属于慎思型，"比较害怕失败，对于已掌握的内容仍不敢大胆地表达出来，需要教师更多的正面鼓励，以激发其潜能"（访—童—230402）；而B5生的多动特质，会给教师一种他的注意力不在上课内容上的假象，殊不知在看似不专心的状态下他已经默默地将这些内容以自己的形式吸收了，"B5其实已经掌握了深呼吸的办法，虽然上一次老师要求他做深呼吸时他表示拒绝，但是这一次我发现当其他人在做深呼吸或是我讲到深呼吸的办法时，他竟然也在吸气、吐气，可见即使是重度的孩子，给予足够的学习刺激与机会，他们也能习得相应的技能"（观—221121）。因此教学风格就如同学习风格的镜像，在

教室中教师应确认每个学生的学习风格，越是难以学习的活动越要发展各种教师教学风格来与学生学习风格适配，并运用简易的学习活动练习来增强劣势的学习风格而使学生获得成功的学习（Morcom，2014），例如对于 B2 生，可让其有更多的表演机会，对于 A1 生，应多给予引导和鼓励。

　　庆幸的是班级教师与学生之间的互动较为民主，童老师主张"让他们快乐的学习"（访—童—221102），在保持一些基本原则的基础上他不会设置太多的条条框框来束缚学生，因此班级学生与童老师的互动显得较直接，他们更像是朋友之间的沟通。有时候他也会以较夸张、有趣的形式与学生互动，如"低口语的 B4 生用含糊不清的口语和爱心手势向童老师表达'我爱你'之时，他并不像一般的老师简单回复'我也爱你'，而是表现出很惊喜与很感动的肢体表情（如假装抹眼泪），并立即将手放在左胸前，比画出心形，并模仿心脏的跳动发出'咚咚'的声音，不断将心形抛向 B4 生"（观—221204），这种教学反馈具体而生动。这种贴近学生认知程度、童趣的表达方式也淋漓尽致地渗入到童老师的其他课程中。在这种氛围之中，学生更容易释放自己的天性与内心世界。而研究者也尝试着学习童老师的教学与管理风格，尽量拉近与学生之间的距离，让他们能够慢慢地打开心扉。

　　今天到了班级之后，要去上体育课之前，A1 生竟然主动要求我帮她夹头发。在这之前我对她的印象一直是"极其被动与羞涩"，尽管她的能力在班级中算是比较好的，但需要教师不断的引导才会有较高的主观能动性，对于她今天的表现我有些受宠若惊的感觉，不知是不是因为这节课下来她越来越适应我的教学风格，总之 A1 生今天的表现让我看到她的另一面与可塑性（观—221016）。

　　由此可知，在未来的研究中，我需要进一步营造班级的氛围，与学生建立熟悉、信任与尊重的关系，并注意建构支持性的社会情感课堂教学氛围，这对于特殊儿童的社会情感能力培养具有关键性的影响，除了可以帮助学生建立良好的学习习惯，也可以避免不必要的学习干扰。在营造支持性的学习环境时，不能从方便教师班级管理的角度来看待问题，而应从有效教学经营的需求来着眼，建立良好的师生互动关系。比如第一次上课时，我便通过轻松、颇具趣味性的自我介绍活动来认识每一位学生，也让每一位学生在鼓励、支持和分享的氛围中，积极参与活动。

我：现在要请每个人上台自我介绍，要先说或在黑板上指出自己的名字，然后说说你最想变成哪一种动物，为什么，变成那种动物之后，想去做什么事情？

A2：老师先讲。

我：嗯，我最想变成一只小鸟，这样就可以自由地飞来飞去了。

我：接下来每个人都要上台表达哦，如果想不出来，老师会有图片提示的。

（刚开始学生需要些许时间思考，又有点害怕上台，有些学生因缺乏表达能力不敢上台）

我：有没有人自愿开始呢？

A3：我想变成一匹马。

我：为什么呢？

A3：可以……跑呀。

我：你的想象真丰富，还有同学愿意试试吗？

（学生有的在偷笑，有的在比手画脚）

我：老师这边有一些图片供大家参考，大家可以根据图片说一说或指一指自己想变成什么动物。

（PPT 展示动物图片）

B1 指向狮子的图片

我：变成了狮子，你最想做什么？

B1 做了一个第一的手势

我：他觉得狮子很有领导力，每次都是第一名。现在请 B5 同学上来指一指自己想变成什么动物。

……

在接下来的行动中，可以通过讲故事、游戏等方式提升学生的学习兴趣，并提供丰富的支持促进师生之间的合作信赖关系。因为教师肯定学生、学生喜欢老师并且同学之间相互接纳欣赏，能够积极发现彼此的优点，这样的课堂氛围激发了学生学习的热情。

第五章

社会情感能力培养的课程与教学转化及调整

通过前期准备与课程整体方案的优化与调整，本章从社会情感能力培养的课程教学转化角度具体呈现本研究第二阶段的发展与实践过程。第一、二、三节分别从课程内容、教学策略与组织、评估方式来展示课程的具体转化与调整过程。

第一节　课程内容的调整与转化实施

随着对学生了解的加深，本研究的教学内容也随之作出相应的调整，在原有课程主轴的基础上，补充或删减相应的教学内容。整体的教学架构和主题内容选取现阶段学生普遍比较亟需的技能，并深化目前阶段比较重要的技能。本节将以调整的原因、调整和实施历程及调整实施后学生的反应（其中学生的反应将在第五章做进一步的具体分析）为脉络来呈现课程内容调整与转化的具体做法。

一、结合学生的当下状态调整和转化相应的学习材料与内容

整个社会情感教学活动的内容和材料是在实践中逐步发展出来的，每一次上课的取材、学习单和活动进行的方式，都会依据前一次上课中学生的反应和表现，并适当地结合学生的生活动态与时事，予以调整和确立。

（一）调整的原因

在课程方案实施之前各单元主题教学的内容就已经被设计好，对应的教学素材也已准备好。在将课程规划转化为教学行动的过程中，若发现有些教学内容与素材学生并不感兴趣，或是仍会混淆一些知识技巧，则可随时调整。随着研究者在研究场域中逐步融入，与学生之间的关系日益稳定和熟悉，对研究中存在的问题及应对策略有了更为深入的认识。比如班级的数学和语文老师经常采用学生的日常实例帮助他们理解教学内容，这启发研究者思考，若能对当下场域所呈现出的各种生态性样貌，以及学生的日常反应所传递的隐形素材加以

运用，可能能够解决原本素材与学生不适配的问题。

（二）调整与转化的过程

1. 利用学生的生活动态与时事，予以转化和调整

例如在学习"基本沟通表达要素"时，我原本准备了以哆啦 A 梦为主题的"看视频说一说"的教学活动。但是准备上课时正逢学校的安全教育周，且我发现班级学生在过马路时仍有横穿乱跑、不等红绿灯的习惯，因此我做了改变。为了能够契合特殊学生安全意识普遍较弱的现状，我选取了动画片《POLI安全小将》系列中的《走路不要分心》《如何安全的玩球》《别在停车场玩耍》等，截取其中与学生生活经验类似的片段播放，最后呈现出其中关键情节的图片，让学生根据所看的视频片段和图片提示，用基本的表达要素说一说视频中发生了什么事。如下午（时间），凯文和道格（人物）在马路（地点）上抢足球，凯文差点被车撞倒了（事情），千万不能在马路边玩球（看法/评论）；买完东西后（时间），凯文（人物）在停车场（地点）玩购物车，差些被车撞倒（事情），这是很危险的行为（想法/评论）……借由这些练习，不仅提升了学生的表达能力，也在无形中增强了学生的安全意识，达到一石二鸟的效果。

2. 敏锐捕捉学生的类化情形，根据学生的真实反应调整和实施教学内容

在上完身体界限的课程之后，同学们认识了身体的公开区和警告区。在平时的互动中 A3 生因为 A2 生碰了她的手而不开心，A2 生却认为手既然是公开区，那就是大家可以碰的。这就引出了一个新的问题：是不是只要是公开区就可以碰，而不用管对方的意愿？在现实生活中有时即使是公开区，有的人也是不愿意被碰到的。A3 生和 A2 生这次似乎与我课程内容相悖的互动过程，让我增加了对身体界限红绿灯的重点阐明——即使是你觉得熟悉亲密的人，如果对方不愿意，公开区和警告区也不要去碰，特别是对于异性。

备课固然是很重要的准备环节，但如果过分拘泥于教案而不顾课堂学生的反应与需求，也将与目标背道而驰。在实际上课中，最初我总想着按照教案一环一环地走下去，而忽视了"弹性"的意义。尤其是针对能力认知都不尽相同的特殊儿童，过分依赖事先备好的教案，可能会忽视了学生的经验与需求，而无法确认学生是否真正地理解和掌握了教学内容。有了这一层的认识，我不再急着赶教学进度，而是在已有的课程架构和教案基础上，开始尝试根据学生在

课堂上以及课后遇到的问题，调整或放慢自己的教学进度，将原本默认一两节的活动延伸为三四节甚至是四五节（思—230312）。

3. 充分运用一鱼多吃的教学内容与材料

对于有些具有多元意义且又备受学生欢迎的材料，可根据教学内容进行适当的调整和灵活运用。这就取决于教师看待问题的角度，可将同一素材合理运用于不同的教学主题，如此既能节省准备素材的时间，使用学生已经熟悉的素材又能够让学生更容易理解。例如绘本《嘘！我们有个计划》，其简单有趣的故事情节，可以用于"善意与恶意""问题与方法"等多种主题教学中。用在"善意与恶意"的课堂中，可以让学生明白老大老二老三因为对小鸟有恶意，所以他们每次的计划都不能得逞，而老四对小鸟充满了善意，自然而然吸引了好多的小鸟在身边，从而理解善意与恶意的表现和结果。用于"问题与方法"的课堂中，通过分析老大老二老三三次抓小鸟的经过，可让学生明白这样的道理：同一个问题可以有不同的方法。绘本《我不是故意的》主要讲述了自闭症患者羽山的故事。因为患病，所以羽山的一些习惯和不适宜的行为表现并不是故意的，这一故事除了用于"我不是故意的"主题教学，还可运用于"尊重与包容"的主题教学：在歌唱比赛中同学们在知道羽山患病前、后对羽山有不同的表现，可通过这种对比体验让学生理解什么是尊重与包容。

（三）修正后学生的反应

基于学生的兴趣和生活经验对教学内容与素材做出改变，不仅能提升学生参与课堂的意愿，也能够帮助学生厘清比较模糊的概念。例如上文中所提到的，处于公开区的手为什么有的人还是不让别人碰，可通过增加相关的课程解释，帮助学生明白尊重他人尤其是异性身体界限的意义。因此活化教学内容，能够让学生的学习经验得到更广泛的统整，激发学生的学习动机与兴趣。

二、将课程内容与学生的能力相契合

（一）调整的原因

虽在教学前已通过观察、访谈、课程本位评估等方式了解了学生的社会情感表现及需求，但在实际执行过程中因学生障碍特质、个体间差异等因素影响，我们发现只有部分学生掌握了相关要求，大多数学生仍是云里雾里。因此对课程内容适当做出调整十分有必要，比如一些对 A 组学生可作延伸的主题，对 B 组可能要降低难度；一些核心重要的社会情感教学内容则可能需要分解为更细致、具体的主题进行教学以及增加重要的知识点来增进原有主题和内容的广度与深度。

（二）转化和调整的过程

1. 简化整合课程教学内容

根据特殊儿童的学习特质，为确保他们能够注意和理解其中的核心主题与概念，在社会情感课程教学内容的呈现方式上研究者尝试做进一步的改良，主要举措是原有教学内容含义不变，降低难度，让步骤更明了。包括细节上的处理和各种教材学习单的整体改变，如上课的 ppt 版面，文字尽量言简意赅，内容浅显易懂。总之，教师在学习内容及学习单设计上要让学生清楚易懂，避免文字量过多。如设计情绪红绿灯的提示卡时，经过与班主任的讨论，原本只有一个版本的文字提示卡被设计成 AB 两个版本，针对 B 组的提示卡版面尽量简化，主要步骤突出明显，如图 5-1 所示。

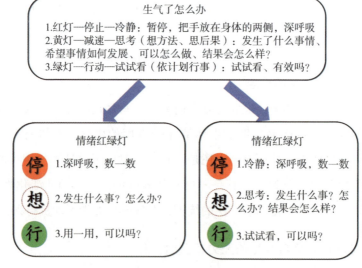

图 5-1   情绪红绿灯提示卡的前后对照图

在第二主轴社会信息的运用中，原本设计了三个单元六个课时的"确立目标、制定计划以及归纳策略"教学内容来教导学生解决社会问题的步骤，这里的"确立目标"指的是社会情感目标。在实际教学中研究者却发现"社会情感目标""计划""策略"这些概念对于学生来说普遍比较抽象，也过于书面化。因此研究者决定，用社会情感问题替代社会情感目标，用办法/方法替代计划和策略的说法。这样一来，此部分教学内容不仅简洁明了，而且更贴合学生的实际生活：首先，让学生明白自己遇到了什么样的问题，然后思考都有哪些可以用的方法，最后再做出选择。在此基础上，研究者还将原本分开的目标、计划和策略以问题办法红绿灯的形式整合在一起来上课（如下图5-2），既承袭了之前的步骤，也给予学生更系统的知识体系，将原本繁多的步骤简化为整体简单通用的三个步骤，这样不仅有利于特殊儿童记忆和使用，同时也避免因步骤的分离而造成知识的断裂。

原本解决社会问题的各单元内容与步骤

步骤	确认目标的提示语	处理困难问题的提示语
1.红灯停	冷静一下，深呼吸……	发生什么事？我的情绪会如何？
2.红灯想	发生了什么事： 我的感觉是： 我希望发生什么事：	我的目标是什么？想想看有没有好的办法可以解决（原则是你的心情可以变好，但也不会伤害到别人）？
3.绿灯行	我的目标是：	选一个对自己好也对别人好的计划，想清楚了就去做吧！

三、归纳策略

1.清楚具体地指出问题
2.清楚具体地界定目标
3.寻找所有可能的策略(不伤害自己和别人)
4.行动，决定与使用要采用的策略、确定使用的先后顺序
5.反省结果

问题办法红绿灯

停	冷静，找问题：发生什么事？
想	怎么办：方法1、方法2、…… 如果_____，就会_____。
行	选出好办法，用一用

图5-2　解决社会问题步骤的改变图

在第三主轴社会问题解决的沟通单元中"谈话技巧"部分，原本设计了开启话题、加入聊天、结束谈话以及了解话语中的隐蕴含义这四个主题。但经过实际情境中的观察与访谈可知，除了这几个主题之外，班级学生目前普遍存在的问题是说话语气难听，这甚至还引发了学生之间的冲突，"好好说话成为我们班级甚至是整个学校很多学生的需求"（访—范老师—230426）。经过和合作伙伴的讨论，研究者决定在学生掌握了基本的表达要素之后增加关于注意说话语气的课程。同时，研究者发现将开启话题、结束话题分成两个主题进行教学，与实际情境中完整的沟通过程有所不符，且两个主题的有些内容要么相互重叠要么过于烦琐，如关于如何开启话题中的第一和第二步对于几位研究参与者来说意义并不大。最终研究者决定用说话的时机、场合和方式来替代这两个主题，也就是不论是要开启还是要结束话题，主要应掌握的是关于对时机（时间）、场合（地点）和方式（语气）的判断，最后将这些好好说话的要素整合成说话红绿灯。具体调整见图 5-3、图 5-4。

开启话题的判断原则与如何开启话题			
原则	社会信息——指导语	步骤	提示语
时机	说话的时间是否适当	1.选	选择合适的话题
场合	说话的地点是否适当	2.引	引起对方的注意，打招呼
人物	对方是否有空、想不想说话（情绪如何）	3.说	有礼貌的说……

结束话题的判断原则与如何结束话题			
原则	社会信息——指导语	步骤	提示语
时机	（1）上课铃声响了 （2）准备做下一件事情	1.红灯 停：等	等待适合结束话题的空档
场合	（1）我必须离开聊天的地方 （2）对方必须离开聊天的地方：看别的地方、着急的表情或语气……	2.红灯想	结束话题的理由
人物	对方有没有兴趣再讲或听没有新的主题要聊了……	3.绿灯 行：道别	结束话题并有礼貌地道别

图 5-3　最初谈话技巧的内容与步骤

从上图可以看出原本的步骤翔实具体，但是有些步骤与学生的生活经验并不吻合，如关于结束话题的原则与步骤，在实际生活中人们结束话题很难完整的先后履行这些步骤，且特殊儿童理解和记忆力均有限，容易把这些步骤混淆，经过简化的步骤如下图所示：

图 5-4 调整后的谈话技巧步骤

此外，了解话语中的隐蕴含义对于两位 B 组学生来说比较难，且限于教学时间，从学生需求的优先级来看，该主题可作为之后教学的延伸。

2. 深化增加与分解教学内容

由于学生的能力水平不等，在转化和调整课程教学内容时既要对 B 组进行简化和减少，更要对 A 组进行加深或扩展。有些内容 A 组学生已经掌握到比较精熟的程度，可根据他们的起点行为为其提供较丰富且适合的学习内容；而有些比较重要的概念，若学生在实际情境中还是比较容易混淆，则有必要做更精准的阐明，具体如下所述。

学习基本的表达要素"人物""事情""时间""地点"时，对于 A 组学生来说经过一节课的学习，已基本上能够掌握该句型的表达方式，可在此基础加入个人对于事件的看法或评论，如"下课的时候（时间），A3 生（人物）在教室里（地点）看书（事情），她看得好认真（评论）"；也可在判断真诚与不真诚的主题中增加"以诚待人""虚情假意""诚恳"这类的词语，这样既能加强学生的理解，也能增加题目的词汇量。

教导社会信息的运用时，因成功的同伴互动一个重要方面是对非语言社会情感线索做出适当的判断（Turkstra，Ciccia & Seaton，2003），当面临有冲突的情境时，特殊儿童在解释意图上，往往较倾向于敌意的归因。而几位研究参与者在该方面所接受的教育最少，在日常生活中也经常会将别人的意图解读为是故意或恶意的，因此教会特殊儿童分辨善意与恶意、故意与不小心就有其必要性，也就是将社会互动意图的理解分解为更有针对性的主题来开展教学。而 B 组学生对于恶意和善意还比较难以理解，除了在教学语言上改用"不好的""好的"这种比较通俗化的表达，教师还可借由大量图片让学生观察情境中各人物的表情、动作，澄清事件的过程来增进学生对善意和恶意的理解，也可以现实生活中发生的问题为例子，教导学生学会做出正确的判断。故在该主轴的教学中也视学生的学习情形增加了学习课时和更丰富的教学素材，以帮助他们在动态多变的同伴互动中做出良好的回应。

很多社会情感能力对于特殊儿童的发展都发挥着不可忽视的作用，如合作、学会接受拒绝、情绪管理等，而当下对研究参与者影响最大或是其比较亟待解决的问题是掌握适当的人际交往技能。对于进入青春初期的大多数青少年来说，与异性成员的互动是个绕不开的话题。与儿童期同性别的互动不同，在与异性交往过程中，只有通过学习与练习社交技能，懂得欣赏两性彼此的优点，青春期学生才能学会尊重他人、保护自己，获得身心的健全发展（Connolly，Craig & Goldberg et al.，2004）。本研究充分重视两性互动的教学，如因班级学生普遍缺乏青春期的基本认知，增加了"青春期的基本知识"这一内容，让学生具有先备知识才能更好开展后续的教学。自我保护单元也拓展至四节并首先厘清一些基本盲点，如："当有人在你不同意的情况下碰你的黄色警告区或隐私区时，应该怎么办?"大声呼叫、拒绝、赶紧跑开和向大人求助，这些学生比较容易理解，但是当问到他们"如果你要跑掉，但是对方力气太大了，你跑不掉怎么办"时，班级学生基本上都不知道该如何处理。这时候老师就可展示出具体方法，如通过制造一些响声来吸引外面的大人来帮助。当问到"一个男孩去碰另一个男孩的隐私处时是否可行"时，B1 生一开始认为是可以，这时首先需要对学生的偏差观念与行为进行澄清与引导。此外，学生对于每个警报什么时候拉响在上社会情感课之前普遍不理解，比如视觉警报什么时候拉响，教师可以选择学生日常生活中经常会遇到的一些情况进行说明。结合学生熟悉的事例，让学生能够联结自己的生活经验，从而澄清自我保护的相关概念。

由上所述，根据学生的不同社会情感能力和学习的不同主题，课程教学内容做不同的调整。有时候教学内容的深化只需要在细节上做一些更贴合学生发展需求的改变，如增加更多实例和图片加以说明，有时候需要根据学生的实际反应对核心内容作更细腻的解释，对于轻度障碍的学生则可根据主题延伸与之关联的内容，如增加情绪词汇的认识等。具体的操作过程并没有统一的硬性要求，视现场情形和需求灵活应变。

3. 注重教学内容的差异化

特殊儿童个体间与个体内都存在着一定的差异，在特教中不论是哪个领域的教学，差异化教学都是存在的，教师可依据学生具体情况进行分层教学，并在动态的变化中不断调整完善这种分层。社会情感教学内容的安排也不例外，在保持课程核心元素和主要精华的基础上，依据学生的能力和最近发展区准备不同程度的学习材料、教学策略，设计不同的学习要求，如下例所述：

在问题解决主题中，对于 A 组的轻度障碍学生，在思考同一个问题的不同方法时，可以通过"脑力激荡的方式"，教师尽量引导学生讨论解决问题的可能方案，鼓励学生选择自己认为最有效的解决方案。这时老师需要让学生明白没有唯一正确的答案，同一个问题可能有不同的解决方法。而对于中度障碍的学生（B 组），以关键词的方式加以引导，或是对于同一问题提供方法选项，如下图所示，让其进行讨论或选择。同时，选用贴近学生生活的问题情境能够提高问题解决能力泛化的可能性。

图 5-5　B 组的解决问题学习单

关于情绪原因的解读，A 组需掌握"因为（事情），（谁）觉得（情绪），他（行为表现），结果（会怎么样）"，以更完整地分析情绪、事件和结果之间的关系；对 B 组的要求是掌握"（谁）觉得（情绪），因为（事情）"，即 B 组只要能说出情绪与事件之间的关联即可。

当然，将教学内容差异化只是一种教学思想和教学艺术，绝非是一种机械的划分，也并不是每一个主题内容都需要分层，教师要真正沉下心来，全身心投入其中，真正把学生放在首位，差异化的最终目的是帮助学生有效地理解教学信息进而内化为知识，并保存于记忆，以达到最佳的学习效果。

（三）调整实施后学生的反应

学生能力是教学活动设计的导航灯，对教学内容做必要的简化和整合，能够帮助学生抓到学习主题的关键点，避免沦陷在繁多复杂的步骤要求中而逐渐失去动机，如根据简化后说话红绿灯与问题办法红绿灯的内容，B 组学生在练习阶段能够自主地做出合理的判断。将教学内容深化分解后，则能够帮助学生对于一些重要问题做更具体的回应，如将社会意图分解之后让学生有针对性地判断生活所面临的各种互动意图等。而差异化的学习要求不仅能够帮助 B 组学生获得成就感与参与意愿，也让 A 组的潜能得以延伸。基于课程脉络和架构是教学内容发展和调整的主干，学生能力是教学内容调整的主要依据，教师据此在主干上做必要的简化整合、深化增加和分解及差异化的改变，设计出更合理客观的教学活动。

三、突出学习单的价值与针对性

（一）调整的原因

因为 A 组和 B 组学生在理解与运用能力等各方面存在较大的差异，所以为每一位学生提供不同的教学支持一直是我需要思考的问题。上学期的活动中，我总是担心 B 组并未理解和掌握教学内容，会再三地向他们确认"明白了吗"，而他们也总是小鸡啄米似的连连点头表示听明白了。一开始我以为他们是真的吸收了上课内容，但是在后续的课程中提到之前学过的内容时 B 组学生却是一脸懵懂地看着我或是拒绝回答问题，这让我有一朝回到原点的挫败感，不禁怀疑是不是自己的教学太无聊，或者他们根本就不想学习。与协同伙伴交流之后我才知道，学生没听懂却不问的原因有二：一是他们担心回答错误或是说出自己还不理解时会被其他人嘲笑，二是他们不想成为教师的"重点关注对象"。为了让学生克服这种心态，真正参与至课程中，我除了在教学内容、教学策略等方面做出改进，也开始关注课堂任务卡以及课后的学习单，思考对于活灵活现的社会情感，纸质化学习单是否有足够的意义？在与研究伙伴和学生交流之后，我们一致认为这些学习单对于学生社会情感的习得和改变是有帮助的，"因为特殊儿童很容易忘，通过学习单中相应的情境练习，能够让他们重新复习一遍所学的内容"（访—范师—230304）。

（二）学习单的调整、发展与实施历程

1. 学习单的价值

教学刚开始，我会根据每次的教学活动设计和调整适合的学习单与情境，并进行数据收录。然而，因未及时从学习单和学生的活动情境中完整地反思自我的课程与教学，可能造成学习单与学生活动情境相脱离，即教学归教学，评估归评估，这就让学习单失去了原本的意义，不仅影响教学的效果，也让收录的学习单与活动情境限于教学的评估形式。为了找到问题的根源，我开始思考在这些学习单中到底要看孩子哪方面的成长？通过这些作品，对我的教学，又有什么启示？在与合作伙伴讨论之后，我发现了其中存在的可能原因：教学过程中，我虽每次都进行教学观察日志与省思记录，但对于学生的学习单与情境表现，仍未做到及时的分析与自我剖析，错过了最佳的相互参照时间！（思—220327）。

在之后的教学中，我尽可能地将每次搜集到的学生任务单、表现做记录并进行描述，配合当下的教学主题作联结检视，以了解学生的学习状况，为之后的教学做参考。例如在学习《我变成一只喷火龙》的绘本故事时，一开始我是直接呈现完整故事的视频，并要求他们完成相应的学习单。这样做的结果是整节课下来，学生的注意力慢慢涣散，拿到有好多道题的学习单时他们一知半解，稀里糊涂地应付完成，还没等我做讲解就下课了。这种状况下学生所完成的学习单毫无意义，这也引发我注意到过于冗长的绘本故事和精彩的视频可能会喧宾夺主。因此，我决定依据想要表达的主题对绘本故事和视频进行适当的截取，进而简化学习单，以将所需评估的内容与学习活动紧密相连。

2. 形成适合不同能力学生作答的学习单模式

考虑到班级学生初次接触社会情感的学习单，范老师建议在初始阶段最好每一题都先说明一下题意，并带领学生先做一遍，在他们掌握了学习单的填答模式之后，教师再慢慢去除支架。和绘本、社会故事以及影片相关的学习单的要求，应尽量在学生的最近发展区之内，这样不仅便于他们对于题目的理解和应答，也能提高他们的正确率与成就感。对于 B 组的学习单设计，一开始是以比较简单的纯文本呈现的，他们填答时表现得比较费劲，之后我开始借鉴范老师的语文作业单设计形式，尽量以图片的形式呈现，并多多运用学生生活实例照片作为材料。这样做的原因有二：一是因为社会情感往往是在社会情境中产生的，以图片形式呈现能够让识字量有限的中度特殊儿童获取情境中的社会信息，二是借由图片也可以反射出学生自身的生活事件，使学生在分析图片情境的同时对社会情感有进一步的理解。同时，我在作业单的题目排版上也留有足够的空间，避免因页面拥挤而造成视觉混淆。此外由于 B 组很难自主完整地写出句子，一般让他们以判断或选择的形式来完成相应的作业单，在这个过程将每节课学习内容进行巩固与深化，同时这些图片和选项也可作为学生的课后学习素材。在题目内容和顺序的设计上，考虑到 B 组学生很容易有挫败感而放弃任务，一般前一两题非常简单易懂，是类似于"小恐龙小学哪一种恐龙比较多？（　　　）草食小恐龙（　　　）肉食小恐龙"这样的问题，答案一目了然的安排让 B 组学生可以比较快地准确回答并获得成就感，从而有意向和动机完成后续的题目。A 组则有能力自主完成一般学习单的要求。B 组课堂学习单的调整具体如下图所示：

一、小洪第一次是怎么说的？（　　　）英英的第一次反应是什么？（　　　）
二、小洪第二次是怎么说的？（　　　）英英的第二次反应是什么？（　　　）
1. 小洪好好地说：对不起，如果你有不会的，我可以教你！ 2. 英英生气了 3. 小洪大声地说：错了，这么简单都不会！ 4. 英英不生气了
三、英英后来为什么不生气了？小洪是什么做的？

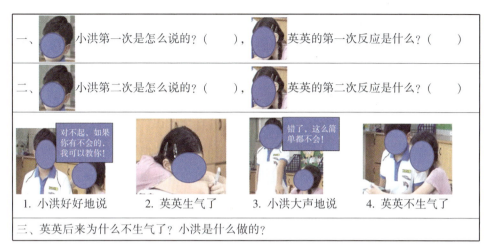

图 5-6　好好说话影片教学 B 组课堂学习单的前后调整

从上图可以看出，虽然两次的学习单在文字上都差不多，但是第一次设计的学习单没有任何支架，纯文本对于 B 组来说困难比较大。第二次结合图片说明，B 组很容易就能理解题目和选项的含义。对于中度障碍学生来说，因为很多时候没法独立书写，或是不知道怎么表达，题目的说明和设计应尽量简单明了，可多采用封闭式的选项设计问题，让学生圈选答案如选出正确的数字选项，或是让他们用口头表达的方式作答，并形成固定的作答模式。

3. 剔除需家长签名、要长期积累的学习单

对于特殊儿童来说，要自觉完成一项需要日积月累的作业基本上不可能，即使是以一些有趣的形式如用情绪瓶记录自己每天的心情（通过往瓶子中放入不同颜色的便利贴来表示）、用"时间+人物+地点+事件"记录自己每天发生的事情等。一方面是因为这种持续性的作业需要他们自己能够记得，而特殊儿童基本上是完成了第一天的记录，之后就没有下文；另一方面则是因为家长们普遍比较忙碌，根本不太可能每天辅导学生的作业，每周家长能够参与一两次孩子的学习活动已是理想的状态。最终在本次行动中根据每节课的教学主题以单次作业的形式布置课后任务，避免一口气交代多项作业，这样学生不仅完成不了，还会导致学习成就低落。

4. 如何让学生跳出固有的练习模式

班级学生平时通过纸笔完成的任务主要是语文和数学，他们似乎习惯了已

有的练习模式和思维，认为老师所给的练习就一定会有标准答案。而社会情感学习中的很多问题是开放性的，例如用红黄绿三种颜色圈出自己的身体界限，这种任务答案并不唯一确定。由于这种练习形式他们之前没有接触过，五位 B组学生在作答时会一直偷看旁边的同学是怎么做的。可见，他们仅仅是为了完成老师所给的任务，而忽略了自己身体界限的自主意识。这可能是因为他们本身思维比较固执刻板，加之长期的学习环境影响，要让他们一下子就转换到这种比较灵活、没有标准答案又比较具有个别化的练习中来确实需要有足够多的时间和次数准备。

（三）调整后学生的反应

图文结合、固定答题模式的学习单让 B 组学生在教师的少量口语提示之下明白发生了什么事情，他们也基本上能够自己准确地完成学习单上的任务，同时得以梳理教学主题的主要内容。而单次形式的作业要求，更有利于学生及时完成任务，以便及时的回馈和修正。

很多社会情感问题在我们成人眼里可能解决起来非常简单，成人有时候会理所当然觉得孩子应该知道的，但"普通小孩都有很多需要老师和家长一直提醒的，更何况是我们特殊小孩"（访—齐师—221217）。对于特殊儿童，很多看似他们这个年龄阶段应该具备的技能他们可能并未掌握，比如我们经常会听家长或老师对着犯错的学生无奈说道"你都这么大了，怎么还这么不懂事呢"。对于特殊儿童来说，很多社会行为情绪不是老师或家长没有教，而是其生活经验中根本没有系统地建构社会情感的相关认知，即便是以前接受过相关辅导，那些辅导内容一般都是碎片化、随性的，缺乏逻辑性和完整性，无法循序架构起他们应学会的技能。本研究中所设计的活动学习、作业单旨在帮助学生建立这样的学习经验，体验及练习如何处理情绪、如何与人沟通、如何分辨意图、如何解决问题等各种重要技巧，同时也学习别人的相关经验（志—221212）。

四、结语

教学过程犹如做菜或艺术创作，每个教师都可根据自己的教学主题选择相应的教学理论与策略，设计巧妙不同的教材，尽情于教学过程中与学生共同学习、游戏、互动。就如同品尝一道菜，所用的佐料和素材不同，滋味也就不同，这样的教学中学生的反应自然也不同。

本研究"社会情感课程方案"各单元主题的排序，除了依据社会信息处理模式的逻辑性、内容的难易度及熟悉度外，同时也考虑学生的实际需求。如将"情绪的辨识"这一基本技能放在方案的最前面，既是从简单入手，也因为情绪是多数社会情感情境中不可忽视的因素（Al—Yagon & Margalit，2013），掌握了此技巧能够促使后续的学习更顺利地展开。不论是社会信息的解读还是社会问题的解决都需要了解他人的情绪状态，以做出合理的判断和行动。社会问题解决的主轴，受限于时间，本学期主要选择了目前学生比较亟待解决的问题——好好说话、尊重他人以及两性互动等为主要教学内容，并让学生习得尊重与包容的技巧之后，再进入两性互动的学习，理解与异性相互尊重的含义。青少年阶段较着重于与人互动、自我控制及解决问题的进阶能力，本研究所编制的三个主轴内容也是为研究对象进入该阶段做好准备。

本课程方案中各个单元主题也与我国"培智学校义务教育课程标准"（2016）中相关内容对应，编排原则基于社会情感信息处理中的情绪过程和认知综合模型（SIP），先分析社会情感情境中的线索与问题，根据线索和问题的解读，思考可能的策略与结果，最后做出决定并付诸行动，并将情绪过程渗入至各个环节。最终本方案中各种技能的习得以演练步骤为主，考虑到学生的记忆特质，要使学生熟记须简化技巧步骤及要点，因此设定每个主题的技能步骤以三个为主。这样不仅避免增加学生的认知负荷，而且步骤简洁扼要。以问题解决为例，步骤分别为停下来静一静、想一想和试一试，学生在习得问题解决技能时首先需静下来分析遇到了什么问题，之后想一想有哪些解决办法和结果，最后试一试好的办法，这就是红绿灯的三步骤。而在教学内容与素材的安排上，符合学生的最近发展区是首要考虑因素，选择学生能理解、感兴趣、贴近他们生活的素材，多利用学生近期亲身经历过的事件作为教学案例，能引发学生对主题的共鸣与认可。

通过对教学内容的简化整合、深化增加和分解及删除等，最终形成的方案，每个单元主题活动设计主要包括学生能力与需求分析，教学目标、策略、活动设计及教学资源三大部分，每个主题第一个数字代表主轴，第二个数字代表单元，第三个数字代表活动主题；教学活动设计则包括引起动机、发展活动

(即说明与示范新技巧、演练与回馈）及总结活动（含作业单的说明）三部分；教学资源则包括每主题之技巧步骤说明、教学海报、绘本故事、社会故事、桌游、情境签、提示卡、作业单及其他等附件，以供其他教师参考。

第二节　教学策略与组织的调整与转化实施

正如学业内容一样，社会情感能力的培养也是通过教学和实践来实现的。很多对成年人来说看似直观或容易的社会情感技能，对特殊儿童来说可能是全新的，他们不仅不熟悉还为之困惑。要教导特殊儿童社会情感技能并不容易，尤其是中重度儿童，在与学生建立牢固关系的基础上，教师不仅要掌握现有基于实践本位的策略，还可能需要弹性采用创新的方法来修改课堂教学过程与策略，并将学生的挑战视为教学和指导的机会（更不用说抓住学生在危机爆发之前的时机）。本节主要阐述为特殊儿童提供有效的社会情感指导的发展历程，说明每种调整做法的原因、调整和实施历程及调整实施后学生的反应。

一、强调社会情感教学实施和转化方式的细节性与完整性

（一）调整的原因

社会情感的课堂教学与生活语文和生活数学的教学既有相似之处又有相异之处。语文、数学的教学模式与体系不管是在普教还是特教都有比较完整的知识体系和教学模式可循，甚至有相应的教师参考书。因为缺乏相应的支持和资源，社会情感教学经常面临着教什么、怎么教的问题，对于有些教师来说可能是很难熬的一节课，而对于另一些老师来说又可能是很容易混过的一节课。面临错综复杂的社会情感互动情境，社会情感的表现并没有统一的要求，但在教导学生理解相关的概念与知识上，仍有一些教学上的环节与细节值得探讨。

（二）调整与转化的过程

1. 从趣味性、关联性与时间性上做好动机（导入）环节的准备

该环节的主要任务是联结旧经验并引起动机，犹如整个教学活动的"前

菜"，最好不要超过五分钟。好的开始是成功的一半，为了这短短的几分钟有足够的效果，可搭配具体的视觉或触觉操作，以在最短的时间内表达最完整的学习刺激与信息，因此每节课刚开始的几分钟是教师快速把学生的注意力聚焦至本节课主题的重要时间。但现场中不可能每一节课都能顺顺利利的开头，经常会出现一些小意外，如学生不小心把水打翻了、有人上铃声响了还在吃东西或逗留在外面等。学生对于这些小意外，总是比较感兴趣，也容易起哄，教师最好是不动声色的快速解决这些小问题，或是将这些小问题与近期所教导的技巧相结合作为实时的教学素材与同学共同讨论如何解决，以保证课堂的顺利开展。一般情况下，可以选一些与主题相关的小游戏、小故事，或是学生近期发生的事件作为动机环节的材料，顺理成章地过渡至主题的发展阶段。因为特殊儿童的理解能力、注意力与记忆力受限，所选的素材应尽量简短清楚，尽可能能够在短时间内完成。例如在教导倾听主题所设计动机环节的传话活动中，由于学生所传达的内容有些偏长，有些学生因记不住传话内容在传话过程说不清楚，有些学生则因记不熟而说话卡壳，这就拖长了该环节的时间进而影响之后的进程（观—230430）。而在学习情绪红绿灯中，为了让学生明白情绪调节的重要性，教师请能力好的学生两个人一组上台演示，一个人负责吹气球，另一个感受气球的变化。负责吹气球的学生事先已经能够熟练的吹出整个气球，如此安排，二人的合作能够得以较顺畅快速的进行，教师也能借势引出调节情绪的主题（观—230319）。如何让社会情感课堂开端兼具趣味性、关联性与时间性，吸引特殊儿童的兴趣，激发其参与的动机，值得教师再三思考与设计。

2. 从课堂秩序、提问引导、教学语言及练习活动四个方面完善发展阶段

（1）以平常心对待课堂秩序，努力创造适合自己课堂的秩序

理论上最佳的课堂秩序应是低水平的冲突和破坏性行为，从一种活动到另一种活动的平稳过渡，师生之间适当的情绪表达、尊重的沟通和解决问题以及对任务的关注，教师对个体差异的支持和回应学生的需求。但因社会情感课程中的各种交互式教学，如角色扮演、桌游等，对于特殊学生而言更有可能出现有破坏或捣乱课堂秩序的机会。且根据教学目标课堂教学中应着重于激发学生主观能动性，鼓励学生更多地表达和独立思考，对于新教师来说要找到一种稳

定的指导风格，又要防止课堂混乱而不抑制任何学生的表达，可能特别有挑战性。*当课堂上的秩序没有达到我的预期时或是我无法掌握时，我总会产生一种无力感……*（T—230314）。诚如上文所提及教师也需要调整自己的社会情绪能力，当我和协同伙伴及其他教师倾诉了我的烦恼之后，她们告诉我特教教师经常会面临各种挫败感，并结合自身的经历和我分享类似的困扰和解决过程。经过交流，我学会用平常心面对，并加深对每位学生的了解，以营造适合我课堂的秩序。

（2）兼顾不同层次学生的提问引导，给予学生成就感

提问是每种课堂中都必不可少的环节，然而学生在社会情感学习课堂上所遇到问题不同于语文或数学课堂，它没有一个标准的答案。例如判断某个情境中说话的时机、场合和方式是否可行，有的学生会认为时机是错的，有的会认为时机和场合都是错的，有的则认为三者都不对。教师可以请他们说说自己的理由，只要说的合理，让学生的"发声"得以有效的利用，教师未必需要呈现出自己的判断，因为学生很容易就认为老师的判断才是正确的。

由于每一个主题每一节课都会有好几个问题，一开始我设计好的问题并没有做特别的规划，在上课时随机让学生回答，结果有些比较简单的问题被 A 组抢先回答，B 组就失去了可以正确作答的机会；而对于比较难的问题，直接让 B 组作答，往往会让他们不知所措。这样的效果让我开始反思如何针对不同程度的学生提出难易适度的问题，并在课前分配好提问时机，从而使每个学生都体会到答对问题的成就感。对同一个问题，例如"冷静的感觉是什么"，不需要每个人都给机会回答，每个问题可以请两三位学生回答，对于比较简单的问题可以请 B 组来回答，对于比较难的问题，先请 A 组来回答，对于一般难度的问题，则可在 A 组无形中的示范作用后，再让 B 组学生回答。对于班级中喜欢复述教师问题和其他同学答案的学生，教师可充分利用该生的"复读机式"来营造气氛，让其他喜欢附和但能力较弱的学生参与进来，进而拉动其他学生的学习热情。

当一个问题有了一两个或两三个答案之后，教师就应该对此做出总结，并过渡至下一个问题，例如"生气的感觉是可以吗"，学生可能会说"不可以"，孩子可以说错，但是老师要听对，注意将学生的回答引到主轴上来。例如"当

我们生气时，有的人会去听歌，有的人会大吼大叫，你们觉得哪一种做法是好的"，对于这类问题，中度障碍的学生也会很容易地选出听歌的方式是好的，教师可接着问"为什么"，根据三不原则（不伤人、不害己、不破坏），学生们也比较容易理解其中的原因。进而教师引导"同样是生气，有的做法是可以的，有些做法却不可以，所以我们可以有各种好的和不好的情绪，但是我们的行为表现却要选择好的做法，×××（刚才回答问题的学生），你说对不对"，解释过程中，即使 B 组的学生也会选出正确的做法。理解之后学生一般都会表示赞同，总结时教师带入刚才回答问题的学生，让他觉得这个问题是与他共同合作解决的。

因为特殊儿童很容易有挫败感，一旦他们有了挫败感之后，往往会选择放弃而不愿意尝试，因此不管学生有什么样的回应，教师最好先不要直接的否定，而是顺着学生的答案，通过图片、实例和教学语言等各种支架帮助学生共同完成问题的探讨。当然，不管学生回答什么教师都是"对的，你们说的太棒了"的做法也不可取，正确的做法应该是尽量帮他们说对，让他们获得一定的成就感。如果对于一些问题，例如"真诚是什么意思"，全班学生都没有反应，无法回答，教师可先举例示范真诚与不真诚的夸奖，让学生通过对比理解真诚的含义，之后再请学生谈谈对真诚的理解，最后教师再做出总结。对于每一个环节的衔接，教师都应够事先有所预估，以便在课堂上能够应付自如地掌舵课程的开展，并在教学语言上以学生的角度来下达指令，让学生清楚知道每一个环节他们应该做什么。

此外，特殊儿童的注意力非常有限，且在课堂上不断地被消耗，若是过多与主题无关的提问反而造成学生混淆和负担。教师应根据素材（绘本、角色扮演等）给予与教学主题相关的信息，基于学生的真实反应来做合理的提问。

（3）基于学生特质的教学语言设计

这里的教学语言侧重指教师如何与学生交谈，教师的教学语言应能鼓励学生的努力和工作，重申学生的所作所为让学生明确他们需要做些什么才能改进。教学语言不应该只是简单赞美（如"你做得很好"），而应该充满鼓励（如"我听到你的说话语气好听了很多"，当你这么说时，同学们听了也很舒服，他们也就愿意配合你的要求）。此外，教学语言应有说服力，鼓励学生监控和规范自己的行为，而不仅仅是告诉学生如何表现（如"当我们遇到一个不确定如何做的问题时，可以用到所学的哪种办法"）。本研究中根据特殊儿童特质的教学语言的调整有以下几点值得注意。

a. 与学生的生理年龄相符合

对于中高年级的学生，上新课时教师的用语最好是"今天我们要学习、上、认识、练习……"而不是"我们要来玩……"，以免学生等了好久却不是玩游戏。尽量用"同学、大家"等来替代"小朋友"。在特校中，很多教师在中高年级还习惯用"小朋友"的称呼，这无形中也在降低学生对自己的认同感。

b. 清晰简短的指令

在问问题之前可以先清楚地告诉学生该阶段是"讨论几个问题"，而不是直接把问题抛给学生，中度障碍的学生可能就不太能理解此时教师需要他们做什么，因此有时候几句精简的引导语，学生就会比较容易进入到老师的课程。教师说话时的速度要放慢且句子要简短，这样学生才能更快抓到重点。

c. 用字遣词宜斟酌，避免伤害

教师上课时应避免使用太强势、主观的价值判断用语，可应用一些生活事例迂回解说分析，这样学生才不会有老师只针对他指正的不悦感，或让同学看笑话的尴尬感，尤其是认知好的学生，其认知能力越高越敏感。如班级的三位A生，有一次我假设他们作业没有完成，结果其中两人强烈不同意这个假设，因为他们平时基本上都能完成作业。学生普遍上能接受比较舒服的提问，可以把学生的例子通过故事人物形式呈现出来，进而产生教化与澄清的作用，当以正向措辞用语引导鼓励学生时，学生较易于敞开心扉吐露实情。要特别注意避免出现让学生感到不舒服或受歧视的措辞，如A2生会在课上毫无顾忌地说出其他学生的问题，教师要及时纠正并引导学生改正观念。

d. 将抽象的词句具体化、生活化

将有些比较难的词句用其他较长但更易理解的词句代替或换成学生易懂的说法，并多用生活中的用语及家长、同学做范例，对特殊儿童的学习十分重要。例如将"爱打岔的小鸡"替换成"很喜欢插话的小鸡"，将"原因"换成"发生了什么事、为什么"、"结果"换成"最后会发生什么事"，"当你觉得难过时你可以告诉其他人"引导为"如果你觉得难过，你会跟谁说"，"冷静"

替换成"一种放松的感觉"，用"真的吗"或是"不是真的"替代"真诚"或是"不真诚"等。尤其是对于中度障碍的学生，他们大部分语言理解能力不佳，在教学时要尽量减少口语引述，多具体动作说明，或以影片、图片、事例及绘本的方式进行教学，使用口语说明时使用简洁明确的字眼。

在学习情绪的判断线索时，除了 A3 生，学生们普遍对"线索"这个词语比较难以理解，我就结合黑猫警长破案的例子，说明线索的意思就是一些有用的信息，换一种说法就是——你是怎么知道的。

对于动作的线索判断，教师或学生展示出相应的动作再请大家做出判断。不像声音、动作和表情这些线索是直观看得到的，事件线索的判断比较抽象，B 组学生刚开始学习时很难掌握。经过调整之后，事件线索中加入了图片和实例的示范，B 组学生开始理解了事情会影响每个人的情绪。同时在老师的引导与提示的支架之下，B 组学生开始会主动地说出事件线索，例如当出现"学生上课吵闹，让老师很生气"的情境图时，面对我的提问"老师是什么样的情绪？""是什么事情让老师觉得生气？"B2 生会说出关键词"大吵大闹"。之后我顺势引导他完整地表达"因为学生在大吵大闹这件事情，让老师觉得生气"。对于 B1 生也是如此，根据他对图片所说出的关键词，我引导他完整地表达，帮助其厘清这样一件事：生活中发生的事情对每个人的情绪都可能会产生影响（观—230228）。

因此，社会情感课程中的教学语言应从学生的生活经验出发，运用符合学生生理和心理发展阶段的教学语言，将要表达的内容简明扼要且以学生能够理解的方式传达给他们，以刺激学生表达的意愿和表达方式的多元性。

（4）为练习环节提供支架和时事案例，视情形灵活应对

对于特殊儿童而言，任何社会情感技能都要经由多次的重复练习，因此每节课结束前我都会为其提供演练情境让其实际练习，避免学生能"知"不能"行"。学生在越多的情境中练习此项技能，该技能就越可能成为他们长久的能力。但练习并不是照本宣科地把步骤演练几遍就算是完成了，该环节中教师同样要具有统整的全局眼光。

a. 对练习情境的支架支持

在练习活动中，很多是给予情境让学生扮演不同的角色练习技巧，对于 A

组学生来说，直接给予一个情境说明他
们就能比较自主地演示出相应的技巧。
但是对于 B 组学生来说这一要求基本不
太能达到，因此教师首先要选择不太复
杂的情境，简单清楚地说明要求，同时
一定要有情境图帮助 B 组理解接下来他
们要练习的社会情境。并且事先预设他
们会遇到的困难，将相应的表现技巧做

图 5-7　B 组练习情境的支架图支持

好准备，当 B 组不知如何展示时，教师再适时以 PPT 或口语、动作提示的方式
展现出来，支架他们顺利地完成整个练习。如图 5-7 所示，在练习"注意说话
语气"的情境时，B 组在理解了情境之后一开始仍比较难自己说出来，教师可
以在图片旁边出示相应的提示，再让 B 组学生学着练习表达。随后慢慢撤除这
些支架，再出示比较简单、线索明显的图片让 B 组练习，这时的学生有了之前
的成功经验表达起来并不难。

　　在学生练习过程中，教师应敏锐地抓到学生表现正确的技能，给予立即的
正面强化，如此其他学生通过观察也会模仿正确的做法，自主加强练习，而不
是机械式的完成教师的指令。对于无法自主完成练习的学生，教师先从口头提
示开始，逐渐过渡至视觉提示，最后才是肢体的协助，避免一开始就给予他们
大量的帮助。同时在这个环节，对于没有参与的学生，可以请他们担任其他的
角色，例如小帮手、记录员、评分员等，以避免他们因无所事事而扰乱课堂秩
序。此外，在课后时间教室里外所形成的真实的互动情境中，学生能用到的技
能可能不止一项（通常为若干项），因此教师必须视学生对该技能之熟悉程度，
提供适当及必要的协助与指导。

　　b. 在练习中不着痕迹地设局

　　尤其是对于能力较好的 A 组生，他们可能已经掌握了相关技巧，也能在情
境练习中表现出正确的做法，对此教师可以对他们增加难度。例如如何处理自
己的生气、挫败、难受等不好的情绪，如果只是单纯给情境让他们演示情绪红
绿灯，对于 A 组生来说并不难，但是在实际表现中学生可能无法真正发挥所学
技能。教师可通过让他们切实感受到这些不好情绪再观察他们的情绪处理，如

通过抢凳子的游戏，设局让他们输（在地板上画一个椭圆，在椭圆范围内游戏，当 A 组生离凳子比较远时，教师喊停，这时 A 组生就比较难抢到凳子而被淘汰），看看他们在自己输掉之后觉得难过、不开心时，是否会运用情绪红绿灯来处理自己的情绪。如果此时 A 组生能够选择离开或是去做其他的事情，教师可立即引导全班同学和 A 组生一起将刚才的情绪处理历程说出来并给予表扬鼓励；如果 A 组生的情绪处理方式不当（尖叫、暴跳等），则教师帮助 A 组生再次梳理如何运用所学技巧来处理自己的情绪。如此才能避免流于形式上的练习，从认知上让学生真正理解和掌握。

c. 根据学生每天发生的新案例，进行改编并纳入相关主题的演练

如班级的 B5 生总是喜欢抱着妈妈，这个案例就可以纳入"身体界限"这一课程中进行演练；学生平时忘记戴红领巾、买东西忘带钱、整队时大家不听指令等，可纳入"办法问题红绿灯"的运用中；玩游戏时，B4 生（自闭症患者）因为不太理解游戏规则，总是把棋子弄乱了，可以纳入"不小心还是故意"的活动中……学生每天生活中鲜活的事件是练习情境设计的最佳来源，也是最易被学生所理解和接受的案例，教师对此应充分利用。

e. 给予学生练习正向自然的结果

当学生在练习中能够表现出相应的技巧时，结果应该也是正向的，而且最好是同伴之间自然而然产生的正向结果，以利于后续类化的产生。例如在学习注意说话的语气时，当学生能够练习用好的语气表达出自己的需求时，那么他们也应理所应当得到自己想要的结果；在学习包容与尊重时，当学生练习时能够用尊重与包容的心态对待与自己不同的同学或是平时自己不是很喜欢的人或事时，结果应是能够获得更多的朋友，或更受大家的欢迎，而不仅仅只是教师的称赞"你说得很好""你演得很好"等。这些自然而又有成就感的经验，会让学生体会到原来真的有不同的选项可使用，而且结果是较好的。例如学习情绪与行为的区分时，教给学生适当的替代行为而非"禁止情绪的出现"，可以让学生明白情绪是允许的，但是行为表现却是可以选择的，如此才能改变学生的信念，使其愿意使用不同的、比较适当的、被接纳的社会情感技巧。

通过不断练习，让学生对各种社会情感从陌生、不熟悉，到累积足够的成功经验，自信地运用自如。但同时行为观念的改变需要时间，在这个过程中教

师和家长应该学会接纳孩子的"不完美"表现,切勿心急。

3. 根据课堂性质弹性安排总结环节

因为每节课的时间为 35 分钟,对于以活动为主、注重实践练习的社会情感课程而言,要对每节短短 35 分的课堂都做出总结具有一定的挑战性。笔者认为,不需要每一节课都做很完整的总结,需视当天所上的内容做弹性的安排。当这一节课是新授课时,在下课前的两三分钟可与学生共同回顾和检阅当天所学的知识,当这一节课是某主题的最后一节,如尊重的主题共三节课,在第三节课的总结可适当地延长,对该主题做整体的回顾。对于每一个大的单元和主轴内容的归纳,教师有必要腾出一两节甚至更多节课进行专门的总结和复习。

(三)调整实施后学生的反应

一堂完整的社会情感教学课从最初的规划与设计到付诸现场教学中,既有普遍性的教学程序与环节如引起动机、发展阶段以及总结活动,又有其个别性的、不同于传统课堂的细节设置如具有游戏性、趣味性以及自主性的活动内容设计。当能够将动机、发展和总结三环节结合课程性质与特殊儿童能力需求,设计教学安排时,对于师生而言,这种课堂教学可能会降低彼此消极的情绪,不再觉得上课是一种煎熬。学生开始尝试主动参与,例如关于教学语言的改变,当我提问到冷静是一种火辣辣的感觉还是一种放松的感觉时,B1 生第一个说出"放松"(观—230312),教师也可能从为了完成任务转变到享受教学。因此教师执行社会情感的教学,除了注意调整自身的情绪状态,也应把握教学的整体与局部,以保证课堂顺利地展开。

二、综合运用多元的社会情感教学策略

(一)调整的原因

本研究中以社会认知为主的教学方案,其中有许多较抽象或难以理解的概念,若只是单纯的讲述或练习会显得单调乏味,甚至可能导致流于表面的学习。这就有赖于多元的教学策略的运用,采用认知行为取向帮助学生改变负面思考,使其获得关键性知识与技巧,并建立新的学习经验,有助于特殊儿童对课程内容的吸收与内化。

（二）调整、转化与实施的过程

1. 基于教学趣味性、学生动机及知识技能整合性，增加小游戏和桌游的运用

将游戏活动融入较难的认知性学习内容，能够立即吸引儿童注意和兴趣。同时根据前期的观察，我发现班级学生不论是在课间活动还是其他课堂上，对游戏充满着热忱，参与度极高，甚至在课间时会自发组织一些简单好玩的游戏，彼此玩得不亦乐乎。因此可借由玩游戏的方式带出教学主题，降低概念性认知难度，增加教学变化和趣味。

桌上游戏（Tabletop game），通常被简称为桌游，又被称为不插电游戏，是包括卡片游戏（又包含集换式卡片游戏）、图板游戏（Board Game）、骰牌游戏（Tile-based games）在内的，在桌子或任何多人面对面平面上玩的游戏。这种具有人与人之间面对面互动特质的游戏，在促进人际互动方面具有良好的功能，且其静态性的形式尤其适合特教现场，因为比较大幅度、需要走动的动态游戏，如果事先没有做一些安排或演练，场面很容易失控。由于本班学生普遍对游戏类活动有较大的兴趣，为了提升他们对课程的参与意愿和学习效果，本研究在每个主轴结束之后都会专门安排相应的桌游活动，把该主轴的核心内容融入至其中，以期学生能够在充满乐趣的桌游中复习和运用这一主轴的焦点技能，具体如下所述。

（1）情绪桌游

在情绪管理这一主轴课程结束时，我将情绪小怪兽的桌游作为本单元教学内容的总结活动之一。情绪小怪兽桌游包括一张地图，一个骰子，六颗棋子，七种不同的情绪牌（每种十张情境图，抽到需要回答相关的情绪问题），十张七彩情绪牌（抽到需要根据情境做出表情）以及一本产品说明册子。游戏规则简单，是一个丢骰子、走地图和聊情绪的过程，班级的特殊儿童在教师示范之后基本上都能理解：游戏开始之前，每个人选择自己小怪兽棋子，从起点依次丢骰子，按照点数前进。踩到不同颜色的格子，根据对应颜色抽牌，回答问题，或是做出对应的表情。回答不出或是不想回答问题，则下一轮休息。最先前进到终点的人获得胜利。

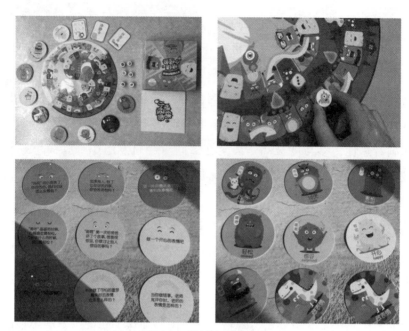

图 5-8 　情绪小怪兽桌游

图片来源：FatFox 胖小狐亲子品牌工作室。

　　游戏开始之前教师先结合说明册子以 PPT 的形式介绍该游戏的角色与规则，使用时不一定要循规蹈矩完全按照游戏原先设定的规则走，可以根据教学内容和目标、学生的需求与能力进行简化、调整或改变规则：将轻松情绪改为冷静、平静情绪的说法。因为 A 组的能力较好，当他们抽到比较简单的问题时，我会结合所学的内容要求加深他们的问题，如当他们抽到的问题是"嘟嘟每次生气时，都要气一整天，你生气时要气多久"，可以增加"你通过什么办法能够让自己不要气那么久"等。同时将一些不太符合学生经验的题目改成更符合学生生活经验的题目，如将"喔喔在科学实验比赛中获得一等奖，他的心情是什么样的"改为"喔喔在运动会的 200 米比赛中获得一等奖，他的心情是什么样的"。对于 B 组所抽到的情境，需要提供解说和提示，A 组可自己阅读问题。在游戏中增加了轮流等待、尊重他人的要求，并设计了在中途生气、不尊重他人的行为表现时的惩罚措施。当学生出现上述行为时，让他领取冷静卡，到休息岛做出冷静卡上面的要求，如深呼吸、数数等，并用沙漏进行计时，时间到了之后可恢复自由之身。将焦点放在教学目标上，针对情境增加

"什么事、怎么办"的分析要求。

在玩的过程中，有些细节可做出一些改变：因为每种情绪牌是十张，如果都是让学生随机抽牌，六个学生一起玩时对于同一种情绪牌抽到相同的概率还是比较高的，会出现前一位刚回答的问题后一位就抽到了。因此在玩的过程中，每一叠情绪牌可从上到下按顺序抽取，回答完的情绪牌依顺序放回底部。因为一共有 80 张情绪牌，即使是两节课的时间，六位特殊儿童一起玩，一般也是抽不完的，这样就可以避免多人重复回答相同问题的情况出现。

通过这些简单桌游可以加深学生对情绪以及情绪管理的认知和理解，尤其是 B 组学生，能够激发他们的情绪表达能力。例如当 B1 生抽到卡片"嘟嘟总是很快乐，也很愿意交新的朋友，你愿意做他的朋友吗"时，B1 生说"愿意"。我之后追问到"为什么"，他只说了一个字，"玩"。我顺势引导他分析"因为他是个快乐的孩子，所以你愿意跟他一起玩，对吗"，他也点点头，说"是的"。对于 A 组学生比较精彩的回答，教师可将其作为教学内容进行强调，如 A3 生在前面的游戏中说过"讨厌会让人觉得生气"，当 B2 生抽到"说出让你讨厌的东西"时，同学们说"他讨厌别人拿他的东西"，教师引导说道："刚才 A3 生说讨厌是一种让人生气的感觉，所以大家以后注意不要随便拿他的东西，要不然他就会生气的。"在桌游的过程也能引导学生去发现班级学生的优点，如"B4 生从来不生气，总是给我们带来快乐，我们是不是也要感谢他给我们带来的快乐呢"，大家纷纷点头表示赞同。在抽到做表情的要求时，A 组同学都能够比较精准地表现出每种表情，这时我会让其他学生注意观察他们的表情，强调此时是何种情绪，通过多种情绪发生的场景，帮助学生进一步加深辨别和处理自己的情绪，而在该过程他们可能并未意识到正在学习这些技能。

（2）社会信息区分的桌游

第二主轴中关于社会信息的运用，因为市面上没有找到适合班级学生的桌游，我根据情绪小怪兽的游戏材料与规则，自己制作和设计了契合本单元内容的桌游，如图所示：包括一张地图，一个骰子，六颗棋子，六十张情境图（包括故意、不小心、善意、恶意、真诚、不真诚各十个情境），每个情境尽量以图片的形式呈现，无法提供图片的则用文字描述替代。

游戏规则与情绪桌游类似，丢骰子、走地图和判断情境的社会意图表现，其中地图中 1 表示抽取一张情境图判断，2 表示抽取两张情境图判断，同样的回答不出或是不想回答的问题，先到冷静岛休息一会儿，并用沙漏进行计时，时间到了之后再重新加入游戏。最先前进到终点的人获得胜利。

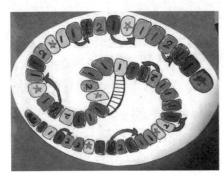

图 5-9　社会信息区分桌游

在抽取的过程中，因为是自制的塑封材料，情境图卡比较光滑，如果叠放在一起抽取，经常会有卡片滑出的状况，为了解决这个问题，我将所有的情境图放在一个大盒子中，请学生闭着眼睛随机抽取，如此既能防止卡片滑落，又能提升游戏的趣味性。与情绪桌游类似，社会信息区分桌游也将学生抽完的卡片放在一边，以免之后的学生重复抽取相同问题。游戏过程中，考虑到 A、B 组学生的不同阅读理解能力，当 B 组抽到文字情境卡时，由教师负责解读卡片的内容，请 B 组学生做出判断，A 组抽到文字情境卡时自行完成相应的任务。借由桌游的历程，教师能够及时发现学生对于哪些概念仍是比较模糊，在游戏情境中帮助他们区分各种社会信息判断的要素。尤其是 B 组学生，他们对善意与恶意、真诚与不真诚的理解仍会混淆，通过游戏的修正能够帮助其进一步的厘清相关概念。当学生做出正确的判断之后，还要引导他们尝试思考面对这种情况，怎么做比较好。

（3）自我保护桌游

第三主轴中自我保护单元选取的桌游是《回家奇遇记》，包括一张说明书，六张角色牌和两个底座，一百二十六张场景手牌，一张地图、一颗骰子及一本说明册子。游戏规则沿袭之前的丢骰子、走格子、回答问题的模式，通过丢骰子获得前进的步数。学生角色先掷骰子，骰子有三个面标记为"？"，另三个面分别标记为数字"1""2""3"，根据点数决定行进的步数，如掷到"?"，则由学生抽取黄色儿童牌。牌面只有裁判（教师）可以看，裁判根据牌面内容提问，回答正确则根据牌面提示前进对应步数，回答错误则倒退对应步数。如果"人贩子"投出了"?"，则抽取蓝色人贩子牌，由裁判读出牌面信息，"人贩子"根据牌面提示前进或倒退相应的步数。先到达终点的人获得游戏的胜利。

图 5-10　自我保护桌游

图片来源：FatFox 胖小狐亲子品牌工作室。

在玩的过程中，同样也可视学生的需求与能力做出适当的调整。如学生抽取儿童牌时，裁判（教师）可将牌面中下半部的问题与答案遮挡住，让学生看着上半部的问题情境图回答，以便于他们能够理解问题的核心。这类的桌游能够改善学生原本一些错误的认知，例如当 B2 生抽到"坏人都长得很凶吗"的问题时，他毫不犹豫地点点头，教师立即解释"很多坏人其实看起来也是和善的，他们会故意拿出好吃好玩的东西说好听的话来骗你们，对于这类陌生人你们更加要多加小心"，并通过后退几步的方式让他加深印象和理解。此外牌面的答案可供参考，并不为绝对的标准答案，教师可以通过问题适当展开话题，将游戏里的场景结合到生活中去，针对性地对学生进行引导和教育，加强学生的自我保护意识。

（4）桌游的效果

对于桌游，即使是那些非研究参与者，都有很大的兴趣和参与度。例如 B5 生，在他妈妈和我的引导下，他能够主动说出"害怕的事情"。当抽到"你最开心的事是什么"，B5 生竟然自己完整地说出"我最开心的是玩这个"，这是他平时无法做到的事情。在游戏结束之后，准备给他奖励，B5 生听了之后难得的把手从他的头上移了下来，惊喜地说"啊"，他的这种表现也是出乎我的意料，因为一般情况下我们跟他说话，他总是捂着脸不理睬。而重度障碍的 B4 生，虽然不能完全理解这个游戏，但是在这个过程中他也是收获满满。当抽到"当你的新鞋子被弟弟踩到时，你觉得怎么样"的问题时 B4 生虽然无法立即回答，但是看到旁边的 A3 生的提示——表现出生气的表情，他会说出"生气"。这种无意间形成的同伴合作学习的表现——能力低的学生无法理解题目，请能力高的学生做出表演——体现了学生之间的默契与配合，也让能力低的学生有可能说出问题的关键词。这种前所未有的学习氛围与热情反过来又带动班级每一位学生的学习动机。同时可将这些已学过的桌游放在教室的游戏角落，作为学生平时在教室内的一种休闲娱乐活动，当然最好能有教师在旁引导。

（5）把握桌游的实质性价值

工欲善其事，必先利其器。在开展游戏之前，最好先把一些我们习以为常的但是特殊儿童可能无法理解的做法解释清楚，如"抽牌"的意思。如果教师不做引导，中重度障碍的学生在一叠牌中抽牌时可能永远只拿第一张和最后一张。教师可先做示范什么样是抽牌，等学生厘清游戏当中的主要概念和规则之后，再开展游戏。而桌游结束时最好做一个总结，让学生谈谈在桌游中的收获，不然学生可能只是玩玩就过了。这个总结会有画龙点睛的作用，老师可在课程快结束的前五分就停止游戏，做总结和分享。

（6）在教学中穿插小游戏

除了专门的桌游安排之外，我在平时的上课中也会适当地穿插一些小游戏作为活跃课堂气氛的润滑剂。如在引导学生学习根据表情、动作、声音和事件这四个线索判断情绪时，参考德国"心脏病"（一种快速反应游戏）的做法开展游戏。游戏中，学生被分成两队（队名由学生自己取，分别为龙舟队和馒头队），教师给予线索提示，判断出相应情绪的学生立即拍一下铃铛，并说出自己的判断，如果正确，则本队积一分，如果错误，就把机会让给对方。这种具有竞争意识的游戏尤其能激发 B1 生和 A2 生的积极性，一旦他们俩表现出较强的参与意愿，其他学生自然而然也很容易被带动起来。我还会在平时教学的一些细节中融入游戏的元素，例如让学生通过抽取情境图片来讨论问题，以吹和放气球的方式让大家具象地感受情绪的爆发与冷却等，比起教师直接呈现图片和直接讲解，这种形式的教学对学生会有更大的吸引力。我也会在绘本故事教学中穿插小游戏，如好好说话的主题中，我将时机、场合和方式三个判断的信息制作成小牌子，请学生通过举牌的活动来判断情境中哪一个做的不好，并想想怎么改进比较好。比如出现"莉莉在课堂上大声地向老师告状小东没有完成作业"的情境图时，B2 生举出了时机牌，当教师问他为什么，他说"在课上"，教师则支架说"是因为在上课时说不太好，要……""下课再说"。B1 生举的牌是"方式"，教师也提示他"我们是不是也可以换一种说的方式"，并根据 PPT 的提示让他一起说"让小东自己来说"的方式。如果是直接提问的形式，B1 生和 B2 生可能并不会如此积极的做出回应，因此穿插一些小游戏、小桌游比较能提高学生的参与度。

在这个过程有一个问题经常困扰着我，学生会不会只是喜欢游戏的那种热闹氛围，而不管自己是否理解，先加入再说？比如情绪桌游的过程中，A2 生和 B4 生对于别人的抽到不好的牌，总是会幸灾乐祸，或是总是期望别人抽到不好的牌子，对这种情况如何引导比较好？"不管是什么课，游戏对于我们的学生来说，他们都很喜欢，可以适当地加入一些，但是要注意量的控制，不然他们很容易在吵吵闹闹的玩一通之后，什么都没记住，就记得游戏好玩了"（访—范师—230530）。所以桌游进行中，教师的教学显得至关重要，为了避免学生幸灾乐祸或是逃避失败情况的发生，我和合作伙伴一致认为教师可先加入游戏中，示范当遇到其他人失败或自己失败时的正确做法，并提问"老师看到×××输了有笑他吗？""老师输了有生气吗？"……以此让学生真正体会到游戏的意义。

除了专门的桌游课安排，其他教学中也会穿插一些小游戏，这些小游戏的安排时机也是值得注意的一个问题。如果游戏比较简短有趣，可以放在课堂刚开始环节以激发学生的学习动机；若是比较耗时且有可能会出现一些无法预估的状况，可在上完本节课主要内容后，预留时间进行，避免因个别学生的卡壳而中断教学，当然，还需视现场教学环节的开展而安排。

2. 强调强化与示范对学生的作用，视学生需求做适当改变

（1）强化

示范与强化这两项教学策略几乎所有的学习领域中都会用到，恰当地运

用强化，有助于特殊儿童学习动机的维持、复习策略的获得与持续运用。本研究所在学校已形成全校性的强化系统，基本上每一位教师在每一节课结束后都会从课堂秩序、参与度等方面以星星代币制的方式对学生作出总结性的强化和鼓励。在保留学校原有星星代币制的基础上，考虑到班级学生已经对初级强化物逐渐失去兴趣，六年级班主任决定改用社会性强化的方式：以前是积攒了一定的星星数量就可以换取相应的钱币再找班主任购买想要的东西；现在则是制作召唤卡，让学生用星星换取召唤卡，每张召唤卡的功能不一样，如免一次作业、让班级的某一位同学帮自己打扫一次卫生、请老师给自己做一次美食等。每一种功能所要求的星星数量不同，这些功能和星星数量的确定都是和学生共同讨论决定的。每张召唤卡配以学生喜欢的图案，如此既能极大激发学生为争取更多星星而努力表现的可能性，也能帮助加强他们社会情感的萌发并限制其不被期待的行为模式/反应。

对于未来几位参与者进入高年级之后，奖励机制中还可做进一步的升级，将学生不同的良好行为授予不同的"权力徽章"。例如，帮助在操场上受伤的人可以获得了一张"英雄"徽章，这张徽章放在他或她的桌子上一周，还可以鼓励学生互相奖励徽章，以增进责任意识（志—230923）。

（2）示范

通过示范进行教学是教师有意或无意使用最多的技术。在本行动中教师会通过放声思考来展示情绪红绿灯的过程："我感到很焦虑，因为我有很多事要做，但已经没时间了。我需要冷静思考，我会先深吸一口气，想一想怎么办？我可以先列出我需要做的一切，然后决定哪些是非常重要的和首先要做的。"通过这种放声思考的示范，将情绪处理与解决问题的步骤联系起来，让解决问题过程的隐藏认知元素变得可见并且可以被学生理解。尤其是角色扮演的示范，对于一个新的技巧，有时候学生第一次扮演会不知所措，教师亲自示范和讲解技巧的运用，目的在于引导学生模仿，这种指导的作用既能帮助学生克服角色扮演可能遇到的困难，也能激发学生参与的热情，因为他们对教师亲自参与或举例分享自身生活的所见所闻有极大的兴趣，教师还可与学生一同表演，表演里面就隐含着示范的功能。此外在日常自然环境中，教师方方面面的行为都反映了他们自身的社会情感与情绪管理能力，也有力地陈述了他们的价值观和期望,而学生最有可能模仿他们所观察到的技能,这就是言传身教的作用。

3. 为学生搭建各种支架,让师生之间彼此支架

支架的运用时时刻刻存在于教学中,在各个教学环节或细节中都可搭建支架。如学习四个基本要素的句子时,第一节由教师进行示范,并根据四个要素先把照片中的时间、人物、地点和事情一起说出来,再请他们个别来说,也就是提供了支架。刚开始他们只需要将这些要素组成一句完整的句子。在之后的教学中,逐渐撤去这些支架,可以先提供基本表达要素的海报和图片,请学生自己根据图片进行基本的表达,还可请学生根据四个要素表达自身的生活事件。讲绘本故事的过程中更需要教师借由语言或学习单作为支架,帮助学生理解故事内容。在支架对话中,教师可设计一些问题作为学生独立思考和与他人分享想法和感受的催化剂。如讲解《用爱心说实话》的故事时,当我问 B3 生"为什么西西生气了",她只能够说一些关键词"太大声了",教师及时给予补充"是因为莉莉在人很多的地方大声地说出西西袜子上有破洞,是吗",运用有效的对话支架帮助学生获得相应的知识与技巧。支架的运用具体如下所示:

(1) 提示支架

提示也是特教课堂中必不可少的教学策略。正如第二章文献中提到的,本研究中主要运用的是口语提示和视觉提示。如角色扮演中,教师在一旁观察学生的表演,若他们表演即将卡住,没法往下进行时,教师适时用一两句简单的建议性提示,帮助学生明确想法,促进活动顺利开展。又如学生回答问题时无法表达自己的想法,教师恰当的语言提示有助于其理解问题,并做出较准确的回应。在观看"B3 生不经 A2 生同意拿走他铅笔,A2 生生气"的视频时,我直接问 B2 生"视频中发生了什么事",他无法说出来,当我给予提示"B3 手上拿的是什么,是谁的"之后,B2 生能够明白事情的来龙去脉并表达出 A2 生生气的原因。对于 B 组学生,在足够的语言提示和支架之下,他们能够展示出自己解决问题的能力。

视觉提示主要聚焦于日常生活环境中。在制作提示卡时,选择课堂中学生印象比较深刻的故事主角图片作为插图,能够让学生借由图片想到上课所学过的故事,进而与提示卡内容产生联结,使图示卡以图文并茂的形式发挥出它独特的价值和意义。还可用装订活口书环将所有提示卡片聚集在一起,这样既方

便学生携带又可随时随地提示学生（如图 5-11 左），因为每张卡片是在相应的课程结束之后才会制作完成，这种私人订制的提示卡片无形中也增加了学生对课程内容的好奇与兴趣，每次课程结束之后他们都会迫不及待地想要拿到属于自己的提示卡片。而粘贴在教室内的各种海报的有形提醒，也是提示的重要组成部分（如图 5-11 右），毕竟在技能完全内化之前，学生可能需要长时间甚至是多年的提示。同时这些具体的视觉提示也能够一定程度上融入其他教师的教育情境中，弥合了社会情感能力培养与教师已开展的工作之间的联系，避免给教师带来额外的工作负担。

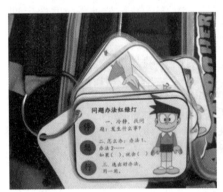

图 5-11　学生提示卡与教室海报

（2）言谈支架

维果斯基的最近发展区观点提醒我们，成人要通过不断地讨论和观点的分享，亦即师生在语言上的对话互动，来促使学生接受新的观点，在这个过程中教师扮演着催化者的角色。在实际情境中师生进行教育性对话更能够帮助学生厘清状况并找到突破口，以 A2 生整队的事例说明：

学生：[抱怨] 看！他们队伍排得太乱了！[指着不整齐的队伍]

老师：[中性语调] 哦。你对这件事有什么感觉？

学生：生气！

老师：你觉得生气，那你认为自己可以做些什么？

学生：冷静一下。

老师：这是你可以做的一件事。也许你还可以做其他事情。

学生：我不喜欢他们在排队时还在说话，一点都不听我的指令。

老师：所以你是因为他们都不听你的指令才生气，是吗？

学生：是的。

老师：嗯，那你觉怎么做才会让你不生气？

学生：我想他们排队时要听我的指令。

老师：好的，如果大家排队时要听你的指令，你能做什么？

学生：把指令说清楚、说大声。

老师：这些你已经做到了，再想想还可以做些什么。

学生：呃……（摇摇头）

老师［中性语调］：想想你的说话语气是什么样的？

学生（不好意思地笑了）：好像对他们太凶了……我下次应该用好听的语气来整队。

老师：真是个好主意。我相信你能做到的。

第二次的整队中 A2 生改掉了不礼貌、凶巴巴的口气，改用"×××，请你过来排队"，队伍也很快排好了。

老师：现在大家都有听你的指令来排队了，你感觉如何？

学生：嗯嗯，挺开心的。（观—230516）

这种交流可能需要老师真正的耐心和有层次的引导。如果老师只是直接帮学生整队或是批评他整队效果不理想，这两种方法都不会改善学生的情绪，也不会向学生证明他可以为自己创造解决问题的方案。相反，老师为学生新获得解决问题的技能提供了支持性的支架，学生也会由衷地从心里觉得满意。

（3）材料支架

本研究中所用到的材料支架主要包括学习单、教学海报以及提示卡等，这些多元材料主要用来辅助学生理解课程内容。尤其是对于讲故事环节，学习单的设计能够让学生厘清故事的脉络，感受故事的情境。如在学习尊重与包容的课题中，通过学习单设计为支架（如图 5-12），让学生明白故事中小飞对龙龙从一开始的不包容、拒绝到之后的包容并乐意一起练习的态度转变。其中第五、第六题主要是由 A 组学生完成。考虑到 B 组的识字与沟通能力，每道题的题干和选项均有提供录音，学生用点读笔点读即可理解，体现了练习作业的分层性与支持性。同时以 PPT 呈现出每一题对应的故事情节与图片，让学生自己选出合适的选项。

此外将社会情感技能的步骤海报张贴在教室中，作为文字和图片的支架提示儿童使用的方法，更重要的是这可以提醒场域中其他成人的教育理念"保持相同的进度"，使用同样的语言和步骤来持续教导，以达到更好的类化。

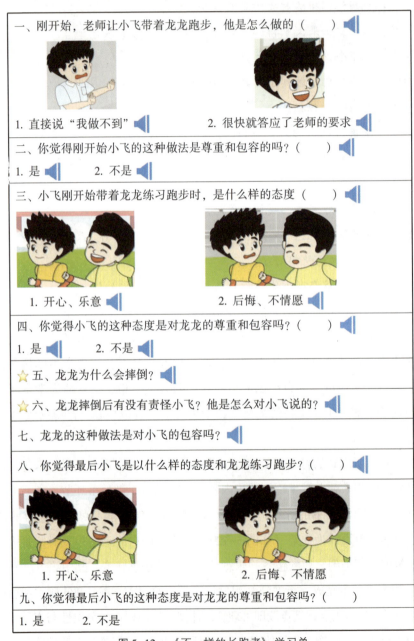

图 5-12　《不一样的长跑者》学习单

（4）纳入学生的作用与支架

在最初的教学阶段中，有些老师会建议我采用直接教学的方式，直接告诉学生怎么做，如此既简单又方便记忆。我也尝试采取这种方式将知识点直接铺陈给学生，但是这样的结果是学生被动接受学习，课堂的气氛沉闷又苍白，学生们的小动作不断，我的教学热情也大打折扣。我开始思考我为何会有这样的抉择？如何使"教师直接给予知识"与"师生之间彼此支架建构知识"之间的天平达到平衡？在一次的偶然的机会，我发现了师生之间彼此支架的美妙与惊奇。

今天去电影院的路上，刚好遇到红绿灯，B3生这个时候就说道："黄老师说了，红灯停下来想一想。"这时候陪读家长和其他老师立马纠正道："是红灯停下来静一静，深呼吸。"B3生继续笑着说道："那我就来深呼吸一下。"随即她做了几个深呼吸，看来她确实把情绪红绿灯的大概步骤记下来了。不过B3生也提醒了我一点，学生的实际生活经验是红灯和绿灯出现比较多，黄灯比较少看到，且实际道路上的黄灯闪烁时间一般都很短，与需要花比较多时间的思考步骤不太吻合。对于特殊学生来说，他们出行基本上是靠步行，或是坐公交，而人行道上一般只有红灯和绿灯。学生的生活经验是红灯停下来之后就是等待，然后绿灯行，所以基于学生的生活经验，是不是情绪红绿灯步骤设计成"红灯停、想一想"，"绿灯行、用一用"两个步骤呢？分两个步骤不仅更符合学生的接受度，而且可以将想的步骤单独列出来，以虚线框来表示，以便于内化之后的思考（如图5-13）？（思—230326）

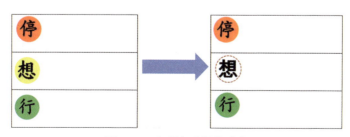

图 5-13　红绿灯步骤的改变

当我发现了这点之后，和家长及研究伙伴做了交流，她们也一致赞同我的看法。有一位家长第二天特意跟我交流"黄老师，我昨天回去仔细观察了一下，确实人行道上只有红灯和绿灯，主道上虽然有黄灯，但是时间很短的"，家长的肯定让我体验到与孩子互动碰撞出火花的感动。这次的经验给我了很大的鼓舞，使我看到虽然自发性的理解知识点对特殊儿童来说具有很大的挑战性，但这并不意味着师生彼此相互支架构建出知识没有可能。

自我保护的主题，因为 B 组学生对于约束警报、接触警报、视觉警报、言语警报和独处警报比较难以理解，虽然他们可能会说出"约束"这个词语，但是在理解起来仍有困难或是不太认识这些词语，因此以他们比较熟悉且认识的词语进行替换十分有必要。如自我、手部、眼睛、耳朵及个人警报，这些词语对于 B 组来说完全认识且理解，可以之代替"约束""接触""视觉"等抽象词汇。而触发我结合身体部位对每个警报的含义进行解释的，是 B1 生在课堂中的无意提醒：当我准备对本节课做出总结时，我特意走到 B1 生的面前指着自己眼睛问他"我们今天学的是什么警报"，B1 生很直接地说出"眼睛警报"，当时我的内心是略显失望的，但是看到 B1 生那胸有成竹的模样，我又转念一想，他所说的不是正贴合了中度障碍学生的理解和表达水平吗？ （观—231025）。

这也让我们发现，即使是在特教领域，师生之间平等对话，给予学生发声的空间，敏锐捕捉特殊儿童无意中流露出的洞见，就有可能促成师生之间彼此互搭支架，共同形成在他们最近发展区内的知识。也就是说，我们首先应把特殊儿童视为学习主体，而不是脱离他们的生活经验，将知识强迫硬塞给他们并且要学生接受，想当然认为他们只会被动的吸收。特殊儿童对教师所发出的信息也会有主体的价值判断和选择，并对教育信息中不熟悉的知识予以转译，以达到理解、消化和吸收，形成新的知识体系和认知结构（潘文福，2010）。维果斯基认为知识是在社会互动当中建构形成的，社会互动存在于教师与学生或学生与学生之间，本研究基于这种教育观点重视和认可孩子的见解，并创造出师生之间互为主体的教室活动。

4. 运用正向功能的角色扮演为学生提供演练技能的舞台

角色扮演策略在社会情感教学中使用频率相当高，借由角色扮演，特殊儿童能够在模拟情境中演练和修正所学的技能，教师也能在这一过程及时引导和鼓励学生做进一步的完善。特殊儿童往往不确定他们是否能成功驾驭各种新的社会情感行为，因而不愿意尝试诸如发起对话，处理与同伴的冲突，或描述自己的所见所闻这样的简单行动。角色扮演的排练能够发展他们的信心，鼓励他们将技能用于实际情境。当学生在各种假设情境中得到足够的练习之后，他们也将更有可能在自然情境中显示出这些技能。

（1）利用具有正向功能的角色扮演刺激学生的自发性表演

在角色扮演中教师可以营造出学生主动、善意的正向行为，不仅仅有趣就可以，还应让学生有自发性的互动，能够在教师所营造的情境中愿意、喜欢用更好的方式和同伴之间进行互动，因为同伴是游戏团体中最重要的支架且游戏情境会影响游戏的进行（杨平如、朱思颖，2013），因此情境设计应具有让学生和同伴之间进行正向互动的功能和意义，而不只是让学生听从指令。鼓励学生在自然情境中去展现自己的行为，建立自己的行为清单，让学生在角色扮演、社会故事、绘本故事等过程中是享受的，并能够获得成就感，例如能够在角色扮演中体验到自己所扮演角色做了什么事情，在自我保护的桌游中，通过回答相应的问题获得成功，最终能够顺利回家等。当学生能够享受其中的乐趣，就会有自发性的正向表现，而这种表现进而也会激发学生自信心，使其建立内控的自我调节。

（2）角色扮演过程中物理空间的调整与移动

在角色扮演过程中如果学生的座位是相向的比较容易使他们分心，本研究经调整后让学生座位皆向着舞台—角色扮演者位置，这样学生都能看到教师及角色扮演者所在的场景。在表演过程中尽量让台下的同学都能看到台上同学的表演，而不是让表演者背对着他们，以使学生专注于表演的内容。同时教师的站位也不可忽视，在辅助的过程中教师也要面对着台下的同学，让他们理解具体的扮演过程。此外角色扮演中教师也应在表演者身边来回走动，当他们不知道如何表演下去时，教师要在他们身后做小声的提示和及时的移动，如在倾听的课程，B生要扮演认真倾听警察叔叔说话的人，这时教师要在旁边提示B生"一看二听三回应"。

（3）实时的回馈与提示

虽然角色扮演情境是假的，但是学生表现出的行为是真的，教师应当给予正面的强化、真诚的肯定和实时赞美。反馈应尽量具体，指出学生做出的正确行为是什么，热情地强调正向的部分，如果有某个步骤漏掉或完全错误，可要求学生再试一遍，清楚告诉他们该怎么做。如此既可强化其正确反应，又可削弱其错误的反应。因为学生对教师的评价很敏感，也很在意教师对其行为表现的看法，教师不要吝啬对他们的肯定，还可以从同伴评价回馈的角度来共同探讨角色扮演中学生对于技巧的掌握情况，让他们有机会观摩和参照同伴是如何处理社会问题的，从同伴的表现中择其善者而从之，其不善者而改之。

（4）尊重学生的创造力

在观察学生角色扮演的过程中，我看到了特殊儿童并不是被动地吸收知识，他们也会时不时展现出自己的想法。印象比较深刻的是在"判断是否真诚道歉"的活动中，教师给出的情境是单纯地"说明不小心撞到其他人，怎么道歉比较真诚"，B2生创造性地将自己扮演成一位老板，并拿着书本当提包，模仿老板的模样大摇大摆地走路撞到其他人。其惟妙惟肖的老板姿态一下子吸引了台下学生的兴趣，大家也更为轻松地从他扮演的老板的动作、表情以及语气中判断出道歉是否真诚。他们甚至还将课堂上的故事角色延续到课后的游戏互动中，例如课间玩耍期间，B1生有时候会说道"我是阿古力，我要生气了"（阿古力是绘本《我变成一只喷火龙》中的恐龙）。这些学生主动创造的过程都是不容忽视的、珍贵的教学资源。

由上述可知，角色扮演前，教师所设计的情境应尽可能给学生带来正向、舒服的感受，以激发学生下次的参与意愿。扮演过程中教师应在充分观察的基础上，对角色扮演的进程作出正确的判断，给予及时的回馈与提示，带领所有的学生进入到模拟的情境中，体会社会情感的运用。对于学生的突发奇想，在不偏离主题的前提下，应给予充分的支持与尊重，因为这些突发奇想可能让角色扮演更具趣味性和魅力。

5. 改编并创造多种社会情感的故事，以其他策略联合进行包裹式教学

绘本故事、寓言故事以及社会故事均可用以指导学生的社会情感学习：以"图画"来说故事的绘本教学通过突出的视觉效果帮助学生理解抽象、看不见也摸不着的各种心智活动，提供了心智发展和解读的支架作用（王贞琳，2010），蕴含着品德教育、结构简单的寓言故事经过调整之后亦可作为

教学素材引发学生的思考，而基于学生经验所编制的社会故事更有针对性与实用性。本行动研究开展之初只单纯地选用了绘本故事与社会故事进行社会情感教学，结果发现学生对于所教授的故事和技能并未有较深的印象，且很难产生联结。为了解决这个困惑，我又回到了文献，发现若只单独采用绘本或寓言故事，学生可能会缺乏将技能应用到生活情境的机会，而若只用社会故事，学生可能只是囫囵吞枣地死记技能涉及的步骤或机械地执行它，却不了解其中缘由或意义，也难以自行将其类化到其他社会情境中。而若将这三者结合使用于教学，绘本故事和寓言故事可在课上作为集体教学的材料，诠释与主题相关的社会情境与概念，具有个性化的社会故事可作为课后学生的阅读材料应用于一对一的辅导中，并担任提示的功能。故本行动中综合使用这三类故事。

（1）绘本故事

a. 绘本故事的选取与改编

"好的开始是成功的一半"，考虑到特殊儿童的认知程度，研究中尽量选取文字较少，内容生动活泼，用词浅显，图片明显又能反映课程主题的绘本，且在行动过程中会根据学生的实际能力与反应，在既定绘本上作出一些调整（如表5-1所示）。例如学习善意与恶意的判断时，选用《嘘！我们有个计划》这种字数少的绘本不仅对于班级学生比较有吸引力，也让我有较多的发挥空间。在讲故事的过程中，准备好小鸟的道具后，我分别请不同的学生模仿故事中的老大、老二、老三和老四与小鸟的互动，增添有趣的背景音乐，并在关键之处及时将故事与本节课内容做联结：

师："为什么老大、老二和老三总是失败？"

生："因为他们是不好的，要抓小鸟。"

师："说得很好，他们是想把小鸟抓起来、对小鸟不好，这就是恶意的表现。"

师："老四为什么能够受小鸟欢迎？"

生："因为他对小鸟好。"

师："所以这种就是善意的表现。"

通过这种简单有趣的绘本故事和比较通俗化的解释，学生明白了恶意和善意的意义，体验到两种做法截然不同的结果。如故事中老大老二老三接连几次抓小鸟的恶意行为，不仅会伤害到别人，最后还会伤害到自己，老四的做法却不同。他请小鸟吃面包，总是友好地和小鸟打招呼，没想过抓小鸟，却不费吹灰之力让好多的小鸟聚集到他身边。这种善意的做法不仅能帮助到其他人，自己也会觉得快乐。讲完故事后，我结合学生的生活经验提问："如果只有你一个人对自己的做法觉得好玩或开心，如故意把水洒到别人身上、把同学的东西藏起来、同学腿脚不方便你却要让他和你赛跑等，这是善意还是恶意？"通过讨论，学生明白了：身边的人觉得生气或不开心了，这件事有可能是恶意的，可能会对别人或自己造成伤害。进一步总结：如果你自己和身边的人，对你的做法都觉得舒服，这件事很有可能是好的、善意的，会给别人和自己带来温暖，如帮同学搬椅子、生日请大家吃蛋糕等。在讨论的过程中，我还会让学生进一步思考，分析善意和恶意这项核心价值对我们有何重要性。

对于文字比较冗长但又很符合课程主题的故事，可利用图片和文字说明把故事进行简化，选取其中能反映故事核心的内容和图片，用学生可以理解的词句表达，如对《小熊要当邮差》故事的处理。因为"邮差"这个词语离学生的生活比较远，可将名字改为《小熊要当快递员》，并以 PPT 呈现故事内容。同时 PPT 上面的文字也尽量不要过多，可只呈现重要的字眼，让学生能够抓住此阶段的上课重点。关键词可以加粗或变化颜色、搭配动画或图片。如学习尊重与包容时，因为班级学生普遍比较好动，虽然现成的相关故事也不少，但篇幅均比较长，在和班主任讨论之后，我决定选取《不一样的长跑者》这一故事作为教学素材，并进行简化。真正上课的那天，学生们果然对这个运动题材的故事比较感兴趣，尤其是运动健将 B1 生，迫不及待地想尝试故事主角的表演。其他简化的绘本故事包括沟通主题中《用爱心说实话》以及学生课后作业单中的《小箭鱼 COCO》《狼大叔的红焖鸡》等，处理原则均是力求让故事的表述和呈现方式接近学生的最近发展区。

表 5-1　绘本故事的调整表

主轴	主题	调整前	调整后	调整原因
社会信息的运用	不小心与故意的区分	《我不是故意的》	《我不是故意的》	第一次选择的绘本主人公是小猴子杰西，他所犯的错对于学生来说比较遥远，如划山羊的木筏结果不小心将木筏撞坏了；第二次选择的绘本故事主人公是自闭症患者羽山，与羽山类似，研究对象班级中也有两名自闭症患者，他们因为不理解社会或游戏规则有时候会做出一些可能令人不舒服的行为，如玩游戏时弄乱了大家的棋子。每当这时候几位参与者就会很生气，拒绝让他们参与，我希望通过这个故事引导参与者认识到班级的两名自闭症患者的行为不是故意的，并延伸知识让孩子们认识到其他重度障碍的学生也可能是一样的情况
	善意与恶意的区分	《善意的谎言》	《嘘！我们有个计划》	《善意的谎言》文字过多，内容较深奥，对于几位参与者来说要通过表面上的现象理解背后的善意含义挑战系数比较大；《嘘！我们有个计划》文字简单易懂，故事中老大、老二和老三用粗鲁蛮横恶意的方式想要捕鸟，结果屡战屡败，而老四却以善意的方式获得小鸟的青睐，借由有趣简单的故事让学生理解善意与恶意的内涵
		《小白猪》	《狼大叔的红焖鸡》	《小白猪》的故事需要学生有较强的阅读理解能力，能够转变思维思考故事中想要表达的善意，对于 A 组学生普遍来说还是比较困难。而《狼大叔的红焖鸡》情节简单，易于改编
	问题与方法	—	增加《小黑鱼》	学生们普遍对故事有较大的兴趣，而故事中的小黑鱼前后两次不同解决问题的方式得到截然不同的结果，与本节课的主题非常契合，因此加以运用

主轴	主题	调整前	调整后	调整原因
社会问题的解决	基本沟通	—	增加《用爱心说实话》	话题的开启对于参与者来说问题不大，但是通过平时的观察我发现他们无法根据沟通的时机、场合选择恰当的沟通方式，常因说话方式不当而伤害到其他人。这本绘本很好地诠释了怎么用好的方式在正确的时机和场合中表达自己的需求或想法
	尊重与包容	—	增加《不一样的长跑者》	尊重与包容比较抽象，需要多多借助实例、故事、图片来帮助学生理解。这个故事的取材与学生的生活经验比较贴近，学生在生活中也可能会遇到被要求去帮助比自己弱的学生的情况。这个故事通过主人公心理历程的转变具体展现了如何尊重与包容在某些方面不如自己的同学，同时以跑步为主题的故事更能引起学生的共鸣

b. 与角色扮演的结合

将静态的绘本故事与动态的角色扮演相结合，尤其适合本研究中几位比较活泼好动的参与者，让学生把自己代入故事情节，与故事角色产生对照，在这一静一动中体验角色的情绪变化和沟通方式、行为表现。如将绘本故事分角色朗读，在这个过程中，学生们还会自己灵活应变，例如在分角色朗读《爱打岔的小鸡》时，书中的小鸡原本是说"我会乖的"，B1 生自己说成"我会听话的"，B2 生则说成"我会睡觉的"，虽然句子和原文不太一样，但意思相近，这种学生自己改编的语句值得更多的肯定与鼓励。对于 A 组学生，还可以通过有感情地朗读表现出角色的情绪，并模仿他们的动作和神态，让他们身临其境地感受故事人物的变化，让学生跳脱出自己的中心，以角色的角度参与故事的讨论。在介绍《情绪怪兽》时，给不同的情绪命名（开心是乐乐，难过是忧忧，生气是怒怒……），让学生认领不同的情绪角色，并介绍各自角色的特征。教师在回顾故事时，学生看到自己的角色时，都会开心地说"这是我演的"，如此能够体会到绘本故事与主题内容的关联性。

（2）寓言故事的改编

这学期班级学生的语文课程刚好开始学习寓言故事，我在课上根据教学的需要也选择合适的寓言故事进行改编，这些故事一般比较通俗易懂，情节简单。例如在《真诚与不真诚》的主题中，我选取了《狐狸与仙鹤》作为素材。对于这个故事几位参与者感觉比较陌生，为了让学生借由这个故事初步理解真诚与不真诚的含义，我只选取了故事了中狐狸请客的情节。配以视频和图片讲解，我将狐狸故作大方请仙鹤吃饭，却用平底盘盛豆汤，仙鹤长长尖尖的嘴根本无法吃到豆汤的过程呈现出来，并辅以下列的学习单（图5-14），通过两种餐具的对比让学生体验到狐狸的不真诚。在第二个问题中当问到"为什么狐狸不是真诚请仙鹤吃饭"时，A3生表示"因为要是真的话，他就是要，那个，瓶子"，这显示A3生已经能够理解狐狸的做法是不真诚的。我将A3生的回答做了一个总结："对呀，他如果是真心实意请客，就要尊重仙鹤的生活习惯，要用瓶子是吗？"A3生点点头表示赞同。通过这个"为什么"的问题也帮助B组学生理解了故事的意涵，并顺利回答第三题。

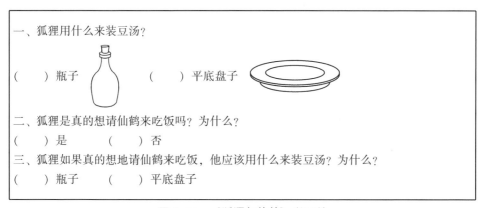

一、狐狸用什么来装豆汤？

（　　）瓶子　　　　　　（　　）平底盘子

二、狐狸是真的想请仙鹤来吃饭吗？为什么？
（　　）是　　　（　　）否
三、狐狸如果真的想地请仙鹤来吃饭，他应该用什么来装豆汤？为什么？
（　　）瓶子　　　（　　）平底盘子

图5-14　《狐狸与仙鹤》学习单

在学习善意与恶意中，选用的《狼来了》的故事除了A1生已经听过，其他学生是首次了解。这个故事一般用于教导学生要诚实做人，不可撒谎，在本节课中则用来重点引导学生理解"为何狼真的来了时村民不相信小男孩的话"，从而使学生明白：恶意的玩笑和谎言会使人失去别人的信任。通过讨论"前两次放羊的孩子喊狼来了的时候山下的人是怎么做的、怎么说的？""放羊的孩子是怎么说的？""第三次放羊的孩子喊狼来了的时候山下的人是怎么做的、怎么说的?""放羊的孩子最后怎么样了?为什么?"这些问题,帮助学生捋清故事中哪些情节是恶意的表现、哪些情节是善意的表现,从而理解恶意和善意的含义。

《狼来了》这些人们耳熟能详的寓言故事即使对于理解方面有困难的特殊儿童,也具有重要的教育意义。只要配合教学目标,以浅显易懂的词句阐明主题内容,结合相关的价值观议题,引导学生反思个人经验,它们最终也能服务于学生的社会情感学习。

(3)社会故事的编制

因为 A、B 两组学生的阅读理解能力不同,同一主题的社会故事需用不同的编写方式,B 组的社会故事结合图片,语句尽量简单易懂,A 组则按一般社会故事的要求编写。在编写过程中以第一人称的观点和正向的语言来叙述,每个故事包含一个社会情感的主题或概念,二者均可结合提示卡来辅助阅读故事,以问题解决办法主题的社会故事为例:

表5-2　问题解决办法主题的社会故事（A 组）

面对不喜欢的同学,怎么办?
我叫××,我是 HS 六年级的学生,我喜欢和班级同学一起玩。但是七年级的米同学经常要到我们班,他每次来都会乱说话或是干扰我们班的活动,我觉他是故意这么做的,但老师说他并没有恶意,只是为了吸引我们的注意,这仍让我觉得很不舒服。 我想要和班级同学解决这个问题,我想到了几个办法:如果我们对着米同学大喊"你给我出去",他可能会生气,然后和我们吵架;如果我们直接把他拉出去,他的个头那么大,我们可能会受伤;如果我们不理睬他说的话、做的事,他可能会觉没意思,以后就不会来了。我决定用不理他这个办法试一试,老师和同学也觉得这个办法比较好!因为这样我们都不会受伤。

表5-3　问题解决办法主题的社会故事（B 组）

 情境一	**面对不喜欢的同学,怎么办?** 我叫××,我是××学校六年级的学生,我喜欢和同学一起玩。但是七年级的米同学经常到我们班乱说话、干扰我们,我觉他是故意的,但老师说他并没有恶意,我还是觉得很不舒服。

续表

 情境二	我想要和班级同学解决这个问题，我想到了几个办法：如果我们对着米同学大喊"你给我出去"，他可能会生气；
 情境三	如果我们直接把他拉出去，他的个头那么大，我们可能会受伤；
 情境四	如果我们不理他说的话、做的事，他可能会觉没意思，以后就不会来了。我决定用不理他这个办法试一试，老师和同学也觉得这个办法比较好，因为这样我们都不会受伤！

　　如表 5-2 和 5-3 所示，针对问题解决办法主题的社会故事编写，选取的是全班学生当下及未来都面临的问题——七年级的米同学总是喜欢跑到六年级乱说话或干扰班级活动。每次他一进入六年级，不管是 A 组还是 B 组学生就会开始大喊着让他出去或是用推拉方式，但这不但不起作用，反而让米同学觉得好玩有趣，甚至有可能刺激到双方产生更激烈的冲突，为此班主任也有些苦恼。结合所学的问题解决红绿灯内容，我决定从"分析问题、思考可能的解决办法及选出好的办法试一试"这三个层面来编写社会故事，帮助学生厘清社会情境问题，探索有效的解决策略。同时考虑到特殊儿童的特点，在上完课之后教师对 A 组和 B 组学生的社会故事阅读均提供了指导，对于 B 组还进行了个别指导。社会故事教学有一个突出的优点，那就是随时都可执行，尤其是在事件发生的前后阅读社会故事，更可能产生立即练习和回馈的效果。

　　整体而言，在讲社会情感故事的过程中，可借助班杜拉的社会学习理论来分析学生学习的历程：

注意阶段：故事内容与题材的选取首先要符合学生的吸收与接受能力，简短有趣又具有互动性的情节以及形象生动又充满未知的封面，对于特殊儿童具有较大的吸引力。例如当我呈现出《不一样的长跑者》故事封面（封面上主人公小飞和盲童龙龙手绑在一起跑步）时学生们都很好奇地问道："他们为什么要绑在一起跑步呢？"当我呈现《小熊要当快递员》的故事封面时，学生一看到"快递员"这个词语立即想到自己家的快递。这种具有悬念或符合学生生活经验的开端，能够将学生的注意力吸引到故事内容上来。而具有重复性、简单有趣的情节，是让特殊儿童对故事保持注意的根本。如《爱打岔的小鸡》中，每次小鸡都跳出来把鸡爸爸讲的故事结局透露出来，一次又一次地打断爸爸的故事，致使鸡爸爸无法继续讲故事，最后小鸡一个故事也听不了；《嘘！我们有个计划》中，老大老二老三一次又一次的计划失败和每次老四对小鸟打招呼形成鲜明的对比。这种简单明了的情节能让学生轻松地注意到故事中角色的行为表现，而不至于在烦琐的情节中云里雾里，那些烦琐的情节不仅无法使儿童体验到角色的表现历程，还可能使其因不理解故事内容而神游于故事之外。例如故事《我变成一只喷火龙》，虽然情节也比较清晰，但是过于冗长的描述使特殊儿童很难完整地听完故事，更别说理清故事内容了。

信息的保留：可通过设计简单的活动让学生参与其中并引起其共鸣。最经常运用的活动就是让学生饰演故事中的不同角色，从角色角度来表达出他们的心声。以这种身临其境的方式学生模仿角色的言谈举止，与自身生活经验相串联，从而将故事中角色的行为进行编码组织并在演练中表现出来。实际教学中，教师对每一则故事都尽可能配以图片或视频，辅助 B 组学生理解，使其快速提取故事的主要信息。以《壮壮吃晚饭》的故事为例，可通过呈现情境图让学生了解故事情节：壮壮一开始因对晚饭不满意而生气不吃晚饭，之后妈妈让他到房间待一会儿再聊，最后壮壮从房间出来说"我生完了，我想吃啦"。让学生分别扮演壮壮和妈妈，并讨论这些问题：壮壮为什么生气？妈妈让壮壮怎么做？这种做法正确吗？为什么？通过表演和讨论，让学生知道生气的感觉是允许的，但是行为却可以分为正确与不正确的，壮壮采取的行为是正确的，因为这种做法符合了不伤人、不伤己、不破坏的要求（复习之前所学的内容）。通过故事中妈妈让壮壮先离开到房间休息的办法，把生气的情绪赶走了，引出

"冷静"的概念：一种让自己放松、舒服的感觉。当请学生说一说什么活动让他们有这种感觉时，扮演壮壮的 B2 生说"去外面玩"，我顺势帮他做了总结"所以当你觉得生气时，可以选择到外面玩一会儿让自己冷静下来"。借由与故事主角相比较，引导学生寻找自身生活中与主角类似的经历，理解"冷静"的意思，并将该信息保留在自己认知模块中，这种信息模块即使不完整仍有利于后续行为的产生。

重现：在实际情况中将故事中的技能重现出来的程度因人而异，很多时候特殊儿童可能在前一阶段中只是保留了部分信息，需要多次的重复练习与提示，并将之前所学到技能不断叠加到新学的技能，将故事中所强调的技能与其他的策略动态结合，以促进技能的重现。例如上述故事中壮壮冷静的例子不断出现在和情绪处理有关的活动中（如情绪红绿灯的学习），以这种的不断浸润的方式，帮助学生持续地理解与练习冷静下来的方法。练习与提示是有作用的，从三位 A 组学生的表现来看，重现正确的冷静方式确有较明显的进步，至于 B 组，在提示之下偶有技能重现行为，仍需要更多时间和机会的实践。又如《我不是故意的》故事中的羽山，因为患有自闭症他无法了解很多社会规则，对固定的事物需求十分强烈，即使是参加唱歌比赛也一定要带着他的小红车。羽山的同学从开始的不理解到后面知道他并不是故意的，甚至在比赛那天，所有的人都带了一部小红车，大家包容了羽山的个人习惯。我的研究班级中也有两位自闭症患者，其中的 B4 生在玩桌游时因不理解游戏规则总是把大家的棋子弄乱。每每遇到这种状况，A2 生和 B1 生都会气得直接对着 B4 生吼叫，在讲解完这个故事之后，再出现该状况时，我会让他们先想想羽山和他同学的表现及做法。明白了 B4 生也不是故意的之后，A2 生和 B1 生对于他"扰乱游戏"行为的劝阻方式柔和了些许，他们会转而告诉我"老师，B4 生把棋子弄乱了"。

动机：形象生动、通俗易懂的故事描述不仅有益于学生的理解，更能激发学生参与课堂的动机。如对于情绪这种抽象的概念，《彩色怪兽》帮助学生说出了各种抽象的情绪感觉："伤心像海水般轻柔，又像绵绵的下雨天""害怕像小偷一样，总是躲躲藏藏，不断逃跑"等。在这种媒介之下，学生也愿意在提示中简单说一说什么事会让他们有这些感觉。毕竟如果学生在聆听故事的过程中失去了乐趣，故事也就失去了其魅力。当学生对故事有强烈的动机时，教学将可达到事半功倍的效果，也能激发学生将故事角色或情节串联到生活的可能性。

6. 同时运用真实人物和虚拟人物的影像教学

选择学生熟悉的人物拍摄成教学视频并呈现于课堂，当看到熟悉的人物和地点时，学生往往会哄堂大笑，所关注的焦点也偏离主题。而班杜拉社会学习的楷模可以是真实人物，也可以是卡通动画或影片里的虚拟人物。因此在后续的课程中我尝试选择学生比较熟悉和喜爱且与教学目标紧密相连的影片作为素材，通过影片欣赏之后的角色扮演和延伸讨论及学习单练习，学生获得间接的学习经验。

在选择具有正向做法与负向做法的对比视频时，情节尽量以学生在学校实际生活中可能遇到的情境为主，贴近学生的真实生活情境。即使是中度障碍的学生，在这种对比明显的影像中也能体会到正确的做法。对于希望学生注意的重点画面和情境，加上字幕或声音的特效，如期望学生察觉到影片中主角生气的情绪，可在主角生气时添加爆炸的音效，教学者在教学时适时引导和说明，以利学生学习相关的技巧。

影片也能够将抽象化的概念具体化，如《爱在感恩里：尊重与包容》对于"尊重"这一抽象概念的阐释。影片中小米说话不清楚，但同学们并没有嘲笑她，而是告诉她每个人讲话的腔调都不太一样，耐心地让小米讲慢一些。同学们的表现，展示了"尊重"的具体行为。此外，生动活泼又兼具娱乐效果的影片比教师以口说传递知识的教学方式更能吸引住学生的目光，尤其是对于注意力持续时间短的特殊儿童而言。这一点在 B1 生身上表现得尤为明显，每当我开始播放影片，他就会停下手中的事，立马坐直身体，眼睛盯着屏幕，认真地观看影片内容。而 B2、B3 和 B4 生在提示下还能表达出影片内容的关键词，当然基于他们的注意力特点，教学影片长度不宜过长（观—230419）。学习有关冷静的概念时，原本我计划借由《我变成一只喷火龙》的绘本故事影像加深学生对于冷静的理解与运用。但在上课过程中我发现除了 A 组学生，其他学生虽然一开始被吸引了过来，从第四五分钟开始他们的注意力就开始分散。虽然这个绘本故事视频绘声绘色，但是动态视频转瞬即逝，如果视频播放时间过长，

B 组学生很难抓住其中的关键点从而丧失兴趣，后续可能还要结合图片进行讲述。

在教学过程中我逐渐发现，有些教学视频的逻辑性、层次感与延伸性也值得教师深入探究。有几次当我播放视频时只是单纯介绍其中的内容与角色，对于背后的逻辑性并未察觉，致使有时候学生看完视频只记得其中的几个人物角色而不知道目的何在。"这些影片其实挺好的，你能拷贝给我一份吗，我想回去带着 B5 再学习一遍"，陪读家长一次无意中的要求点醒了我，我意识到可以从更深入的角度对影片素材加以挖掘。尤其是 B 组学生，他们有时候很难深入了解影片的主题义涵，教师须对影片多加解说，促进学生的了解。如《青春期会发生的事》这个视频主线包括：女孩青春期的变化——男孩青春期的变化——男孩和女孩青春期共同会遇到的问题和变化，教师在观看的过程中可根据这种层次感引导学生观看，并设计相应的学习单，这样学生也能较快地抓住其中的核心重点。其中提到的一些青春期的小技巧，可作为之后的教学素材，例如请学生把自己正在经历的感受说出来，找人谈谈或是以画画和写日记的形式进行表达。另外，影片所提到的青春期学生的情绪起伏较大，如不能和同学一起参加学校组织的活动主角觉得生气或失落，这一点与班级大部分学生的表现都是吻合的。尤其是 B2 生，如果被取消和其他同学参加一样的活动（志愿者活动、社会实践等），他一定会有生气、不开心的情绪。教师可将视频所阐述的表现与学生平时表现结合起来讲解，让学生明白自己为什么会这么做，及如何改进。因此好的教学影片可以让学生和教师从中受到不少的启发，当获取恰当的教学资源时教师可根据教学需求进行灵活的变通与运用。

此外，有些细节上的改变会影响着影片的运用效果。例如我曾在教学过程中遭遇过影片播放不顺而延宕或影响原教学时间的配置、施教中网络链接失败重试等。之后再利用视频开展教学时我都会先下载好影片并在课前做好相关设备的检视，以避免在课堂上还要联网打开网页等。相关影片教师应先分析其中的影像、情节、构图、角色等，并选取适合的片段，具体呈现特定学习知识或抽象难理解的概念。通过学习策略的运用与教学活动的安排，让学生能够理解和认同影片中所呈现的知识及观点，以获得更直接的学习经验。

上述内容讲述了本研究所用的主要教学策略的调整实施历程，包括新增桌游，将绘本故事、寓言故事和社会故事视为整体，在支架中纳入学生的作用、发挥师生的言谈支架等，简要整理成图表5-4所示。大多数社会情感情绪课程的教学者都会倡导积极的教学形式，让参与者以多元的方式参与课堂（Yoder & Devaney，2015），包括游戏，角色扮演等。虽然活跃的教学形式通常能够吸引学生更积极地参与，但这些活动不仅仅是为了娱乐，教师在熟悉学生之后应选择最适合他们的策略，并做出相应的改变。

表5-4　教学策略调整与转化表

调整、转化实施前	调整、转化实施后
	增加桌游和小游戏
支架策略：以教师事先设计的支架材料为主	纳入学生对教师的支架作用、分组支架
社会情感的故事：以现有的绘本故事为主；社会故事以文字叙述为主	增加寓言故事；将绘本故事与角色扮演相结合，对绘本故事做适当的改编与替换；社会故事个别化，B组注重图文结合
角色扮演：以教师原本预设的情境为主	练习过程中，融入学生的想法
影像教学：选取或拍摄与主题相关的影片	保留主题性的基础上，注意时间的长度、内容的逻辑性、选择性及准确度

（三）调整实施后学生的反应

调整后的教学策略从各个层面提升了学生的学习动机与成效，也提升了教学效率。把教学的目标融入游戏中，让学生潜移默化中学会相关能力，如此一来学习就会变成一件快乐的事，学生也较容易从中获得自信心（志—230329）。

运用各种支架则有助于知识的联结与建构，学生之间发生的任何日常事件都可作为教导社会情感的素材，以反思性对话来发现问题并探索解决方案，教师通过重构情境、倾听、反思和参与对话来回应学生的问题，帮助学生建构自己的知识概念。而各种材料支架对B组尤其需要，比如B1生在学习单和对应故事情节图片的提示下，能够又快又准的选出来（观—231016）。如果只是口头上说一说，B组学生会很快将所学内容遗忘，借由任务卡作为媒介与教学主题再次联结的过程，加强了他们对于主题内容的输入与理解。此外学生有时候也会支架教师对教学设计的思考，本方案中红绿灯步骤的改变及其他教学材料的选取都离不开学生的真实反应和表现所给的启发，也让师生之间互为知识构建的主体。

将绘本故事、寓言故事和社会故事交汇使用，在本行动中占有重要的比例。在引入一些比较抽象的概念或比较难以直接用语言向学生描述的困境时，如各种情绪感觉，运用故事作为间接的媒介尤其有效，也正是通过这些故事，几位参与者得以意识到自己可能存在但却表达不出来的问题，并建立正确的社会互动概念。而将社会情感故事与角色扮演相结合，不仅有助于学生体验角色的状态，更让学生在自然情境中回应了文本内容，如上文所提及的学生将故事中的各种角色带入生活中并加入自己的想法，因此参与者在假设自己为他人或他物的想象内在过程，借由模仿或扮演的外在过程，把自己的内心与外在世界结合起来，自在而有趣味地学习。此外，影片教学、强化、示范等策略都起着不可忽视的作用，各种教学策略对于学生的学习成效将在第五章做进一步的具体分析。

三、社会情感教学策略调整、发展与转化实施历程的结语

在"社会情感能力培养的课程方案中"中，运用的教学策略有角色扮演、示范、强化、桌游、社会故事、绘本故事、支架等。从几位研究参与者的评估结果及质性资料得知，这些教学策略有效提升了学生的社会情感能力，其中桌游、角色扮演和社会情感的故事明显地提升他们的学习动机和成效。强化、示范、支架提示等策略因容易操作，在现场教学的使用频率较高，这与Kemp（2015）针对教师使用社会情感教学策略的调查研究结果相吻合。总之，将这些策略以包裹形式综合运用，在实际中能达到一加一大于二的效果。

考虑到社会情感教学有别于一般传统学科教学的讲解或说明，本方案在动机、发展与总结各活动环节均做了不同的设计与安排。在社会情感课堂教学的"引起动机"部分，力求通过故事、影片、游戏或讨论等方式，引起学生对主题的学习动机与注意。在"发展活动"部分，选取或编制与主题相关的故事、影片、事例或游戏等素材，通过学生能够理解的教学语言进行技巧步骤分析、提示及说明，支架学生完成相应的课堂学习单。对于特殊儿童而言，几乎每一项技能都需要足够的练习，因此角色扮演与练习是发展活动中非常重要的环节，要确保每一位学生都有机会练习，即使学生的某方面社会情感技能已有良

好表现。对于这种情况，可通过扮演配角，增进学生对社会情感课程的参与，并在演练结束之后及时的回馈和修正，淡化事件主角被标记的可能性。在"总结活动"环节，主要对本节课的内容作出要点概括，说明或指导学生的课后作业单、学习单，以增进学生维持习得之技巧。对学生当天的课堂表现进行强化，发现每个学生学习的优缺点，便于之后的改进。同时在每个主轴结束之后，会专门安排一至两节课以桌游的形式对该主轴各个单元主题进行总复习，巩固学生对各项技能的精熟度。

就教学场域和时间而言，由于特殊儿童推理、类化能力的不足，教师教学时应尽可能创设"零推论"接近生活的学习情境，减少"再推论"的思维过程，以提升他们将习得知识与技能用于真实生活情境的成功率。故 Castorina 与 Negri（2011）认为应在真实而非抽离的环境中培养社会情感能力，吕梦（2016）亦认为自然化的教学环境能够促进儿童更好发展人际关系，仅依靠单纯的课堂时间和教室环境显然是不够的，需要在生态环境中拓展儿童社会情感表现的时间和空间。在本研究中，日常生活中的教导在特殊儿童的社会情感学习中扮演着重要的角色，教学场域被扩展至教室之外，甚至是家庭小区，教学时间也延伸至学生每日活动的安排。从自然情境中抓住教学的机会，有助于提高特殊儿童的社会情感能力。本研究除了上下两学期每周二至周三的约 70 节非抽离式的课堂教学，尽可能地将学习内容渗透于环境、提示卡以及人的支持中。环境指教室环境的准备，例如将情绪红绿灯的步骤呈现在教室墙壁上；随时随地的提示卡，将每个主题浓缩精华，制成的小卡片在日常生活中可灵活加以运用；人力的支持，因研究者和合作者均在教室办公，基本上每天和学生相处在相同的空间和时间内，能够及时观察到学生一举一动，并在当下给予及时的教导。

第三节　评估方式的调整与转化实施

本研究主要通过自编的课程本位评估单元检核表、学生在课堂上和教学前后表现的观察、对参与者的家长和教师的访谈等，了解学生在教学过程中应用知识的能力。这些评估方式在实际运用过程仍需做进一步的调整，具体如下所述。

一、调整的原因

因本研究几位参与者的障碍程度不一，如对于学生版的课程本位评估 B 组无法理解检核表中抽象数字等级所代表的意义，同时随着课程教学内容的调整，评估方式自然也要随之做出变化。而自然情境中比较少或难以观察到技巧，可能需要增加其他方式来获得更有效的数据，具体调整和实施过程如下所述。

二、调整与转化实施的过程

（一）课程本位评估：提升针对性，强调 B 组的个别化设计

任何以实际上课的课程内容为依据，来考虑学生技能发展的程序，都可称为"课程本位评估"，且教师自编的测验可以依照目前的教学进度和需要弹性地设计所需要的评估。本研究课程本位的检核表工具，最初选用现成的《学生社会情感能力现况调查表》，之后经过讨论，认为这份调查表与本研究的课程内容无法达到较高的吻合度，不能反映教学效果，最后决定只采用自编的教师（家长）和学生的单元检核表。

因为最初自编的检核表在语句表达方面有些过于抽象，且有些评估项目比较笼统，聚焦点不明显，与课程内容的衔接度较弱。研究伙伴建议为了能够让家长和学生更理解检核表的内容，在语句叙述方面尽量通俗易懂，并根据教学内容调整检核的项目，在保持检核表基本架构的基础上拉近评估项目与课程之间的距离。例如，社会信息的主轴中，将"目标"的概念弱化，聚焦于教导儿童社会情感互动中对意图的判断以及如何运用社会信息解决问题，在评估项目上删除原来比较抽象的"工具性目标、关系性目标"等用语以及其他有关"目标"的选项，增加更有针对性的检核内容，如"会通过表情判断别人的行为是不小心发生还是故意的"。将具有重复性的项目合并，如"在选择策略时，会考虑评估性维度，如安全——危险、友好——不友好""决定使用策略前会考虑策略的优缺点"与"会选择可能产生积极结果的社会策略"，三者表达相同

的意思，即如果能够选择具有积极结果的策略，那么一定要先思考策略的维度和优缺点。故将这三项合并为"对于所遇到的社会情感互动问题，会选择能够产生积极结果的方法"。而对于一些范围比较宽泛的项目则根据课程内容分解成几个更具体的题目，如将"具有熟练自我保护技巧与危机应变策略"改为与约束警报、触摸警报、视觉警报、言语警报及独处警报相关的选项，如此更能精准地知道学生经过本课程学习之后的变化。同时受限于时间，原本既定方案中少部分内容本研究还未执行，因此这些内容也暂不作为课程本位评估的对象，如接受拒绝与妥协，具体的检核表见附录一。评估检核表由熟悉学生的家长、教师在每个主轴教学前后进行填写，其中情绪管理主轴共 19 题，1—11 题主要评估学生在情绪的辨识、行为的区分及情绪原因结果分析的表现，12—19题主要评估学生恰当表达情绪的表现；社会信息运用共 14 题，1—10 主要评估学生对于各种社会情感互动意图的判断与运用，11—14 题主要评估学生运用社会信息应对社会互动问题与想出办法的表现；社会问题解决主轴包括三个单元20 题，1—6 题评估学生友谊管理的表现，7—13 题评估学生基本沟通的表现，14—20 题评估学生两性互动的表现。

　　我和研究伙伴一致认为 A 组 3 名学生有能力完成自评，因此 A 组每个主轴的自评内容与上述教师（家长）的检核表相似（图 5-15）。五名 B 组学生无法使用自评式的检核，经过与研究伙伴的讨论，每个主轴结束之后对 B 组采取的是问答或实际操作的方式进行评估（图 5-16）。B 组在评估过程中有时候需要教师辅助讲解题目的要求，帮助其理解题意，顺利作答。学生的检核结果可作为教学进行调整和改进的依据，如社会信息运用的检核结果显示，学生普遍对通过事件来区分社会意图比较有困难，在该主轴的复习课中教师重点强调了如何通过发生的事情来分析判断别人是故意还是不小心、恶意还是善意、真诚还是不真诚。适合个别化差异的课程本位评估，能够协助教师了解学生学习困难的症结，进而厘清、修正教学内容或目标。

社会技巧学习成效检核表（教师家长版）

亲爱的老师/家长：

　　本检核表旨在提供教师/家长评量学生在生活情境的社会情感表现，本表可定期于每单元教学前后实施，其内容包括在情绪管理、社会信息的运用以及社会问题的解决。您可根据近半年学生该项行为的出现率，由高至低给予不同的分数，并填入适当空格内，例如："总是如此"为 5 分、"经常如此"为 4 分、"有时如此"为 3 分、"很少如此"为 2 分、"从不如此"为 1 分。对于学生未曾有过的经验，或尚未有机会观察的行为项目（如：两性议题），您可先行填写 1 分（从不如此）。

分数 项目	评估次数/日期		
	1/	2/	3/
一、情绪处理篇			
1.能分辨自己基本的正向情绪(如：高兴、快乐等)			
2.能分辨自己基本的负向情绪(如：愤怒、悲伤、恐惧等)			
3.能分辨他人基本的正向情绪(如：可以从别人的表情、语气、动作等中察觉分辨)			
4.能分辨他人基本的负向情绪			
5.能表达自己基本的正向情绪			
6.能表达自己基本的负向情绪			
7.能根据情境或情绪强烈程度，选择可被接受的适当方式表达情绪			

图 5-15　社会情感能力培养成效检核表（教师家长版）节选

社会情感能力培养成效检核表（B组学生版）

学生姓名：

填写说明：因为B组的识字能力、理解能力和口语表达能力有限，本测试过程需提供解说服务，由教师或家长协助学生理解题义和选项，对于口语表达部分只要能说出关键字。

主轴一：情绪管理

一、（基本情绪的区辨）连一连。

难过　　　　开心　　　　生气　　　　害怕

图 5-16　社会情感能力培养成效检核表（B 组学生版）节选

（二）同时兼顾自然情境观察与课堂观察

　　为了让评估的视角根植于真实情境，观察记录成了十分重要的评估工具。本研究的观察内容包括学生和教师在课堂的表现，以及学生在课后自然情境中的表现。自然情境的观察主要是及时记录学生日常活动中发生的社会事件的关键词句，在当天结束之后及时做完整详细的描述和必要的反思，启发教师在教学理念或内容上的调整。

体育课时，A2 生因为站的不稳而摔了一跤，B4 生在旁边手舞足蹈地欢呼"喔，A2 生摔倒了"，A2 生听了很生气。我问他："那你是怎么做的？""我就直接走开，不理他了。""你的这种做法是允许的，我知道他这么说你会生气，但是我们也知道 B4 生是不理解这些情景的，他不是故意这么做的，所以你选择了直接离开的方式，不会伤害自己和 B4 生，对双方都是一种比较好的办法。"A2 生听完之后赞同地点了点头，但也表示如果 B4 生每次都这样他确实会很讨厌的。这也让我开始思考，其实有时候老师也会对学生持有刻板的认知，对于 A2 生这种能力强、有优越感、优点和缺点都比较明显的学生，既要给予较多的挑战和要求，也要公平地对待他与其他同学，给予其应有的奖励和信任，以及表达自己真实想法的机会。就像他每次和 B4 生发生冲突，不能仅仅看到表面上 A2 生能力强而 B4 生患有自闭症认知能力弱就直接判定是 A2 生的缘故，有时候真的是因为 B4 生乱说话所引起。即使 B4 生是无心之过，但也不可一味地偏袒 B4 生，总是让 A2 生包容 B4 生的言谈举止，也应适当的加强对 B4 生的教育，也就是是双方都应承担自己的责任。B4 生不可总是乱说话，A2 生也不可因 B4 生的无心之过而采取各种打压和报复的行为，要学会正确面对比自己弱的学生，包容他们所表现出的自己不喜欢的行为，这就需要教师心里有一杆较公平的秤（志—220424）。

课堂观察以录像的形式进行，主要是记录教师的教学表现以及学生的习得情形，以改进后续的教学安排。如通过录像发现教师在课堂对于学生回应的强化回馈不够到位、强化次数偏少等，学生又比较在意自己星星的数量，因此教师需注意课堂上对学生强化的数量与质量，以激发他们的参与动力；对于课堂上表现过于积极、总是抢答的学生，教师应注意对其适当的冷却或忽视，不是每一次问题都给他回馈，如果这样做的话其他学生就没有回答的机会，如此提出的问题也丧失了原本的意义……（观—230514）。通过这种可全面观看课堂的录像观察，教师能够捕捉到容易被忽视但可能会大大影响到教学质量的细节并及时改进，以及教师在课堂值得借鉴的临场应变技巧。如针对绘本故事的提问，对于 B 组学生而言，如果让他们回答类似于"三位哥哥为什么三次抓不到小鸟"这种完全开放的问题比较难，教师立即分解成几个比较封闭性的小问题逐步引导，如"三位哥哥这么做你喜欢吗？为什么呢？（是不是会伤害到小鸟），所以这种就是我们说的恶意表现"。（观—230912）。根据此次的观察，教师在之后课上对 B 组学生提问时尽量减少过于开放性的问题，多以逐步的方式引导他们发现最终的答案。通过课堂录像，教师还能看到学生学习的立即效果和存在的困难，如沟通主题中，学生能够把所学的沟通技巧立即运用于课堂的对话情境中、部分影片对于学生来说比较困难可能需要进一步的解说和剪辑等。总之借由课堂录像观察，能让教师在反复观看录像中不断优化教学，使之更适合学生的学习能力，也能使教师及时找到学生学习的优弱势，再有依据地调整课程教学方案。

（三）执行正式访谈之时，强调非正式访谈的功能

因为研究场域中的教师和家长普遍比较忙碌，行动过程中我尽可能利用碎片化的时间以非正式形式和她们交流学生在情绪管理、社会信息运用和社会解决能力方面的表现，并在当天作及时的整理，找出需进一步了解的问题。非正式的访谈比较随性和开放，我会在当下某个情境针对学生所发生的事件与教师交流看法，或是在上课结束后协同伙伴方便的时间请她们提出自己的建议或意见，或是在平时的聊天中涉及与课程主题相关的内容时自然地进行更深入地了解。与家长的非正式访谈主要是利用他们放学时间来接孩子的空隙，或是家长来参加学校活动时与之交流。正式访谈则提前预约好时间，根据访谈大纲做比较深入的交流，对于无法面对面交流的家长，采取微信、电话的形式进行访谈，将录音数据做逐字稿翻译，从中提取有效的信息。

（四）增加角色扮演与创设情境

对于学生的评估，不仅要观察其在选择式测验问题中的"选择性反应"（selected-response），更重要的是看其是否能在模拟活动中表现出"建构性反应"（constructed-response）。也就是在任务设计中加入类似实际生活会碰到的问题解决情境，并以模拟的方式反映真实生活，如角色扮演（周宗奎，1996）等，观察学生能否解决模拟情境中的问题。一般在每个主题结束之后会在课上以角色扮演的方式检视学生各自的表现，例如在学习注意说话的语气时，在"动车上因为前面人的椅子太靠后，导致你的桌板没法放下"这个情景中，扮演坐在后面的人要能够以好的方式提醒前面，如"你好，你能把椅子往前移动一些吗"等，这就是好的说话语气和方式，而扮演坐在前面的人在听到提醒之

后，能够点点头或是说"好的""不好意思"等，也是合格的表现。本研究中大部分的社会情感要求在学生的平时生活中都能够观察到，对于自然情境中比较少或难以观察到的，则是通过创设情境评估。

综上所述，对于社会情感的评估方式是多元的，课程本位评估能够帮助教师做出教育上的决定，持续的观察和资料描述必不可少，通过教师在学校各种情境中对学生长期的观察和判断，并与教师和家长保持必要的沟通，将所搜集的资料运用于教学中，形成一种动态的过程评估。

三、课程评估调整的小结

由于现有的评估工具可能与教师实际的课程内涵相关度较低，故很多实证研究采取自编的课程本位检核表、观察和访谈来评估学生社会情感的需求和学习效果。本研究的评估方式也不例外，以观察评估、课程本位评估、对重要他人访谈、角色扮演等方式为主，并进行适当的调整，简要整理如表5-5所示。这种多元评估方式有助于行动期间资料的搜集，能适时掌握学生的需求及问题情境，从而调整并修正行动方案内涵。

表5-5　课程评估调整行动表

行动调整转化前	行动调整转化后
课程本位评估：选用已有的检核表；参考 Social Skills Questionnaire 和 Question Guide for the Assessment of Social-Cognitive Processes 的基础上，依教学大纲和内容，与合作伙伴自编的检核表	删除现有的检核表；依教学大纲和内容的调整提升自编检核表内容的针对性，语句的理解性等；强调对 B 组学生版本评估的个别化设计
观察与访谈	增加与家长的非正式访谈和交流
	增加情境创设、角色扮演的评估

本研究课程本位评估学生的自评中，经过调整发展为主题相同、不同能力采用不同形式的评估方式，A 组采取与家长教师类似的 Likert 五点量表，B 组则在成人的辅助下完成相应的项目要求，以达到有效且真实的评估。如 B 组学生可能知道社会情感情境的问题是什么，但因能力有限无法表达出来，通过图片情境的支持以及教师的口语提示，他们能简单地说出情境中的问题。通过这

种评估方式，学生可以直观地看到他们技能的进步，当学生认为自己可以达到要求时，他们可能会更加努力地学习新的技能和实现教学目标。

课程本位评估能够对学生整体的学习情形作出整体判断，同时技能是可以解释的（闫明、刘明，2012），观察、访谈、角色扮演则从细节方面让学生的表现得到更丰满的说明。本研究借由对在校学生随时随地的观察，捕捉学生在自然环境中最真实的行为表现。教师了解了现场事件发生的缘由与过程，才能对其做适当的引导，更重要的是，在尝试倾听学生内心的真实感受之后才能站在更客观、全局的角度来对待所发生的状况，如此在反思时才可能找到突破口或是盲点。正如上例中 A2 生和 B4 生的矛盾由来已久，我们在解决他们之间的冲突时，是不是可以换一种思维，找到双方各自可能存在的问题，而非总是把某一方当作受评者、持着从上到下的眼光来看待他们的表现。教师这种更客观、公平的教导态度或许能够削弱 A2 生心里的不平衡感，减少他们之间的冲突发生频率（志—230924）。

教师不可能观察到每位学生在各个场景各个时间段的表现，访谈重要他人就成为获悉学生更多类化表现的主要途径，包括对班主任与副班主任、家长、任课教师的访谈，他们所提供的信息能够帮助我跳出个人思维，以更客观的角度看待自己的行动和学生的表现。对于学生较少出现、未出现或是无法确定是否掌握的技巧，则可由情境的创设或角色扮演来弥补这方面的评估困境，这种方式的评估已经被证实相当成功地用于衡量具有社会情感缺陷的智障者（Bellack，2006）。借由情境的操控与设计，能够观察到学生对预期目标技能的反应，还能以录像的形式加以保存以便后续反复观看寻找教学的突破口。

四、本章结语

如果用水做比喻，生活语文、数学类似于日常饮用水，而社会情感如同升华的水蒸气充斥于我们生活中的每时每刻，它的教学不是硬邦邦的学术知识传递，无法快速看到学习成效。知识、技能似乎很容易被灌输给学生，很多教师在公开课中比较倾向于展示知识性的课堂，以快速地看到学习成效，如生活课教导如何在网上购票、认识药店、认识各种粮食等，这种陈述性知识似乎更能获得教学上的成就感。但是培养学生良好的品格、学会做人才是教育中最重要的部分，对于我们特殊学生更是如此，"如果一个比较聪明但是总是捣乱和一个不那么聪明但是性格比较好的孩子，我们宁可选择后者"，这是很多班主任带班的心得体会。而社会情感课程所教导的内容正是很多我们认为正常、不需要教的事情，但这些往往是生活上最重要的，如尊重和包容、合作、妥协等。我们很难在短时间内就使学生形成正确的价值观和良好品德，而让学生在短短的一节课中不仅获得游戏和完成任务的快乐还有所收获，则是可以实现的具体目标。而这，有赖于教师对课程教材教法的选择与设计、对学生的足够了解，也有赖于情意素养的熏陶以及教师个人的风格和态度。

因研究者是基于之前的实践发现与经验，带着已有的教学技术与理论进入具有相似问题和需求的场域中进行课程发展与实践的行动，故在正式教学之前会花足够的时间和场域中师生建立彼此尊重与信任的关系，并也开始关注自身的社会情绪作用，以为本研究的综合性行动做好准备。本章通过前期准备与课程整体方案的初步实施，从课程内容、教学策略与组织、评估方式三方面展开课程方案的具体转化与调整。对于课程内容，结合学生当下的反应与表现状态及学生能力进行差异化、简化整合、深化分解和增加以及删除等具体调整，同时突出学习单的价值与针对性、形成适合不同能力学生作答的学习单模式。对于社会情感教学策略的发展，则从做好动机（导入）环节的准备、完善发展阶段、弹性安排总结环节三方面强调社会情感教学实施方式的细节性与完整性。综合运用多元的社会情感教学策略，包括增加小游戏和桌游、强调强化与示范、为学生提供各种支架、提供角色扮演的舞台、改编并创造多种社会情感的故事、运用影像教学等做法调整和实施策略。在社会情感的评估方面，则通过提升课程本位评估的针对性、强调 B 组的个别化设计，同时兼顾自然情境观察与课堂观察，执行正式访谈之时强调非正式访谈的功能，增加角色扮演与创设情境这些调整发展合适的评估方式。

调整实施之后的教学内容方案仍是以 SIP 综合模式课程作为理论依据，对于八位特殊儿童在情绪管理、社会信息运用及社会问题解决方面具有不同程度的改善作用（详见下一章的分析）。这与 Leffert 和 Siperstein（2002）及 Leffert 等人（2010）所提出的研究结果相契合，即 SIP 模式能够为特殊儿童社会情感的发展提供教学基础，对他们的社会认知起着关键的作用。也呼应了 Fraser 等人（2000）的课程理念，即基于情绪处理和社会信息解释运用的基础上才能更好地产生解决社会问题的方法。调整之后的教学策略与评估方式，拉近与学生能力之间的距离，如让学生运用角色扮演的方式体验改编后绘本故事的角色和情节，能够让学生更好地理解各种情绪状态、包容与尊重、善意和恶意等概念和要求，并与生活经验产生联结。而多元评估的方式确实能够获得学生在不同时段不同情境中的社会行为表现，有利于研究者做出更客观和真实的分析。

　　没有标准、固定答案的社会情感课程，是现场中人与人之间的相互影响，其中的很多理念可能教师之前都已经耳濡目染，如教师也要控制自己的情绪、尊重学生、倾听学生等，但在实际现场中并没有多加注意。经历这次的行动历程，让我看到了这些老生常谈的观念要付诸实践并不易，教师需要勇敢面对自己的不足，承认自己可能犯的错，在指引学生的同时，更是要学会同理学生的想法或情绪。社会情感看似简单，但范围广泛，时时刻刻都围绕在我们身边，需要日积月累的影响和教诲，它的出发点就是个体本身，以"我"为圆点不断描画出自己在社会生活中所需要的一个又一个的社会情感技能，形成一个同心圆，包围在"我"周围，帮助"我"克服当下或未来生涯中遇到的种种困难（思—231113）。

第六章

社会情感能力培养的行动结果

从原本的社会情感能力培养方案构想转化到教室所实施的具体课程方案，对于研究者和一线教师而言，具有相当的专业实践挑战性，但只有评估和分析学生在课程中的实际表现以及教师教学经验的反思，方能了解推动特殊儿童社会情感课程的价值和意义。因此，本章通过搜集和分析课堂与自然情境的观察，教师和家长的访谈及建议，教师和家长、学生的课程本位评估，学习单的作答状况等资料，交叉验证后呈现特殊儿童社会情感课程方案的实施成效。

第一节　特殊儿童情绪管理的表现与改变

本研究课程方案的情绪管理主要包括认识及辨识常见的情绪、评估引发不同情绪的原因及结果、区分感觉与行为、冷静的方法、认识正负情绪并选择合适的表达方式、察觉情绪的强度并选择合适的表达方式、情绪桌游综合活动七个单元，本节将根据这些单元内容阐述和分析 A/B 组学生在教学过程中或结束后情绪管理的表现与改变。

一、情绪的辨识、感觉与行为的区分及原因结果的分析

（一）A 组学生的表现

关于单元一中常见情绪的认识与辨识，教学前教师和家长都认为 A 组学生没有问题。他们能通过表情、声音和动作辨识和表达基本的开心、生气、难过与害怕四种基本情绪，以及讨厌、惊奇、平静（冷静）、失望等复杂情绪。但 A1 生认为自己在辨识和表达复杂情绪方面有点困难，A3 生也认为自己对复杂情绪的辨识和表达不如简单情绪的表现。因此在该单元的教学中对于他们俩的要求主要是在已有的基本上进一步巩固他们通过多元线索来辨识基本情绪的技能。如图 6-1 对 A1 生情绪判断线索的作业单设计，主要为引导 A 组学生清楚

地表达出分辨别人情绪的依据，使他们对于身边人的情绪感受能够做出更准确的判断。同时提升他们对复杂情绪的认识与表达，如教学后二者在自评中皆认为自己较教学前有所提升，尤其是关于"冷静"或"平静"，A1 生和 A3 生之前在实际生活中很少接触与运用这一概念，教学之后他们不仅能够更好地理解和运用概念，还加强了情绪表达能力与敏感度（志—230322）。

虽然 A1 生已能比较熟练区分各种情绪，但对于情绪与行为这两个概念还是容易混淆。因其理解能力较佳，经过感觉和行为的学习，A1 生改变了之前的理念，不再认为生气是不行的，知道行为有正确与错误之分，能够说出判断行为正确与否的三个原则（不伤己、不害人、不破坏），愿意在实际生活中多加以练习（观—220908）。

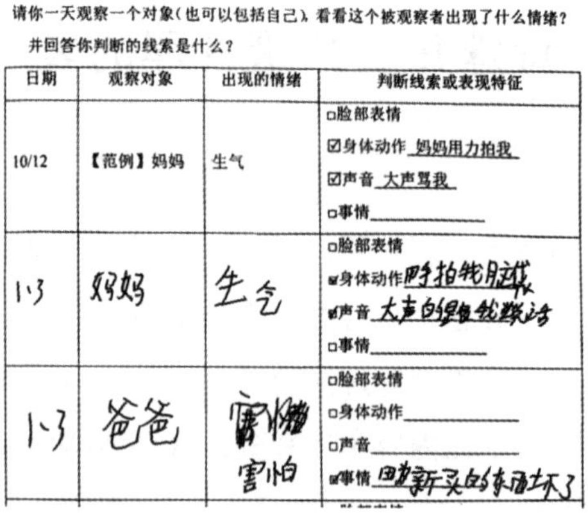

图6-1　A1 生情绪判断线索的作业单

此外 A 组能较好地理解课堂中关于情绪原因与结果的分析，但 A2 生似乎是个例外，他在实际生活中有时候明知某种行为不恰当会导致不良结果时，仍会表现出这些行为。因此该主题的教学主要是教会学生明白生活中各种事件是影响个体情绪产生的主要原因，也就是引导学生学会区分情绪辨识的重要线索，由此表现出恰当的行为。通过情绪原因结果的分析，学生能够更好地理解为什么要选择好的情绪表达方式，故该主题具有承上启下的作用。

（二）B 组学生的表现

五名 B 组学生对于基本的开心、生气、难过与害怕的辨识和表达也较好，尤其是 B2 生的察言观色能力教师和家长均认为有很好的表现，因此对他也可延伸复杂情绪的学习，同时加强其通过事件的线索来辨识他人的情绪的学习（志—230226）。在情绪表达方面，B2 生比较会表达自己的基本情绪，但是需要成人主动问他或是有足够的情境刺激他表达。例如出去春游时，B2 生就会主动地分享"今天出去玩，好开心呀"，甚至会衍生出更丰富的表达词汇。

《萌萌和他的朋友们》的故事中当读到绿绿他们要去找校长建议学校食堂也增加草食被挡住时，教师问"绿绿他们不能吃上学校的中饭，去找校长又被挡住，这时候他们的感受是什么"，扮演绿绿的 B2 生说"很孤单"，可以说是很贴切地说出了绿绿们此刻的心情。这也说明 B2 生做到了对角色的感同身受，由此也进一步印证了将故事与角色扮演融合的好处，也说明 B2 生之前的情绪学习为现阶段的学习奠定了基础，学生理解故事情节的差别以及角色的意图和行为的能力部分取决于他们的情绪感觉词汇（观—220528）。

同样的，B1 生对于基本情绪的辨识与表达能力尚可，但通过事件进行判断仍会有点困难，因此本课程中对他重点要强调该方面的学习。复杂情绪的辨识与表达教学目前对于 B1 生来说有些困难，在教学中主要是运用他比较兴趣的角色扮演、桌游等策略帮助他理解，例如通过桌游活动请他说出一件自己讨厌做的事，或是什么活动让他觉得平静等，同时引导他将事件与情绪作联结（观—220929）。

教学前 B 组学生对于感觉和行为的区分会有点困难，相对于基本情绪的先备经验，这可能是他们之前比较少涉及的概念。因此在教学中通过各种学习材料的支架，如教学海报、教室的视觉提示等，并提供具有正负向对比做法的影片，帮助他们理解：我们可以有各种各样的情绪，但相同的情绪可能会产生恰当与不恰当的不同行为，应根据情绪表达的三原则来选择比较恰当的行为。从课程本位评估的结果可知经学习之后，B 组学生对情绪与行为的区分有了更好的理解（平均分均为 4），为情绪管理提供基础性的认知。

家长和教师认为该组学生能够理解一些情绪的简单原因，但在生活中比较少实际分析和运用，"有时候他在外面莫名其妙地发脾气，你问他他又说不清楚，他说不出来就没有人可以分享，我们就没法帮他，所以他就发脾气"（访—B4 妈—220908），对于情绪结果的分析也比较困难。因此教学中可借由各种情境图片、生活案例与 B 组学生一起分析各种情绪产生的原因（并尝试选择可能的结果），引导学生将行为结果与自身情绪表现的原因分析产生联结，为之后的情绪管理做好准备。

在该主轴结束之后，B 组学生在学生版课程本位的测试中，能够完全独立区辨难过、开心、生气和害怕四种基本情绪。因为 B2 生在家一般会有较多的人与他互动，相较于其他学生，他更会察言观色，因此区辨难过、开心、生气和害怕四种情绪对于他来说驾轻就熟，甚至还会有说一些比较复杂的情绪词汇，如惊讶、孤单等。

在区分感觉和与行为方面，B 组学生比较普遍的表现是能够判断正确，如生气是可以的，但大吼大叫、打架的行为是不可以的，难过时找人倾诉是可以的。但是对于一些本质上是不伤人、不害己和不破坏的情绪行为，如打枕头、在游乐场打地鼠，该组则认为这种行为是不正确的，主要是因为他们还未能有效的结合"三不"判断原则，一看到"打"字就会觉是负面的行为。因此对 B 组学生感觉和行为的区分还需多多结合"三不"判断原则举实例说明，向他们强调生气、难过这些负面的感觉是允许的，只是有了这些情绪之后，行为的表现有好的和不好的的区别。

二、恰当地表达情绪

(一) A 组学生的表现

本课程对于 A 组的学习在各个单元中都会做适当的延伸，关于情绪的正、负面与强度的知识点 A 组学生也比较少接触，与情绪的辨识、原因和结果分析、感觉与行为的区分、掌握冷静的概念类似，这些对于 A 组学生而言，经过学习基本上能够达到教学的要求，对于三者的重点均为情绪的管理与表达，但侧重点不同。

A2 生在学业成绩方面是班级里的佼佼者，但在人际交往、社会互动中常会出现一些让周围人不舒服的表现。例如在情绪方面，"他是比较容易和同伴发生冲突摩擦的，其实都是一些小事情，比如说某某不小心弄到他，他就觉得他们是故意的，会生气，就会说一些不好听的话，有时候我们的管教要求，也会造成他情绪的不满……"（访—范师—220913），因此对他重点是教导其如何更理性地控制自己的情绪。学习了情绪红绿灯之后，他开始渐渐掌握了这一办法。在实际情境中教师对其多加引导和回馈，使其多多练习，确实能够感受到他情绪管理能力的改善，从他对自身的评价中也可窥见一二（图6-2）。教学之后，他也能够在提示之下，采取恰当的方式舒缓自己愤怒的情绪：

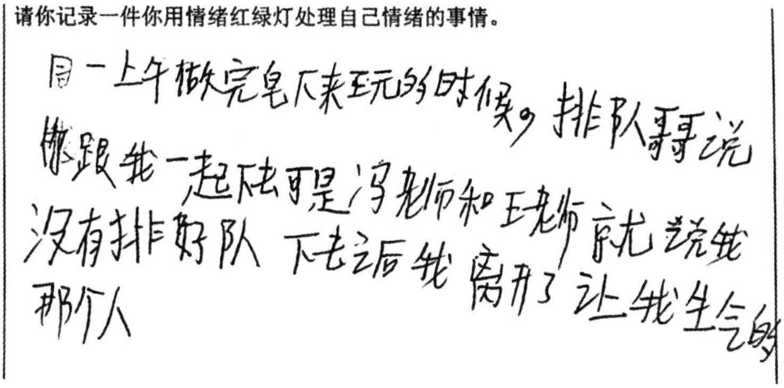

请你记录一件你用情绪红绿灯处理自己情绪的事情。

同一上午搬完皂尽来玩的时候，排队時说惚跟我一起陆可是冯老师和玉老师就说我没有排好队 下去喝我 离开了 让我生气的那个人

图 6-2　A2 生记录自己用情绪红绿灯的作业单

今天在课间时 A2 生画的一张画，上面有小女孩，被 B1 生拿着大声笑道 "A2 生画的一个女孩子"，并想在班级同学面前展示。A2 生不想让大家看到他的这张画，就大声喊道 "拿回来"，我走过去说 "你的声音都快穿透屋顶啦"，他下意识的开始深呼吸，声音也缓和了很多，再次说道："你还给我吧。"这时候 B1 生说道："我帮你撕掉吧！" "好的。" 这件事就以 B1 生撕掉这张画结束了（观—221102）。

课间操学生在班级玩象棋，突然有一颗红色的棋子不见了，大家都在找这颗棋子。一开始大家以为是 B5 生拿的，尤其是 A2 生，他直接用命令的口气说 "是不是你拿的"，B5 生没有澄清而是直接走开。之后的活动中，B5 生一直在笑，大家又以为是他拿的，A2 生又是用凶巴巴的语气朝着 B5 喊道："是不是你拿的，拿出来！" 最后大家在地板上找到这颗棋子，这时候 B4 生妈妈说道："A2 生你下次要把事情弄清楚了再说，如果总是这样无缘无故去错怪别人，他们也不好受的。" 我也顺势模仿他的语气对他说："A2 生，是不是你拿的！你的感觉怎么样。" A2 生听到我们都在说他，觉得很生气，但是他并没有立即爆发出来，而是离开教室一会儿，之后进来就好多了。B4 生妈妈见状说："A2 生你现在情绪管理还是有进步的，看来黄老师的课还是有用的。"（观—221211）

从这些事件可以看出 A2 生在适当的提示下已经能够用深呼吸、离开现场

等方式先让自己冷静下来，可能他自己没有意识到这个过程正是情绪红绿灯处理的历程，教师在事后及时回馈，跟他阐明了这一道理，让他进一步知道控制好自己情绪就会有良好的结果。

A3 和 A1 生整体上的情绪表现比 A2 生平稳得多，他们比较需要的是学习如何克服自己紧张焦虑的情绪、以合理的方式处理自己伤心和生气的情绪。A3 生很在乎周围人对她的评价，运动的接力训练中 A3 生因为跑得慢一些被 A2 生说了几句，这几句话让她本来就不好的情绪这下更受不了了直接大哭起来，且哭了很久（观—230524），但她又缺乏表达自己真实想法的勇气。

通过情绪主轴的学习，我们也看到了 A3 和 A1 生的进步，他们能够从正负性、强度、原因等更多元的角度来认识和分析自我情绪。比如 A3 生（图 6-3），她在情绪管理的作业单中以简单直白的方式记载了生活中的情绪小事，这种方式不仅让她在梳理自己处理情绪问题的历程中重新审视自己与家人、同学之间的互动质量，在书写的过程中找到自我认同，也让教师了解到她在家庭和学校生活中的原貌以及本课程对她的影响。这些情绪经验丰富了她的生活，也让她的生命更添色彩。

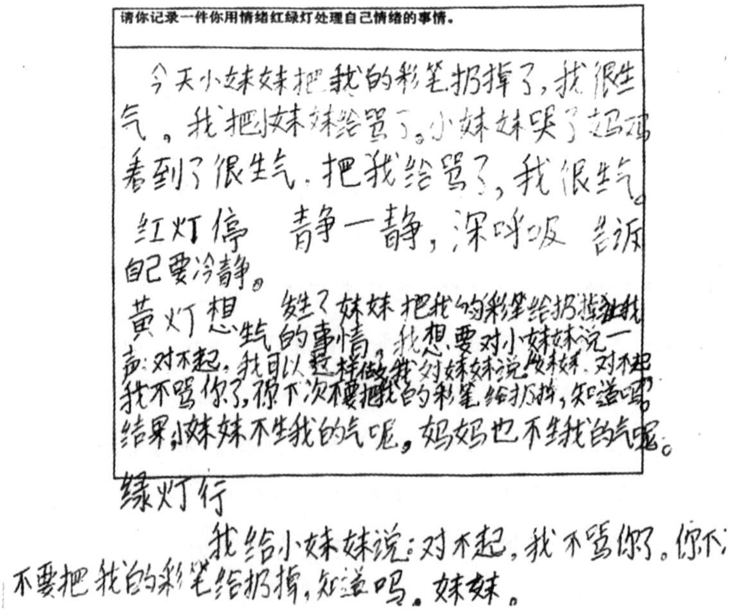
请你记录一件你用情绪红绿灯处理自己情绪的事情。

今天小妹妹把我的彩笔扔掉了，我很生气，我把小妹妹给骂了。小妹妹哭了妈妈看到了很生气，把我给骂了，我很生气。

红灯停　静一静，深呼吸　告诉自己要冷静。

黄灯想　妹了妹妹把我的彩笔给扔掉了我生气的事情，我想要对小妹妹说一声：对不起，我可以这样做，我对妹妹说：妹妹，对不起，我不骂你了，你下次不要把我的彩笔给扔掉，知道吗？结果小妹妹不生我的气呢，妈妈也不生我的气呢。

绿灯行　我给小妹妹说：对不起，我不骂你了。你下次不要把我的彩笔给扔掉，知道吗。妹妹。

图 6-3　A3 生情绪管理的作业单

A3 生在将上图的记录交给我时，很开心地和我分享了她用情绪红绿灯处理这件事的结果，并表示之后如果再遇到类似的问题，会继续尝试用这种"万通"的办法来对付。Goleman（1996）认为，情绪教育的根植有赖学习经验的不断累积，直到在脑中形成明朗的路径，让孩子习惯成自然，即使面临威胁、挫折或伤害，都可收放自如。因此，情绪教育应着重生活体验，弥补并矫正只强调智育的传统教育之不足。以 A 组学生的能力，如果在生活中积累足够多的情绪处理经验，相信当未来他们在职场或家庭生活中面临着更多、更复杂的情绪问题时，能够更坦然地应对和处理。这样看来，教师和家长所期待的特殊儿童毕业后能独立生活，有自己的工作与收入这一愿景离实现也不远了。

（二）B 组学生的表现

对于 B 组的教学，首先要让他们厘清情绪正负面、强度、冷静等这些基本概念，之后通过具象的温度计、冷静的影片和体验活动等策略使他们理解各主题含义，最后引导他们做练习和学习情绪的管理。学习之后，B 组学生对于这些认知性概念的理解，皆有所提升，如教学前对正负情绪的区分有点困难，教学后对二者的区分尚可。同样的，对他们情绪管控的教学也要考虑其各自的需求，把握教学重难点。教学前教师和家长都认为 B 组学生在"用适当的方式表达生气、克服焦虑紧张、表达难过，不安时平静下来以及行动之前考虑行为的结果"方面有点困难甚至是很困难（2—3 分）。例如 B1 生的情绪向来比较直来直往，喜怒哀乐的情绪全在脸上，之前当他生气的时候，周围人一些无意的行为都会刺激他以吼叫、拍桌子等不当的方式表现出来，有时候会将情绪延续到课堂中而影响他的学习效率（观—221011）。因此教学过程中选取适当的内容，结合故事、影片、角色扮演等策略，运用基于学生生活经验的情绪红绿灯办法教导学生掌握有效的技能。

在学习本课程的过程中，通过课上和课后的引导，B1 生的情绪管理能力较之前有明显的进步。上课之前，B1 生就有比较大的怒火，铃声响之后还在削铅笔，当我要求他把笔收起来时，看到他紧握着拳头，脸涨得红红的。对于 B1 生此时的生气情绪，我告诉他"你现在是不是觉得很生气，这是允许的，老师给你 30 秒的时间平复一下"。我给他 30 秒钟的时间，让其先冷静下来，并告诉其他人每个人都会有生气的时候，这种情绪是可以的，重要的是让自己先冷静下来，不做出一些伤人害己的行为（观—221201）。B1 生的情绪处理事件让我开始慢慢打消之前对于本课程设计所存在一些疑虑，也让我感受到教师只要对学生有足够的真诚和耐心，学生也是会有回应的。

B4 生很喜欢角色扮演，扮演的过程，加上教师的适时引导与协助，有助于他对课程内容的理解和吸收，例如通过角色扮演感受到行为的恰当与不恰当，进而理解情绪与行为的区分。将情绪红绿灯步骤简化之后，经过几节课的学习，B4 生已经能够理解其中步骤，但他在课堂上比较羞于表现，需要在课后对其加强练习和及时引导。如在桌游的分组活动中，A2 生和 B4 生经常在一队，有时候由于 B4 生对游戏规则不太熟练会导致本队丢分，这时 A2 生会直接怪他说"你是怎么搞的"。有一次，队伍又丢分了，面对指责 B4 生并没有像往常一样当场发飙或是怼回去，只是说"不想玩了"。对于这种自然状态中的情绪表现，我立即进行回馈，先忽视 B4 生在游戏中的输赢，表扬他的情绪管理"虽然你没有得分，又被同学说了一两句，可能会觉得有些生气或难过，但你却能够让自己先冷静下来，没有做出一些对大家不好的行为，说明你在控制自己情绪方面进步很大"。学生有时候自己也不知道自己的情绪表现到底如何，需要教师敏感地察觉，并引导他们分析自己情绪，让每一次成功的经验内化成他们今后处理相似问题的策略。

"这学期我们觉得 B1 生在学校进步还是挺大的，基本上没有欺负同学的现象，情绪这方面，明显感觉比之前爆发的次数少了一些，也很愿意帮助其他人"（访—B4 妈—230516）。同时他也更能够同理他人的情绪感受，B3 生因为 A2 生说了不好听的话而在不断哭泣，B1 生看到了关切地问道："你怎么哭了？发生了什么事了吗？"若是在以前，他可能会觉得 B3 生难过这件事情好玩而不顾对方的感受大声呼叫"B3 生哭了，B3 生哭了"（观—221223）。

当然要期待 B1 生完全独立进行自我情绪控制目前还比较有难度，但是使用感觉温度计和情绪红绿灯这些视觉提示，可以帮助他在缺乏成人的协助时识别自己的感受强度（如图 6-4）和应用简单的步骤缓和自己的情绪。而教师的工作是结合二者向学生阐明，当他们有这些感受时可以使用什么策略帮助自己控制情绪，例如去听歌、去运动等。

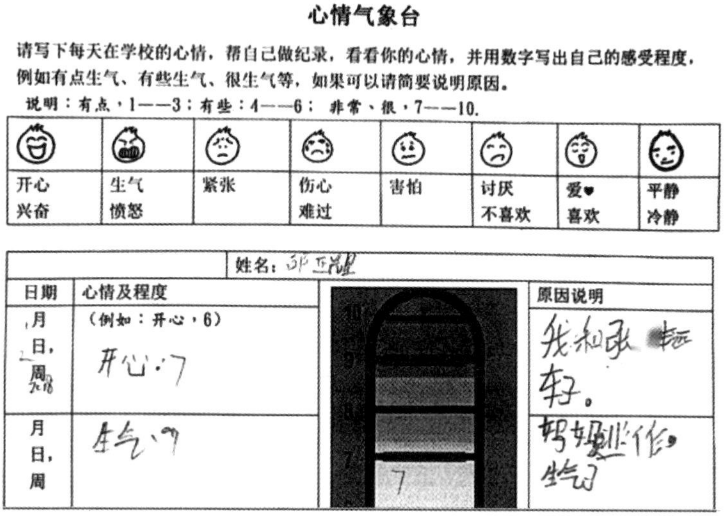

图 6-4　B1 生情绪温度计的作业单

相对而言，B2、B3 和 B5 生的情绪状态一般情形中表现尚可，但从家长和教师的评价及观察中可以看出，对于一些比较难以接受的事件，他们的情绪表现仍有诸多不可取之处，如不顾他人的感受、推卸责任等，因此他们在情绪管控方面同样需要进行有针对性的学习和练习。

B2 生在体育课上因没有认真听讲被扣了两颗星星，下午的音乐课又因不听老师的指令被罚取消参加第二天的劳动技能比赛的资格。这是 B2 生比较喜欢的活动，他不想被取消资格，如果不想被取消就需抄写班级公约，但是他又不想抄写班级公约，在两难的情境下 B2 生陷入了焦虑愤怒的状态。他开始口不择言，把责任推到别人身上，"都怪你们，都是因为你们让我被责罚"。我看到后过去引导他，先冷静一下，想想自己为什么会被罚，是谁的责任，但是当时班级比较混乱，同学们都在练习第二天的劳动技能比赛，他被取消比赛资格这件事更是激发了他不安和愤怒的情绪，我的劝导似乎效果不明显。放学以后等班级学生都离开了，班主任和副班主任单独与他一起想想今天遇到的问题，这时候他才意识到是因为自己课堂不注意听的缘故才会被取消而非是同学责任（观—221228）。

这是一次很好情绪处理和问题解决的教学时机，教师把他先带到不受同学影响的地方（离开），一起冷静下来，想一想发生了什么事、为什么、怎么办，引导 B2 生思考"如果我现在去抄写班级公约,就可以参加第二天的劳动技能比赛""如果我现在不抄写班级公约,就会被取消第二天的劳动技能比赛",再让他做出正确的选择。因为 B2 生总是将责任归咎于他人,对于他的情绪管理首先一定要引导他厘清自己所面临的问题,也就是找到情绪原因的根本所在,之后再与之探讨应该怎么做比较恰当。同时教学时机的敏感性和判断性以及根据现场的灵活应变也是教师应该加强的部分,如此方能在实际生活中让学生得以练习。

在学习情绪红绿灯时,一开始 B5 生很难将生活中的红绿灯和情绪管理作联结,即使刚上完情绪红绿灯的课再问他相关问题,他的思维仍只停留于生活中"红灯停、绿灯行"的概念。对此除了引导其多参加角色扮演活动进行个别化指导,更重要的是在实际情绪处理时融入红绿灯多加以引导。

综合各种评估分析可知情绪管理主轴在教学前很多概念对于 B 组生而言都是全新的,如情绪温度计、感觉与行为的区分、冷静、情绪红绿灯等,可能他们在生活中会有类似的经验,但一直未有比较针对性和系统的教学。经过学习之后,从学生版的课程本位评估可知,运用温度计表达情绪强度、选择恰当的冷静方法和情绪原因分析对于 B1 生来说进步显著,他能够独自正确地完成所有的题目;其他学生也能独立完成十之八九,可见对于这三个概念 B 组学生达到比较精熟的状态。而对于情绪红绿灯,B 组学生已经理解了停、想、行三个步骤的具体内容,但在根据情境图运用情绪红绿灯分析时,需要较多的提示。在适当的口语和视觉提示之下,B1 和 B3 生最终能够为每个情境找到合理的情绪处理方法。

而 B2、B4 和 B5 生一开始对于情绪红绿灯总是停留在具象中理解,经过这段时间的学习,他们开始把生活的红绿灯意义与情绪红绿灯的步骤产生联结,因此也能够自主地选出每个步骤的内容。而运用于情境分析时第一步停、冷静对于他们来说困难不大,难点在于想出对应的处理办法,需要多方的支架。总之,这份评估显示 B 组学生已经理解了该主轴大部分内容,感觉和行为的区分、情绪红绿灯的运用还比较不精熟,后续可继续教导和练习。

三、学生情绪管理表现与改变的综合诠释

将学生情绪管理主轴教学前后教师、家长及 A 组学生自身的课程本位评估情形整理如表 6-1 所示：

表 6-1　学生情绪管理主轴教学前后的课程本位平均分

	教师		家长		学生自己	
	教学前	教学后	教学前	教学后	教学前	教学后
A 组	69.2	77.3	71.5	80.0	43.5	57.6
B 组	60.0	71.4	56.6	64.8		

进一步结合情绪管理主轴教学课程本位评估的细分项目可知，A 组生的重难点仍在于将所学的知识技巧运用于自然情境中加强自身的情绪管理。在"生气时会让自己先平静下来、会考虑行为的结果、不把怒气撒在别人身上、会用情绪红绿灯处理自己生气的事情"这些选项自我评价中，A 生对自己由最初的 1 分提升至课程结束后的 2 分或 3 分，可见他们在实际生活中的情绪管控经过本课程的学习之后有了些许的进步，但并不是很明显，仍有很大的改善空间。从表 6-1 可知该主轴家长和教师对 A 组学生的评价由实施前的 69.2、71.5 分（总分 90 分）提升至实施后的 77.3 分和 80.0 分，教师和家长认为该组学生认知能力较好，生活经验比较丰富，对于情绪的辨识与表达等问题不大，他们的挑战在于需要不断地控制好自身的情绪，在处理情绪方面（如，生气是以符合社会性的适当方式表达出来、考虑行为的结果等）有了一定的进步，但是还需要不断的练习。

对于 B 组学生教师对其情绪管理主轴教学前后的评价为 60 和 71.4 分，家长为 56.6 分和 64.8 分。进一步分析检核表可以看出 B 组生对于简单情绪的辨识和表达、区分情绪强度、正负面及感觉行为、表达情绪的原因方面均有较理想的表现（4—5 分），尤其是 B2 生，他在一般情况下不易生气，又比较会察言观色，因此他在辨识和表达基本情绪方面都获得了教师和家长 5 分的评价。与 A 组生类似，自然情境中的自我情绪控制，如以恰当的方式表达自己的生气情绪、行动之前考虑行为结果等，B 组生虽有一定的进步，但仍未达到家长和

教师所期待的状态，教学之后普遍为 2—3 分，仍有些困难，未来可结合家长从学校、小区和家庭多情境进行教学，相信 B 组学生会有更大的进步。

此外，B3 生平时的情绪较稳定，但是家长和教师认为当她在生气、懊恼、难过的时候，选择的处理方式不尽如人意，如抱怨其他人、拒绝任何人的劝告等。经过本方案的教学，B4 和 B5 生对于生气情绪处理表现有所提升（平均 3.5 分），但在应对紧张焦虑、难过等情绪时仍有有较大困难（平均 2.5—3.5 分），因此在实际生活对他们可能出现的情绪问题还需加以注意和引导。

整体而言，八位学生都有不同程度的改善，进步情况以百分比的方式呈现，计算方式为（教学后得分−教学前得分）/该主轴总分×100%。从教师角度看待学生情绪管理的进步情况，A 组生 9%、B 组生 12.6%；从家长角度看待学生情绪管理的进步情况，A 组生 9.4%、B 组 9.1%；A 组自身的评价为 15.6%。三者的评价当中，学生的自评角度进步最大，教师和家长的视角而言，学生的情绪管理有些许的进步，但不是很明显。八位学生对于情绪管理知识层面的理解都有较好的表现，如情绪的强度与正负面等，重点仍是在实际生活中的运用。从教师和家长在教学后的评价可知除了 A 组生的表现尚可（平均 4.2 分），B 组生教学之后在实践中的情绪管理运用均值为 3.1 分，仍有较大的改善空间。正如 Greenberg、Kusche、Cook 与 Quamma（2005）所提出的，应注重从短期结果和长期结果的表现来提升学生的情绪管控能力，故在类化情境中加强情绪管理的运用与练习对于特殊儿童而言仍是后续的教学重点。

第二节　特殊儿童社会信息运用的表现与改变

社会信息运用主轴主要包括不小心与故意、善意与恶意、真诚与否、问题与办法及桌游综合活动五个单元，本节将根据这些单元内容阐述和分析 A/B 组学生在教学过程中或结束后社会信息运用的表现与改变。

一、各种社会情感互动意图的判断与运用

（一）A 组学生的表现与改变

通过表情和动作来判断不小心和故意对于三位 A 组学生比较容易，教学前无论是教师、家长还是他们自己，均认为能够做出较准确的判断（4—5分），教学之后均达到 5 分。而对于善意和恶意、真诚与否的概念，因学生在此之前对二者接触比较少，所以教学前通过表情和动作的解读能力相对弱于不小心与故意的判断（3—4 分），经过学习之后，A 组生的判读能力皆有所提升（4—5 分）。

但当结合事情和人物来判断不小心与故意、善意与恶意、真诚与否时，A2生表现得比较困难，尤其是在生活中常会遇到的善意与恶意的判断方面（平均2 分）。通过观察与访谈分析我们发现，主要是因为 A2 生在面临各种社会情感冲突时，经常带着对个人固有的印象，将情境外的无关信息加入。特别是在他和 B4 生之间的互动中，他总是站在恶意、故意的角度来解读他人的行为，且会采取报复性的方法来回应。而对于真诚与否的判断（平均 2 分）A2 生表现较弱主要是因为他在实际生活比较少遇到相关事件的分析，因此掌握该技巧能够更好地促进他未来融入社会和参加工作等活动。

中午吃完饭去洗碗，B4 因为水龙头开得比较大，洗碗时不小心将水洒到了 A2 生的裤子上。A2 生二话不说立即用同样方法把 B4 的裤子弄湿了，并振振有词地说"我就是故意的，谁让他先把我裤子弄湿了"（观—230328）。

为了让 A2 生能够以正向的经验或想法来解读他人意图，除了正式的课程教学之外，我和合作伙伴在日常的生活中先尝试让他解读自己的意图，再结合他与别人的互动，引导他思考对于同样的事件，自己与别人的意图有何异同。如图 6-5 A2 生的作业单显示，他与上述事件中的 B4 生有过一样的经历，根据这些记录、表现我与 A2 生共同讨论：为什么自己把水洒到别人身上是不小心的，而别人洒到自己身上时却又是故意的呢？让他将课程中所讲的故事内容与自身生活事件产生联结，明白当有矛盾发生时，不要冲动地认为别人就是故意的、恶意的，先让自己冷静一下，了解清楚到底发生了什么事情，也要观察对方的表情、语气等，再做出比较合理的判断。

> 你有因为不小心或故意而让别人不舒服的经历吗？请你描述一下，并想想应该怎么做比较好。
>
> 有一次作先洗饭盒的时候把水不小心弄到同　的衣服上了同说:"张　丰你干嘛把水弄到我衣服上少我看到了赶紧向同　说对不起。

图 6-5　A2 生社会意图作业单

虽然教学后 A2 生对于社会情境中的他人意图还未能达到比较理想的判断（3—4 分），但是在教师的引导下，他也逐渐获得意图判断的成功经验，将之储存于记忆中，有利于其之后的社会信息处理。

在学习这一主轴时，虽有些词语 A1 和 A3 生之前并未接触过，但教完之后他们基本上都能全部理解，如善意和恶意。A3 和 A1 生在教学之后结合生活事件和人物判断情境中的善意与恶意、故意与不小心的能力有所提升（4—5 分），如图 6-6 及下文所示。

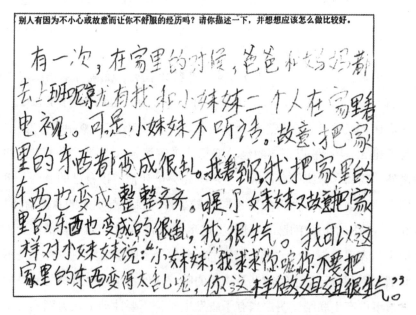

图 6-6　A3 生社会意图的作业单

中午打扫卫生时，B2 生想帮 A2 生把作业本放回抽屉，A2 生一进来看到

B2 生手里拿着他的作业本，以为要 B2 生要抄他的作业，直接从 B2 生手中抢回自己的作业本，B2 生不知所措，在一旁的 A1 生见状说道"你的作业本掉在地上了，B2 生是善意的，想帮你捡起来放进去的"（观—230419）。

真诚与不真诚的判断刚开始对于她们来说也比较陌生，经过上课的讲解和练习，A3 生能够在比较简单的社会情境中借助语调、表情这些比较直观的线索区分对方是否心口一致。A2 生因说了一些 A3 生觉得不舒服的话向 A3 生道歉，第一次 A2 生嬉皮笑脸地跟她道歉，A3 生听了直接说"我觉得你一点都不真诚的"，A2 生很不好意思地重新摆正了自己态度，真心实意地意识到自己的错误向她再次道歉，如此 A3 生才释然（观—230524）。

在此基础上，后续还可让 A 组生结合更多的实例，在更复杂的社会环境中做区辨，如职场中对方是真心实意地帮助她还是别有用心。

(二) B 组学生的表现

教学前通过表情、动作、语气来判断不小心与故意、善意和恶意、真诚与否对 B 组学生普遍上有点困难，但 B2 生运用表情和动作这两个直观线索区分不小心与故意的表现尚可（4 分）。而结合事件和人物来区辨互动过程中别人的行为意图则显得更困难（2—3 分），这可能是由于在社会情感情境中要运用各种有效的信息来判断意图需要较多的认知，这对于 B 组生来说比较具有挑战性，同时生活环境也在一定程度上影响着他们的自主区辨能力，如下所述。

处于青春初期的六年级学生很容易受到各种影视剧的言语和行为的影响，而他们又不能分辨其中的善与恶，只是觉得好玩，尤其是 B1 生，经常会模仿影视剧中的人物语言与动作，比如"拿刀把你的头砍下来、揍死你"等。当他们被撞击、推挤、踢，或是被触摸、盯着时，一般会将这些认为是故意、恶意的，但很多时候这些行为可能是无意的。

心思单纯的 B3 生很容易被他人说服，对于社会互动中各种信息线索缺乏自己的主见，总是人云亦云。当 A2 生故意打了一下 B4 生（重度智障），B4 生可能会下意识地用手反击回去，A2 生会故意大喊"B4 生你欺负我"，B3 生看了就会不明是非地大喊"B4 生你竟然欺负 A2 生"，更搞不清状况的 B4 生就也以为是自己欺负了 A2 生。或是 A2 生欺负 B4 生时，被班主任批评之后会哭，B3 生看到 A2 生哭得那么可怜，就会喊道"B4 生你把 A2 生弄哭了"，结果 B4

生反而向 A2 生说对不起，让班主任白白教育一场（访—范师—230419）。研究伙伴表示很担心，怕 B3 生未来进入社会在他人教唆之下做出违反道德甚至是违法的事情。

因该主轴的内容对学生而言普遍比较陌生，因此在教学中对于 B 组的意图判断教学，先从他们比较熟悉的不小心与故意的区分着手，当学生掌握了该主题的含义之后，以此作为先备经验与知识再进入善意与恶意、真诚与否的学习。同时尽量用 B 组学生能理解的语言让他们理解各主题的内涵及判断的线索，如用"好"与"不好"解说善意与恶意、"是不是真的"解说真诚与否，并提供大量情境图片支架他们运用外在直观的线索来判断各种社会意图。

结合故事与人物来判断社会意图对于 B 组学生比较抽象，课堂教学中可运用他们熟悉的或简单有趣故事作为教学媒介，如通过《我不是故意的》绘本故事、《熊出没》故事理解不小心与故意，《狐狸与仙鹤》寓言故事、《大头儿子和小头爸爸·送礼物要真心》的故事理解真诚与否，《嘘！我们有个计划》绘本故事、《狼来了》故事对比善意与恶意等，并结合他们的生活实例和角色扮演进行解释与练习。经过学习，B 组学生对于运用表情、动作、语气及事件和人物判断各种社会意图的表现有所提升，但运用事件和人物作为判断线索的能力仍有点困难，可进行更深入的教学。

社会信息运用主轴除了不小心和故意是 B 组生在教学之前就比较熟悉的，其余内容他们均未接受过比较正式的教育。该主轴结束之后，对他们做课程本位的评估，要求是看视频判断社会互动意图。视频选用的是 B4 生比较熟悉的《光头强》片段，对于不小心还是故意、善意还是恶意、真诚还是不真诚的判断，他在看完影片之后均能够自主准确地回答问题，但是当问及"你是如何知道的"时他需要教师出示线索的视觉提示并再次观看影片，才能从表情、动作和语气中做出选择。而 B5 生在观看《光头强》片段判断社会互动意图的不小心还是故意、善意还是恶意、真诚还是不真诚时，速度虽比较慢但仍会做出正确的判断，不过对于真诚和不真诚的判断需要教师将之转化为更通俗的说法他方能理解。当问及"你是如何知道的"时，一开始他的回答模棱两可，教师做出示范后，他也会说出比较恰当的线索。在根据情境判断中，当教师解说完情境内容之后，对于有选项且教师提供解读支持的题目，B1 和 B3 生基本上问不大，其他 B 组生则需要教师以他们能理解的方式再做解释，才可做出正确的回应。但关于"你是怎么知道的？你会怎么做"这类主观性的、需要结合事件去判断的问题，B 组都比较难以作答，需要教师进一步解说。这可能是由于一方面这些情景缺少图片的支持，另一方面结合事件去判断对于 B 组生仍需要多加以练习。

二、运用社会信息解决社会互动的问题与办法

（一）A 组学生的表现

教学前 A2 生和 A3 生都能很好地描述自己所遇到的社会情感互动问题，A1 生还比较缺乏胆量呈现出自己所遇到的问题。家长、教师及自身三者的评价为 4—5 分。而对于社会情感问题的意识和选择产生积极结果的办法之表现，三名学生却有较大差异：A1 生为 4—5 分，A2 生为 2—3 分，A3 生为 3—4 分。A2 生的认知能力较好，从课堂表现中可以看出他能够根据情境图分析问题并选出好的办法，但他在实际生活中的表现却大相径庭。学生出现这种情况可能的原因有两个：一方面他的情绪控制能力阻碍了他将这些知识技巧付诸实践（Lemerise & Arsenio，2004），另一方面实际生活相关的练习机会可能还不够充分（王雁，2014）。此外，家长的价值观和教养态度也在一定程度上影响着他（A2 生）对各种社会情感互动问题的看法和选择。因此教师在对 A2 生的教学中，应将情绪管理主轴的内容渗透至他的整个学习历程中，并结合课后时间多给予其练习的机会，而对于家庭的教学则应视家长的意愿及需求弹性安排。

此外，想出两种以上的问题解决办法和结果对于 A 组生都比较其有挑战性。主要是因为特殊儿童不易有举一反三的能力，较不会用过去的经验来解决目前的问题，另外缺乏足够的练习和经验也会影响到他们对各种方法的整合与运用。因此除了社会故事、绘本故事、角色扮演等策略，对于 A 组生的指导重点是结合课程内容在课后时间多加以引导。教学之后在问题办法红绿灯的支架之下，A3 生在练习情境中开始展示出更多元的解决办法，并在足够的练习之后将之运用于自己的生活情境中。如图 6-7 所示，A3 生有了一定的进步，但针对生活实际问题的分析与解决仍需多练习（3—4 分）：

一、请你根据下表中的情境，找出问题，并想出**两种以上**的办法

我一下课就冲进厕所拉肚子，上完才发现自己忘记带卫生纸了。	停	冷静，找问题：上完厕所才发现自己忘记带卫生纸了。
	想	想办法（如果　　，就会　　）：1.如果有人走在你的面前，你可以大声叫，带卫生纸，你让他帮助你，别人就会帮助你。2.如果自己带，同学会帮你。
	行	选好的办法：是选第一个办法。
去超市买东西，准备结账时，发现忘记带钱了，也没有带手机。	停	冷静，找问题：准备结账时，发现忘记带钱，也没有带手机。
	想	想办法（如果　　，就会　　）：1.如果看到熟悉的人，你可以叫他帮忙一下，他就会帮你，给阿姨说一声拍摄动的捕捉你可以
	行	选好的办法：是选第一个办法。

二、请你记录用红绿灯解决自己生活问题的经历。

步骤　　日期			
停 冷静，找问题 发生什么事	候就忘记拿橡皮擦的时候了 发生了我忘记拿橡皮擦的事	们2个上上上上的时候还 发生了我忘记带手机的事	
想 想办法	1.如果我可以问同学的借一下橡皮擦，同学就会借我一下橡皮擦。	1.如果我可以告诉老师忘记带手机，还要打电话给爸爸呢，老师就会同意，打电话给爸爸	
行 选出好办法，用一用	请问同学你可以借我一下橡皮擦，同学就同意了。	请问老师你能不能借给我一下机，我还打电话给爸爸呢。	

图 6-7　A3 生的社会问题解决记录

（二）B 组学生的表现

B 组生在生活中比较难以自主结合社会信息意识到所发生的问题（3 分），如睡午觉时因为自己还在说话而影响到其他同学休息，比较难以通过同学生气或不开心的表情意识到这一问题（志—221121）。相应地，清楚描述自己所遇到的社会情感互动问题对于他们而言，也比较有难度（3 分）。而要让他们表现出两种以上的问题解决办法和结果则更有难度（2—3 分），选择产生积极结

果的办法亦有些困难。因此在教学中借由社会故事、绘本故事、角色扮演等策略，结合问题办法红绿灯的步骤，基于已有的社会情感互动线索解读的基础，在"红灯停"的步骤中引导学生分析互动对象的情绪、意图等，找到问题；第二步的"黄灯想"中，则思考可能的办法和结果，并在第三步选出好的办法。

B4 生有时候解决生活问题的效果还是不错的，"有一次他想把班级的气球带回家，又不想被发现，就用黑色的垃圾袋装起来做掩护；还有一次你给班级带的饼干他觉得很好吃，想让妈妈也买相同的饼干，但是他又不认识饼干的牌子，最后他直接把装饼干的空瓶子带回去给妈妈看，结果他妈妈还真的给他买了一模一样的饼干，你说他是不是很聪明？"（访—范师—230524）。但家人对 B4 生比较宠溺，很多事都帮他做好了，这也让 B4 生过于习惯他人为他准备的生活模式。

因此在学习这一主题中，我对 B4 生的教学重点是解决问题动机的诱发。由于 B4 生自身的学习态度比较热情，对于老师的提问总是积极举手想发表意见，但很多时候他又不知道如何回答。我在 B4 生踊跃参与的基础上配以适当的教学材料和策略，以提升他该主题课程内容的理解与运用，如在绘本故事《小黑鱼》的教学中，请 B4 生扮演小黑鱼的角色，诱发 B4 生探索问题的意愿。在教师的辅助与同学的配合下，B4 生经历了小黑鱼面对同一问题采取两种不同的方法得到截然不同的结果的过程，并将这一过程通过两次问题办法红绿灯呈现出来，最后他能够自己说出两次小黑鱼所采用的办法，并在提示下说出两种办法的结果。在帮 B4 生捋清了解决问题的重要性和如何解决之后，我开始引导他将自身遇到的问题与小黑鱼做比较，使之联想到自己的类似经历，并与他共同讨论可以怎么用问题办法红绿灯进行解决。由于在参与绘本故事中获得了解决问题的成功经验，在思考与自身相关的问题时，B4 生不再选择逃避，而是坦诚地面对自己生活中经常出现的困扰，如总是忘记做作业、每天书包的东西总是鼓鼓的等，并在教师和同学的帮助下，寻找有效的方法。由此可见，B4 生开始具有解决自己生活问题的意识。

经过学习，B 组生的问题意识、问题描述表现及解决办法的思考和选择表现有所改善（3—5 分），从学生的学习单也可获知他们现在会更倾向选择产生积极结果的办法。但 B5 生的问题意识仍是有点困难，这可能与其注意力较涣散有关，还需教师和家长在生活中多加以引导。而 B1 生在学校生活中遇到问题时，如忘带作业、别人总是要来打扰自己等，一开始可能会将这些问题置之不理或是比较冲动粗暴地拒绝。在执行教学的过程中，我会对几位参与者在自然情境中运用有效的社会信息来发现和解决问题的能力多加以留意，引导他们结合线索说出自己的困扰（如，同学总是要来打扰我，让我觉得很生气），再一起想办法解决问题（例如，如果同学是故意要来打扰我，我可以请老师帮忙；如果同学不是故意的，我可以先问问他有什么事），并根据判断选择对应的办法。通过课程教学，B1 生有时会在提示下结合教材中的问题解决步骤或因应策略，在遇到问题时尝试运用有效的社会信息来分析问题（志—230430）。

在学生版的课程本位评估中，对于问题办法红绿灯的理解和运用，因步骤模式与情绪红绿灯类似，因此 B 组生理解其中停、想、行三个步骤内容也比较有把握。但在根据情境图运用问题办法红绿灯分析时，他们需要较多的提示和解说，方能将情境中的问题和停、想、行三个步骤一一对应，尤其是想办法的步骤，因其比较灵活需要较多的提示。检核表显示 B 组生已经初步了解了意图判断的线索，但在运用方面仍有些困难，不论是意图线索的判断还是问题红绿灯的运用未来仍需要深入的教导，尤其是根据事件或任务进行判断以及将问题办法红绿灯多多结合生活实例进行分析。

三、学生社会信息运用表现与改变的综合诠释

将学生社会信息运用主轴教学前后教师、家长及 A 组自身的课程本位评估情形整理如表 6-2 所示：

表 6-2　学生社会信息运用主轴教学前后的课程本位平均分

	教师		家长		学生自己	
	教学前	教学后	教学前	教学后	教学前	教学后
A 组生	49.5	60.3	48.2	57	45.3	58.7
B 组生	37.2	52.4	43.7	53.8		

由表 6-2 可知，社会信息运用主轴的自我评价中（总分 70 分），A 组生实施课程前为 45.3 分，实施课程后为 58.7 分，该主轴教师对 A 组生在课程实施

前后的评价分别为 49.5 分和 60.3 分，家长的评价分别为 48.2 和 57 分。自评和教师、家长的课程本位评估显示，基于表情、动作和语气这些比较明显的社会线索来判断社会情感互动中他人的意图，对善于察言观色的 A2 生来说并不难。难点在于结合事件和人物判断故意、不小心，善意、恶意和真诚、不真诚，教学后自我、教师及家长评价为 2—4 分。尤其是针对特定的人物，可能是受长期以来持有的偏见的影响，即使他们是不小心、善意或是真诚的，A2 生有时候还是会对人不对事，将其意图解读成相反的意思。因此要改善他的判断能力，使其对意图做更客观和准确的解读，还需先改变他固有的成见。而这种改变不仅需要从生活的方方面面入手，还应结合这些特定的人物不断地融入其他社会情感的支持，如包容、妥协等，以使其认知能力与社会信息解读能力相匹配。在社会问题解决的主题中，描述自己所遇到的问题对于 A2 生来说完全可以独自完成，教学后一般情况在适当的提示下他能意识到所发生的社会情感互动问题，也能够想出相应的解决办法和结果。但从想出的办法中选择产生积极结果的方案在实际生活中对于 A2 生来说仍有具有一定的挑战性，教学后三者的平均分约为 2.7 分，这一结果的可能原因是 A2 生的情绪控制影响了他最终的选择。因此对于 A2 生而言，情绪控制的练习乃是重中之重。

　　自评和教师的课程本位评估显示，教学前 A1 和 A3 生虽对于善意、恶意和真诚、不真诚这两组概念比较陌生，但教学之后区分能力也达到了教学要求（4—5 分），相对而言对于从事件和人物中做意图判断还可做更多的练习。而对于社会情感互动问题的意识和描述，两位女生教学之后得到了进一步的提升（5 分）；同时教学之后在问题办法红绿灯的支架之下，问题解决能力也有所进步，基本上为 4—5 分。进一步访谈可知家长也强调作为女孩子，她们更要学会判断别人的善意与恶意、真诚与不真诚，以免日后被骗，而能够学会解决问题对她未来参加工作也大有帮助。

　　从表 6-2 可知，教师和家长对 B 组生社会信息运用主轴的评价教学前为 37.2 分和 43.7 分（总分 70 分），教学之后分别为 52.4 分和 53.8 分。检核表的细分项目显示，通过表情、动作和语气来判断各种社会意图对 B 组生来说已达到比较精熟的程度（4—5 分），从家长和教师的访谈中可知 B2 生不仅能够比较准确区分不小心和故意，对于他人故意的行为一般也不会太斤斤计较。但要结合事件和人物进行判断对于 B2 生来说仍需后续加以多引导和练习（3分），同时教师认为这些意图的辨别对于 B2 生来说尤其重要，因为他总是很容易信服别人，缺乏自己的主见，因此后续课程中此部分仍需加强。

在问题办法红绿灯的理解和运用方面，教师和家长普遍认为教学之后在成人的提示之下，B1 和 B3 生能够意识到所发生的问题，且在描述时有较明显的进步（4—5 分）。但要他们针对问题想出两种以上的办法难度系数较大（3分），原因可能是他们受自身认知水平和生活经验的限制。此外，他们一般比较倾向于选择产生积极结果的办法（4 分），这从平时生活中他们比较愿意帮助他人的表现中也能得到解释。B4 和 B5 生一般情况下比较自主，难以意识到问题并描述出来，经过这学期的学习和练习，他们的问题描述能力有了一定的改善（3 分），但其关注的一般是与自己利益密切相关或有较大动力去解决的问题。

社会信息运用主轴的大部分内容对学生而言可能会比较新颖，但这些也是他们生活中经常会面对的社会情感情境，因此借由正式的课程教学，将学生已有但可能被忽视却又有重要作用的技巧与生活产生联结教给他们，从检核表可以看出学生也获得了不同程度的改变。从教师的评价来看学生的进步情形：A 组 15.4%、B 组 21.7%；从家长的评价来看学生的进步情形：A 组 12.5%、B 组 14.4%，A 组对自己进步率的评价为 19.1%。可知八位同学均有一定程度的改善，其中从教师和家长的视角来看，B1 生的进步最大，A3 生总分最高，但从学生自己的视角来看，A1 生的进步则最大。因此，不论是低组还是高组，即使是比较陌生的社会信息运用，经由有效的学习，亦可获得该技巧相关知识，以利于他们在社会情感冲突情境中分析可能的意图与问题（Burgess et al.，2006）。

第三节　特殊儿童社会问题解决的表现与改变

社会问题解决主轴主要包括基本沟通、友谊管理、两性互动三个单元六个主题的学习，本节将根据这些单元主题内容阐述和分析 A/B 组学生在教学过程中或结束后社会问题解决的表现与改变。

一、基本沟通

（一）A 组学生的表现与改变

这一主轴中 A2 生最大的问题是需要改善自己的表达沟通方式，尤其是说话的语气、时机、场合，这些维度在教学前教师、家长和他自身给出的评价为 2—3 分，而倾听、适当地加入他人的聊天和表达事件基本要素对他来说并不难。在沟通方面，A2 生向来很有优越感，平时说话比较尖锐犀利，会扯着嗓门以大喊的形式来表达自己对同学的要求，他的这些行为由来已久，养成了习惯，要改变实属不易。班主任也反映很多时候跟他提起这个问题，他能明白要好好说话的道理，在课堂上的情境练习表现也相当不错，但在实际生活中还是经常以居高临下的口气命令其他人或不分时机与场合说出自己想说的（观—221127）。

因此对于 A2 生来说，课堂中学习与练习任务，他都能出色地完成。重点仍是在平时的自然情境中，结合课程内容，及时纠正他的说话方式，让他直接感受不同说话方式所产生不同结果，并给予相应的强化与鼓励。经过沟通主题的学习，在我的要求之下，中午吃饭和午休时他开始慢慢地改变了傲慢的说话态度。除了我的课堂，在其他情境中 A2 生的沟通方式也开始有了改变，虽然这种改变当前阶段还不是很稳定，但也足够令人欣慰。

今天数学课上，B5 生不断地碰到桌子而发出噪音，A2 生一改以往凶巴巴的语气，用平和温柔的语气说道"B5，请你安静一点"，B5 生听了之后停止了摇晃桌子。中午吃饭时，估计 B1 生说了一些比较恶心的话，A2 生就在旁边提醒他"黄老师说了，说话要注意场合和时机，现在我们在吃饭，你不能说这个"（观—220521）。

A2 生在语言表达各方面都比较正常，他缺乏的是表达方式、时机和场合及说话语气的判断和练习。经过相应课程的学习，A2 生很快就理解和掌握了这些技巧，也能够进行有效的类化，通过访谈和教学省思记录可以看到他的这几项技能都有所提升，但 A2 生认为自己用适当的语气说话还是有点难，可能还需要教师或家长的更多支持。此外 A2 生因能力较好，他的表现很容易感染班级其他学生的表现，能起到同伴榜样的作用。尤其是对于 B1 生和 B2 生，若

A2 生是往正面的方向走，他们也会紧随其后，因此 A2 生的改善对于班级整体社会情感水平的提高具有领头羊的示范功效。

早操时参加接力赛的同学开始训练了，A2 生自从上次因自己说错话，导致 A3 生哭了好久，经过教师的指导与本课程的教学，今天他的说话方式和语气有了 180 度的改变，对 A3 生一直鼓励道："A3 生，加油，你可以的。"经过第一轮的试赛之后，因为第一棒的 B5 生不理解要在自己的跑道上面，一直要抢道，因此班主任决定还是把能够理解规则的 A3 生放在第一棒上。这时 A3 生有些犯难了，第一棒都是跑得比较快的男生，她害怕自己第一棒跑慢了而影响到班级的整体比赛，这时 A2 生在旁边鼓励她："没关系，你第一棒把他们都比下去。"其他同学也跟着 A2 生一起给 A3 生加油和鼓励，A3 生得到大家的肯定与支持，也就不再犹豫，坚定地走到第一棒起跑点（观—230528）。

学习了如何用恰当的语气说话，A2 生会用平和的语气跟 B5 生说"B5，请你把杯子放在旁边的椅子或是后面的柜子"，B5 听完之后也立即听话地把杯子放好。因为他们两个平时总是会因为一件小事争吵或是打架，今天这么和平的完成一次沟通回合，确实也是挺难得的，教师对此做立即的表扬、总结和回馈"你看，你刚才说话的语气多好听，B5 也听进去了，把杯子放在了旁边了，你如果在生活能够多多用这种语气说话，你的很多问题就可以解决了"，A2 生也笑着点点头表示赞同（观—230528）。

与 A2 生相反，A1 和 A3 生的日常沟通表现较好，教师的评价基本上为 4—5 分，但家长和她们自己的评价为 3—4 分。可能因为一只耳朵听力不太好，旁人与 A3 生沟通时经常需要放大音量或是走近身旁和她对话，在学校环境中，大家彼此熟悉，沟通都会比较顺畅，但在陌生的环境中她不太敢主动与人交往。A1 生则是由于性格比较内向，缺乏主动与人交流的勇气和自信。刚开始与我还未建立比较稳定的关系时，她回答问题总是不敢太大声，即使很多时候她的观点是正确的。因此，对于 A1 和 A3 生，首先是让其理解说话方式的含义，包括说话时机、场合这些对她而言比较陌生的概念，之后在课堂中通过口头提示与支架，鼓励她多多参与练习，并做及时的回馈与总结。

在这一年半中的学习中，研究者发现 A3 和 A1 生不仅在课堂上越来越大胆主动表达自己的看法，在日常的生活中与老师和同学的互动也越来越放得开，能够积极帮助班级其他学生指出需要改进的地方。A3 生会帮助 B2 生解释什么是尊重的做法、什么是不尊重的做法，直接告诉 A2 生不喜欢他的说话方式。而 A1 生，当有人要碰她的肩膀时她会义正词严地说："这是我的警告区，请你不要碰我。""A1 生以前一遇到困难很容易哭鼻子，现在的她胆子越来越大的，也越来越开朗了"（访—B4 妈—230624）；"A3 生现在也慢慢活跃起来，越来越有自信，会开始主动告诉我们一些事，这对她来说其实挺好的，因为像她这种进入青春期的女孩，很多事如果她不跟我们说，我们也不知道要怎么帮她"（访—范师—230921）。

在课堂练习时，A3 和 A1 生的表现也越来越丰富和完整，如在"发现对方的眼镜不好看，你要怎么跟他说"的情境图任务中，在教师慢慢的引导下，A1 生自己说出了"你可以换一个更好看的眼镜"。她的表达方式比我原本预估的还要适切，所以学生们都是有自己的潜力，有时候他们的进步就在无意之中显露出来，给予我们一定的惊喜。

（二）B 组学生的表现与改变

B1 和 B3 生在日常的基本表达与口语交流方面能力尚可，但在说话的方式、语气、场合、时机方面仍有较大的欠缺，检核表显示教学前为 3 分。他们总体的表现是在熟悉的场合中能够畅所欲言，一旦到比较陌生的场合，完全是另一种缄默的风格，但同时又具有较大的可塑性和教育性，能够正视自己的不足，善于接纳教师的建议。因此对他们的教学是先借由故事、角色扮演、游戏等策略帮助他们厘清主题内涵，之后引导他们综合学习说话红绿灯的技巧与步骤，并注重自然环境中的练习和教导，以帮助他积累正确的经验。

周五出去春游时，B1 生某件事做得不好，A2 生家长刚好在旁边提示一下，B1 生直接说"要你管"，我在旁边顺势提醒他注意自己的说话对象、用词和语气，B1 生当场也意识到自己的错误，并表示之后会改进的。特殊孩子的沟通表达方式不仅需要专门的课程教导，还需要在日常生活中对其多多提醒（观—230419）。

问题解决主轴学生版课程本位评估中，沟通领域的倾听要求对于 B1 和 B3 生而言足以胜任，从平时的生活表现也可以得以解释，对于直接的指令或交谈，二者一般也会做出正确的回应。根据"时间＋人物＋地点＋事情＋想法／评论"说一说照片的情境，在提示之下，B1 生能够断断续续地表达出"十月份，B5……操场参加一百米比赛"的句子，虽不算特别完整，但基本上交代清楚了情境中的要素，"加上自己评论或看法"还要在真实情境中多加以激发。"判断说话的语气"对于 B3 生来说也不难，题目中提到的一些不好的说话语气和她平时如出一辙，当念到这些选项时，我也会有意识地提醒她反思自己平时是否也有类似的经验，B3 生听了不好意思地承认了自己说话语气的不恰当之处，并表示今后会加以注意。对于说话时机、场合及方式的判断，B1 和 B3 生能够比较快地告知哪些情境的时机或场合不恰当，并提出一些比较简单的改进意见，如针对上课想要分享电影的情境应改为下课之后再说，但是对于说话方式的判断他们表现出困难，需要教师多次的解读，同时他们无法自主改进情境中的说话方式，需要在教师的带领下尝试说话方式的改变。

相对于 B1 和 B3 生，B2、B4 和 B5 生在沟通方面表现较弱，教学前普遍得分为 1—3 分，尤其在倾听方面，因他们的注意力一向难以集中，需要更多的练习。B2 对于自己想要的东西或是想要做的事情，总是缺乏正确的表达方式，经常会未经别人的同意直接拿走他们的东西。同时构音上的障碍进一步加大了 B4 和 B5 生的表达困难，因此对于 B 组学生需要结合辅助科技开展沟通教学。

在教学过程中对 B2 生加以一对一的辅导、给予足够的支架和提示，他的进步是有目共睹的。例如在《爱打岔的小鸡》角色扮演活动中，当 B4 和 B2 生讲完故事之后老师让大家一起分析"小鸡为什么总是打岔、造成的后果是什么以及如果下次要请爸爸讲故事，小鸡应该怎么做"，因为这个故事是学生自己互相合作讲完的，因此大家的印象都比较深刻，也比较能理解其中的意涵，分析过程中对于小鸡打断的时机不对，大家是比较容易理解的。B2 生在分析完之后主动提出了"小鸡的方式也不对"这一观点，但是当让他具体说出小鸡的表达方式错在哪里时他出现了困难，于是教师用口语提示他"你是觉得他应该更有礼貌地跟爸爸说，而不是直接地打断是吗"，"是的是的"B2 生赶紧点点头。教师也对他进行了立即性的回馈和强化。由此可以看出 B2 生开始内化所学到知识，而这种不断的支架和正向的回馈则进一步激发了他的上课动机和表达欲望。

而在沟通单元中对于如何专心倾听他人讲话，教导 B5 生一看二听三回应，并通过《小熊当快递员》绘本故事、听指令举牌、提示卡等策略强调该技巧的重要性和运用。经由平日的提醒，B5 生在课堂中专心倾听的情形略有改善，但在自然情境中对于教师指令或要求的吸收情形未有明显改善。基本表达要素中，经过几节课的学习和课后的个别辅导，B3 生不仅能够较完整地完成学习单任务（如图 6-8），还能在卡片的提示下看着班级活动的照片完整地说出“星期二下午，我们在风雨操场打球”，在实际情境中，亦能更清楚地表达自己的所见所闻。

我们已经学会用「时间+人物+地点+事情」的句子，请你用这种句子记录自己五一假期的活动，并且说给别人听，说完之后要请听的人签名！不会写的同学，也可以请大人帮你写下来喔：

日期	发生什么事	签名
4/12 例子	☑时间 ☑人物 ☑地点 ☑事情	☑完整 □不完整
	昨天晚上，我跟妈妈去超市买菜。	爸爸
5/1	□时间 □人物 □地点 □事情	□完整 □不完整
	星期六爸爸公园踢球	

图 6-8 B3 生基本表达要素的学习单

该主轴的沟通领域课程本位评估中，“倾听”如果只是单纯地在课堂中听指令完成任务对于 B 组学生来说能够达到本方案的要求，但在自然情境中因其注意力涣散，要达到与其他同学相同的倾听能力还需要多多练习。根据“时间+人物+地点+事情+想法/评论”说一说照片的情境，在提示之下，B2 生能够时断时续地说出“去年九月，我们……大家绘画室……在绘画室画樱桃”的句子，并加上自己的简单评论，如“我画的挺好的”。B3 生的特点是比较能说但缺乏逻辑性和完整性，沟通主题的教学让他的表达能力更上一层楼，如班级学生一起分享 B1 生妈妈带来的西瓜时，B3 生会不由得赞叹道“这西瓜好甜呀”。B2 生对说话语气的判断能力尚可，从教师的评价中可以看出他在学校中的说话语调越来越令人舒服，教学后的评价也很好，但家长认为他在家里说话仍有对长辈大呼小叫的现象，这可能是由于家人对他比较宠溺，使他形成了养尊处优的习惯，要让他和在学校时一样说话还需要家人保持一致的教养态度。经过学习之后，B组学生理解了说话时机、场合及方式的含义，能够根据所提供的情境解说做出比较正确的判断。对于时机和场合的改进，B1、B2和B3生能够自主表达建议，B4和B5受限于口语能力，需要借助图片或沟通笔进行选择。但对于方式的改进，需要教师做示范或提示，如针对如何加入别人谈话的情境，首先需要教师将情境做反面做法的解释，如"妈妈正在和阿姨聊天，你想告诉妈妈你的想法，就直接大声对着妈妈喊道妈妈你听我说，可以吗?"，B2生会立即回应不可以，接着结合"想一想、等一等、有礼貌地说"的视觉提示，B2生可说一些简单的正确做法。

二、友谊管理

（一）A组学生的表现与改变

在与同伴互动过程中，彼此之间的尊重与包容向来是A2生的一大短板，他比较少同理对方的感受，此项目在教学前的得分基本为3分。尤其是对于较弱同学，很多时候他只看到对方的不足而忽视了对方的闪光点，对老师有时候也缺乏基本的尊重：

中午午餐之后应该是打扫卫生的时间，但是班主任走进教室时发现大家都在吃香蕉，就将吃东西同学的代币星星各扣了一颗。A2生立马就急了，大声嚷嚷道"为什么要扣我的星星"，并把责任推到B1生身上，"都是他带头的"，气急败坏的他发现B5生也正在吃苹果，就冲着班主任吼道："B5也在吃苹果，你怎么不扣他的。"班主任也厉声喝道："我自然也扣他的，但是你怎么跟老师说话的，这么不尊重老师。"（观—230322）

从上例可以看出，自尊心极强又极敏感的A2生虽然在我的课上类似情境的角色扮演中表现不错，但是一到实际情境，他还是那么的容易冲动而表现出一些对他人不尊重的行为。当然这也不是一朝一夕所能改变的，通过课程学习A2生能够理解尊重与包容的重要性，可见加强课后练习对他来说尤为需要。

针对上述事件，我见状就先请他出去，他一个人跑到楼梯角落处。看他冷静了差不多了，我走过去问清楚发生了什么事，原来是因为中午的香蕉掰出来时，头部露出来了，他想先把香蕉吃了，以免香蕉变质了。了解了 A2 生的想法之后，我请他去向班主任解释清楚，但是他坚决不肯，还哭了起来。我又让他哭了一会儿，其实他基本上已经冷静下来，也知道怎么做了，但是他就是迈不出这一步，即使我一再鼓励他，并说明我会陪着他一起向班主任解释清楚，但不论我怎么劝说，他还是不愿也许不敢向班主任道歉和解释清楚。

到了放学，我下楼梯时刚好遇到班主任正在 A2 生说今天的事，我走上去再次请他向班主任道歉，这时他终于向班主任说"对不起"。我请他把事情说清楚，谁知他又开始哭了，我把事情的原委大概说了一下，班主任听后，说道："这其实是他找的一个理由，他就是认为我只扣他的星星，没有扣其他人，心里不舒服。"所以其实 A2 生很在意星星的数量，而自己还没看清楚老师已经公平地把每一位吃东西学生的星星都扣了一颗，还没有把事情搞明白，就妄自下定论，认为老师只扣了他的星星，觉得受到不公平的待遇时就会大发雷霆（观—230322）。

纵观这件事的始末，我反思自己在处理这件事时的表现：一方面能够抓住时机，及时引导，并跟他坚持到底，坚持自己的原则；但另一方面，我在处理这件事的时候，也太急于求成，一心想着研究，想让他把上课学习的内容用上去，因此一而再再而三的要求他道歉和解释。但现在正式课程刚开始不久，学生未必能够这么快的将所学技能类化至生活情境。我应该学会以平常心看待这些事，给予学生足够的时间真正意识到自己的错误，再做要求也不晚。在现场中，我的研究固然重要，怎么教、教什么也很重要，但是社会情绪与沟通能力的形成、尊重行为的养成不是仅仅在课堂上 35 分钟就能实现的，也不是有什么固定方法能够提供蓝图，都还需要在各种情境中学习。而在教与学的过程中，师生之间互动中的情感传递、感知和体验更是在细雨润无声中滋养着彼此的碰撞与成长。

A2 生的表现总是会让我的心情像过山车一样，忽上忽下，当他表现出与我课程理念相悖的言谈举止时，我就会开始问自己这门课程对他是否意义？当他的表现符合我的期待时，我又开始相信他和自己。有时候想想，即便是同龄的普通学生，要将这些社会情感技能内化也需要足够的时间沉淀，由此对于这些参与者的表现，我不应急于求成，也不可时时刻刻想着论文进度，应该尝试将这些外加的要求先暂且抛弃，以平常心来看待我和他们之间的互动，捕捉他们的一言一行，或许会收获不一样的风景（志—230525）。

我对 A2 生期望的调整，从一开始的"恨铁不成钢"到坦然接受他在参与教学中所出现的各种可能状况与不被期待的行为，并尝试站在他的角度来解读这些表现，尊重他的想法，利用放学时间与他共同讨论所发生的事件，这种有价值的对话和讨论在他的学习中发挥了积极作用，鼓励他对自己与同伴之间的互动进行自我反思。

最近 B5 生的情绪比较亢奋，很容易被激怒，而 A2 生又很喜欢管其他人的事情，今天中午 A2 生看到 B5 生还在吃东西没有打扫卫生，就直接过去把 B5 生的东西收起来，B5 生也不甘示弱，推了一下 A2 生，A2 生直接还击回去，二人就这样争执了起来……把他们劝开之后，了解了事情的原委，我分别找 B5 生和 A2 生单独谈话。待 B5 生平复后，我和班主任告诉他希望他下次可以用嘴巴跟别人商量，而不是用手脚去解决事情，B5 生听后点点头表示同意。班主任表示 B5 生一般是吃软不吃硬，所以不能和他硬碰硬，因此就有必要教导 A2 生如何更好地和 B5 生相处。之后我又和 A2 生讨论刚才所发生的事情，但他坚持认为是 B5 生先惹他生气和推他的，他推回去是合情合理的，这也是他妈妈告诉他的道理。我心头一震，"原来家长都支持这种以牙还牙的做法"，看来有必要跟他好好做进一步的沟通。我利用放学时间，和 A2 生再次讨论今天所发生的事情，刚开始他的态度仍是很坚持，我有点想要打退堂鼓，但是转念一想，B5 生已经接受了我的说法，以后他们俩肯定还有其他的冲突，如果现在不处理好，之后的麻烦更大，难道我就这样放弃这一个挑战的机会吗？不，我相信我自己可以做得到。于是我重新调整了思路，先是举例说明之前他们两个以友好和平的手段解决问题的良好结果，与今天截然不同的结果做对比，结合课程内容让 A2 生知道对于 B5 生其实可以直接告诉他"你的这个行为让我觉得不舒服"，了解换一种更明理方法的必要性与重要性。接着向 A2 生阐明 B5 生已经意识到自己的错误，接受了正确的做法，如果他也能做出相应的改变，对于他和 B5 生之间关系的改善会大有帮助。最后好不容易说服他，让他的观念有所转变，其实我心里面还是会有些担心，毕竟这与他家长的教育理念相冲突，想要改变实属不易，但是看着他的眼睛，我应该可以确定他是理解了！

（观—230528）。

上述事件中我在辅导 A2 生的过程中，通过语言来询问旧经验，提取信息，通过不断的沟通试图改变他"以牙还牙"解决问题的错误认知，引导其采取更有助于友谊维持的策略，以更包容的态度对待和同伴之间的矛盾。从维果斯基的社会心理理论来看，通过成人或更有经验成员的中介，帮助学生统整新知识和信息到他们目前的知识结构里，而不断提升问题解决和情绪管理能力。

A1 和 A3 生在班级中都比较受欢迎，与同学之间基本上保持良好的关系，教学前教师、家长及自身对于该单元的评价基本上为 4—5 分。因此她们在这方面可作为同伴榜样，尤其是对于 A2 生和 B 组生会有较好的示范作用，同时通过该主题的学习，希望能够提升二者的友谊管理水平，使其主动肯定他人，能从不同的角度看待同一件事或同一个人。

（二）B 组学生的表现与改变

B 组学生可能尚未理解尊重与包容的概念及重要性，这导致其在日常生活中有时候无法包容和尊重他人，自己却浑然不知。尤其是 B2 生，他在教学前的评价平均 3.45 分，B1、B3、B4 和 B5 生的尊重与包容的日常表现尚可，但在判断朋友优缺点及同理同伴方面比较困难（平均 2.5 分）。因此，首先需要帮助他们习得这方面的社会情感知识，并引导其进行练习。教学过程中首先运用以社会情感故事、绘本故事和角色扮演包裹式的教学策略，借由讨论和扮演故事中的情节与角色，唤起学生与故事中的类似经历，进而投射至自己日常生活中的表现，反思自身对他人的包容与尊重。通过影片和图片展示尊重包容的恰当与不恰当做法以及同伴的例子，让学生借由正负例子的对比，深化对于此概念的理解，从最熟悉的伙伴身上学习，促进彼此认知的成长。正式活动结束之后，在日常生活中提醒学生注意对于与自己不同的人的包容与尊重，尝试发现其他人身上的闪光点。

在问题解决主轴学生版课程本位评估中，对于尊重与包容的议题，B1 和 B3 生很容易从几组对比鲜明的情境图中选出哪些做法是尊重和包容的表现，哪些不是，说明他们已经理解了其中的含义。B1 生还会联想到课堂中所讲的故事，但是要让他联系生活经验举例说明则比较难，于是我以他自己包容别人的行为为例，引导他理解"尊重与包容"在生活中的表现：同学腿脚不方便，一起打扫卫生时，同学只能负责比较简单的擦桌子工作，B1 生会承担更多的任务，他不仅没有抱怨，有时候还会主动帮助同学完成。B1 生听了恍然大悟，说道："B4 也经常帮我们把卫生全做了。"B1 生在生活中这方面表现尚可，只是他自己可能还没意识到这些就是尊重和包容的体现，教师可多加以说明。

根据几组对比鲜明的情境图 B2、B4 和 B5 生也能够比较快地选出哪些做法是尊重和包容的体现，哪些不是，说明他们已经理解了其中的含义。在我举班级学生的例子说明何为尊重与包容之后，B2 生也能相应地说出简单的例子，如"我不会时 A3 生会教我，不会笑我"，我也趁此将他平时一些他自己可能没有意识到的对他人不尊重的做法厘清，如别人摔倒自己却觉得好玩、给别人取绰号等，以期他能重新认识到自己不正确的做法。

三、两性互动

（一）A 组学生表现与改变

作为班级的女生，进入青春期的 A1 和 A3 生开始面临关于两性之间互动的问题，如有男生要故意碰她的身体部分，该怎么办？或是男生在自己面前说一些尴尬的话，该怎么办？这些问题对于 A1 和 A3 生来说，现阶段可能还是比较疑惑的，教学前的评价为 3—4 分，平均 3.5 分。故这一单元课程对她们最大的帮助是使其解开了心中的多个疑问，如进入青春期自身和同学在生理和心理发生了哪些变化、有男生不尊重我要怎么办、有人让我很生气怎么办等。当我在讲解相关的技巧或原因时，她们总会频频点头，有种豁然开朗的感觉，因为课程中很多都是她们生活中会遇到的问题和困扰，当 A1 和 A3 生能将习得的技巧与之产生联结时，类化效果就显而易见了。

中午吃完饭后，A2 生在开 A3 生的玩笑："A3 生，那个男生总是给你送东西呢，他是不是对你……"A3 生有些不好意思，说道："黄老师说了说话要看场合的，你现在这么说就不对。"我刚好就在旁边，顺势引导 A2 生："你看现在食堂这么多人的地方，这么大声地说出来，A3 生会很尴尬的，你可以换个地方或换个方式说吗？"A2 生："那我到时候悄悄地问她。"我："嗯，可以的，但是如果 A3 生不愿意说，你就不要再问了。"A2 生："好的。"（观—230517）

　　本课程所教导的技巧让 A1 和 A3 生在解决问题时有据可依，再加以教师的适当辅助，得到良好的结果进一步促进她将这些技巧类化到实际生活中，真正达到学以致用的效果，这种良好的效果反过来又让她们更加勇敢，主动与成人沟通自己所遇到的问题，为自己发声。

　　中午 A2 生告诉我 "A1 生昨天玩游戏时被五年级的强强在额头上亲了一口，她告诉我的，让我不要告诉老师，她也不敢告诉爸爸妈妈，不然她就完了，我也完了，但是我觉得这件事是比较严重的，我觉得我应该告诉老师的"。我："你说的很对，但是你先不要声张，A1 生可能还比较害羞，我们老师会帮她处理的。" 正当我在想怎么处理这件事时，范老师走过来问："A2 生是不是跟你说 A1 生的事。" 我："是的。" 范老师："我也正想和五年级班主任说呢。" 我们边走边讨论着，却看到 A1 生自己去和五年级的班主任马老师说了这件事，我和范老师当时觉得有些惊讶，A1 生竟然会自己主动把这件事告诉了老师，看来已经开始有较强的自我保护意识了。事后 A2 生和 A1 生说："你看你说出来并没有完了呀，老师说了遇到这种事情要说出来的呀。" A1 生："我知道的，我也是在课上听了老师的话，觉得应该说出来的，所以我才和马老师说的，但是你为什么要和其他人说？" A2 生："我也只是告诉老师，他们是大人，会帮你的。" "我会自己说的"，A1 生边说边有些不悦。我走过去进行调解："A1 生，你今天很勇敢，遇到这种事能够及时告诉老师，老师们都会帮你的，但是 A2 生他也是善意的，也是想要帮你的，可能他的表达方式不太对，让你不太舒服，对不对？" A1 生点点头，我转而告诉 A2 生："我们都知道你是善意的，想帮助 A3 生，但是你在表达方式上可能需要注意一些，可换一种方式，比如在 A1 生同意的情况下鼓励她自己来跟老师说，或是悄悄地、找个人少的地方告诉老师，毕竟我还要考虑到 A1 生的感受，你说是不是。" A2 生很诚恳地点点头，并且真诚的和 A1 生解释明白，两个人又正常的有说有笑（观—230611）。

　　A2 生也面临着这方面的问题（平均 3.5 分），如被男生摸生殖器、在生活环境中受不雅影片影响等。之前他对自己和他人的身体界限并不是很明确，掌握了一些比较基础的自我保护技巧，但对于在比较复杂的社会情境中如何更有效地保护自己还需要进一步的练习。学习之后，他能够比较清楚自己和他人的界限，在原有的基础上获得了更多元的自我保护方法（平均 4.5 分）。

自我保护和两性互动的课程对于青春期特殊儿童具有重要的作用,实施这方面的教学确实能够让学生减少一些困扰,且应延续至在他们今后的生活乃至毕业进入社会之后的运用,还可从更低的年级就融入该方面的课程,以提早做好准备和防范。

(二) B 组学生表现与改变

随着年龄的增长,B1 生对于自身发育以及两性之间的好奇越来越大了,因为不太了解关于青春期的相关知识与互动要求等,教学前教师和家长对他的评价基本上是 3 分,他有时候会表现出一些比较不恰当的言谈举止。"平时他一个人在家的时候,总是喜欢把他姐姐的背心或袜子拿出来试穿,我们好多丝袜都被他拿出来穿了一次就扔掉了,你说都这么大了,怎么还能这样呢。"(访—B1 妈—230316) 这不仅是让家长担心的问题,在学校里他也时不时地表现出一些让大家比较难以接受的行为,有一天午休之前他和班级的另一位男生躲在同一间厕所里面好一会儿,估计他是对生殖器官有了较大的兴趣(观—230301)。在公众场合他只要看到女性就会用一种暧昧的口气喊道"好美呀",不管对方是学校的学生还是外面的阿姨或奶奶,"他现在还小,在外面这么喊,大家可能还不当一回事,但是如果不加以管教,等大一些见到女性就轻易地喊什么好美呀、腿好长呀,这就很轻佻了,试想一个青少年莫名其妙的朝你乱喊,你是不是觉得很不受尊重,到时候外面的人又不了解他的情况,也未必能够包容他"(访—童师—230425)。对于这些孩子,要以同龄阶段的社会行为来要求他们,即使他们心智年龄较低,一个十几岁的男生和一个三四岁的男孩见谁都叫道"好美呀",这是两种完全不同的心理感受,结果也截然不同。另外,B4 生总是会在不经意间用手拍女生的屁股或是摸男生的生殖器,如果教师当场有发现会对其进行实时教育,但更多时候教师也无法得知他的这些不雅行为。所以对特殊孩子来说,尤其是青春期的孩子,应以符合其年龄的要求让他们学习相应的内容,更重要的是改变他的认知,进而使之控制自己的行为,这方面的课程对于 B 组学生来说真的是必不可少。

因为 B1 和 B4 生在角色扮演中总会有精彩的表现,甚至为我的教学提供灵感,在教学过程中我也会有意识地让他们多多参与到角色扮演的环节,让他们通过自己的表演优势和喜欢的方式来感受学习的快乐,从而享受学习,对学习有信心。在学校环境中，确定学生的优势并为他们提供锻炼的机会变得非常重要，这使学生有机会获得更多必需的技能。两性互动和自我保护的主题中，我充分利用 B1 和 B4 生的这种优势让他参与不同情境的角色扮演，如在"当你不小心碰到异性的黄色警告区，你会怎么做"的情境表演中，B1 和 B4 生的出色表现不仅向学生展示了正确的做法，也促进了他对这一技巧的更深理解，他们在该项目上教学后的评价为 5 分。这些机会对于学生而言也是价值感的体现，比如 B1 生，每次的角色扮演之后当得到台下同学的肯定时他总会开心地与大家击掌，这种成就感体验最直接的效果就是使学生将所习得的技能延伸至生活情境中，在周围同伴的提示下，B1 生与异性互动中表现出不被接受的行为频率逐渐减少。

B2 和 B5 生对于两性之间互动反应还是比较迟钝的。虽然他们的生理年龄已经是 13 岁的青少年，但在两性互动上似乎还停留在一二年级的水平，教学前的评价为 2.5 分。其他学生可能是出于好奇和青春期的冲动，想去探索和碰触异性以及自身的生殖器，这就需要学习该方面知识来约束自己的行为和自我保护。相对而言，B2 和 B5 生不仅不理解该阶段应有的界限，对于男女概念也比较模糊，对他们的教学就更为复杂。不仅要教会他们如何保持人与人之间的界限，还需要引导其掌握更多的基本知识作为铺垫，例如男生和女生的区别等，以防他们在两性互动中表现出与其年龄不符的行为来。尤其是在公众场合中，作为一名已经在外形上发育正常的青少年男生如果随意触摸异性，陌生的女性们往往会觉得很奇怪，甚至会觉得这是性骚扰，结果可想而知。因此在两性互动单元中不管是约束警报还是四个自我保护的警报，对于 B 组生来说都是重要的教学内容。而经过本单元的学习，B 组生能够开始慢慢留意自身与异性之间的肢体接触，不会像以前那么无所顾忌的直接拉、摸、碰异性，在和异性开玩笑时也会慢慢注意自己的用词。

两性互动中加强 B1 生对于身体界限的认识尤其重要，从 B 组学生版的课程本位评估过程可以看出，经过学习之后，B1 生能够认识到自身身体界限的红绿灯，但对于别人的尤其是异性的，他的认识还不够，需要老师多加以强调，以免发生不必要的冲突。在区辨和不同的人有不同的身体界限时，B3 生表达速度比较慢，一般是教师指着她的安全圈（题目中的安全区标识）问道

"小区叔叔和你是什么关系""他可摸你的脸吗"等，她才能比较准确地作答，最后再结合起来跟着教师一起说"（小区叔叔）和我认识但不熟，可以微笑点头但不能摸脸"，虽然这道题作答过程很缓慢，但是对于B3生宁可放慢速度，也要加强他对于人际互动中身体界限的认识。对于自我保护的五个警报中，因课堂上均有相应的影片说明，且B组生也多次参与了角色扮演，印象比较深刻，因此选出每个警报的具体含义和做法，对于他们说比较容易。

不同于班级其他男生对异性充满了好奇，具有探索性别的冲动，在平日的观察中B2和B5生在两性互动中并未有太多的不良行为，据家长和教师反映这可能是因为他们在身体发育方面比较慢，对于性别意识目前还停留在一二年级的水平。但也正因为如此，教师和家长觉得有必要让他们提前接受相关的教育，以使之行为表现与年龄相符合。教学前B2和B5生对于身体界限没什么概念，从B组学生版的课程本位评估过程可以看出，经过学习，二者开始意识到每个人都有自己的身体禁区和警告区，知道了和不同的人接触有不同的界限要求。B2、B3、B4和B5生的自我保护技巧需要重点强调，教学之前他们在该方面的意识薄弱，容易被人煽动，教学之后，B组生初步了解了所学的五个警报内容和相应的策略，但仍会有混淆的现象出现，需要加以区分和学习。

四、学生社会问题解决表现与改变的综合诠释

将学生社会问题解决主轴教学前后教师、家长及A组自身的课程本位评估情形整理如表6-3所示：

表6-3   学生社会问题解决主轴教学前后的课程本位评估平均值

	教师		家长		学生自己	
	教学前	教学后	教学前	教学后	教学前	教学后
A组	73.2	88.5	70.0	82.8	59.3	75.6
B组	64.8	77.6	61.5	75.0		

综合三个单元的学习，从上表可知第三主轴社会问题解决的自我评价中（总分100分），A组生实施课程前为59.3分，实施课程后为75.6分，该主轴教师对A组生在课程实施前后的评价分别为73.2分和88.5分，家长的评价为

70.0 分和 82.8 分。

　　进一步分析课程本位评估发现，经过本方案的教学，A2 生大部分技巧都有或多或少的进步，沟通方面"判断说话的时机、方式、场合""适当地加入聊天"和"基本的表达要素"基本上能够达到社会的期望，但在说话的语气方面（平均为 3.7 分）三者一致认为虽有些许的进步但仍需加强。而在两性互动方面和自我保护方面，A2 生也获得了一定的进步。A2 生的另一项弱势体现在对他人的尊重和包容上，虽在自然情境中能够观察到他在这方面的进步，但教师和家长普遍认为包容与尊重仍应该是 A2 生后续的教学重点，教学后平均分为 3 分（教师）和 3.3 分（家长），这可能是由于 A2 生长期以来所具有的优越感和家长的影响，让他虽已在认知上理解了尊重和包容的含义、重要性等，但在实际行为中仍无法达到理想的状态。

　　课程本位评估结果显示，经过本方案教学，A1 和 A3 生的社会情感能力有了较大的进步，且自评中表明 A1 和 A3 生也认为自己在社会问题解决各方面有了较大的提升。教学之前，三者普遍认为她们在尊重与包容他人、同理同伴、合作分工及主动帮助他人等这些方面表现不错（4—5 分），教学之后她们在这些方面有了更深的理解。对于沟通领域，A3 生在"倾听并理解对方的谈话能力"方面水平尚可（平均 4.7 分），只是受限于一只耳朵听力受损，有时候与她交流对方需要用较大的音量。但在用适当的语气说话，注意说话的时机、场合及方式，适当加入别人的聊天以及表达事件基本要素这几项，教学前 A1 和 A3 生均觉得有点困难，二者的评价平均 3.5 分，在熟悉的学校环境中她们沟通能力表现比较符合教师的期待，在小区或是其他比较陌生的环境中家长认为还有待提升。经过学习之后，A1 和 A3 生综合自己在校内和校外的表现认为自己可以得到 4—5 分的评价，而家长只是在有限的时间内观察到她们特定场合的表现，据此认为她们还需要该方面更多跨情境的练习。对于身体界限的概念，A1 和 A3 生教学前认为自己不太了解（平均 3 分），教学之后清楚了自己与他人的身体界限要求（4—5 分）。而家长和教师认为她们知道有些地方不能被别人碰或碰别人，要与他人保持一定的距离，只是还未接受过身体界限的说法，经学习之后她们能够厘清人际互动时尤其是和异性互动时的界限。对于自我保护技巧，教学前 A1 和 A3 生知道一些简单的技巧，如离开、请大人帮忙，但是对于一些更有针对性的策略，如"假设对方力气很大，你跑不掉，怎么办？"这类情境，她们尚不知如何处理，同时她们虽然知道了一些基本策略，但较少将其付诸实践。教学之后不仅获得了更有针对性的自我保护技巧，从日常表现中也能观察到 A1 和 A3 生越来越敢于运用这些技巧，因此教师和她们自己均认为有了较显著的进步（4—5 分）。

教师和家长对 B 组生的社会问题解决评价教学前为 64.8 分和 61.5 分，教学之后分别为 77.6 分和 75.0 分（表6—2）。检核表结果显示，经过本方案的教学 B 组生大部分技巧都有不同程度的改善：沟通方面，"倾听和理解他人的说话内容""判断说话的时机、语气、场合"以及"适当地加入聊天"和"基本的表达要素"均表现良好，但在判断说话的方式和改善方面（平均分3.5 分）仍需要教师在自然情境中多加以引导。比如 B1 生，在学校能够做到对同学、老师尊重和包容，但在家时对于包容他人的错误，家长认为他还有不少的改善空间。经访谈可知在家时 B1 生熟悉、固定的玩伴较少，对于一些刚认识的普通玩伴，B1 生比较难以做到包容，而在学校面对熟悉的同学，B1 生与他们经常能够包容彼此。而在两性互动方面，教学前 B1 生对于自己和他人的身体界限都不清楚，经常会摸或碰别人不愿意被碰的地方，且对生殖器充满了好奇，教学后 B1 生获得了两性互动方面的知识，知道现阶段大家处于青春期发育阶段，男生和女生在生理和心理上都发生了很大的变化，每个人都有自己的身体界限，要尊重别人尤其是女生的身体界限（4—5 分）。家长和教师认为这方面的学习应延续至 B1 生的未来。对于自我保护，教学前 B3 生已经了解一些简单的做法，经过学习之后，知道更多的自我保护情形和对应的做法（平均4 分）。

教学前后检核表显示，经过教学 B 组生大部分技巧都有进步：沟通方面，判断说话的时机、语气、场合和基本的表达要素基本上能够符合教学目标，但在生活中 B2 生的倾听能力有待更多的改善，而如何更好地加入别人的聊天，家长认为 B2 生表现尚可，教师则认为 B2 生有些时候还是会比较任性地打断他人的谈话，这可能是由于相较于倾听、情绪表现等，此类问题还未引起家长的重视且家长平日工作繁忙无暇顾及一些比较隐性的行为（3—4 分）。家长和教师皆认为 B4 生为人大方热情，原本对于一些事情就不会寸量铢称，在学习本课程中，更有了包容的意识，即使是别人侵犯了他的利益，在成人的劝导下，他也会比较快地接受别人的道歉并原谅他们；相比之下，他的尊重表现逊色了些，教学过程中仍会有不尊重他人的行为表现，如会将所模仿到的一些不雅词语用在老师或同学身上，B4生可能对于尊重的理解还只是停留在表层中，生活中他又很容易被外界的信息所诱导和影响，因此未来还需家长或协同伙伴多加以注意。在两性互动方面，教学前B2、B4及B5生少有不良行为出现，主要原因是他们还尚未有该方面的意识，对于自身和他人的界限都是懵懵懂懂的，教学之后家长和教师认为他们有了些许意识（3.5分），但还比较淡薄，由于他们的两性互动经验有限，未来可多多结合他们身边的例子加以引导，以为其发展做好预防。尤其在家或小区中他们会面临更多的诱惑，未来可加强家校合作，将学生在家庭和小区所遇到的情形呈现于课堂上加以分析。

从上述可知，A组学生较B组有更好的认知能力，教学前后教师和家长对A组的评价均高于B组，但从教师评价中学生进步的百分比（A组生进步15.3%、B组进步12.8%）来看，虽然B组学生的认知能力较弱，但经过学习他们同样能获得进步，而家长的前后评价则显示B组进步更为明显：A组进步12.8%、B组进步13.5%。因此设计适当的学习内容，运用有效的问题解决教学策略能够帮助轻中度特殊儿童发展相应的技能（Cote，2009）。A组生亦认为自己有了16.3%的进步，其中A3生对自己有较高的肯定，教学后为89分；A2生对自己的评价较低，显示他也意识到自己在生活中所存在的不足，主要是关于友谊管理方面的技巧，未来可多鼓励他克服自身的不足，引导其将所获得的技巧付诸实践。家长的检核表显示其对A3生的评价较低，经访谈可知因工作缘故，A3生的家长与她互动的时间有限，也比较少有机会能够观察到A3生的这些表现以及感受到她的进步，未来建议家长多多增进与孩子相处的机会，用心感受孩子的需求。

第四节　成果归纳与受访者观感

在教学现场中，我大部分会利用课间或放学时间和学生谈话，在这种自然情境下让学生自由发表想法或意见。与协同伙伴、家长的讨论一般以午休时间和放学时间为多，在时间较充足的情形下了解他们对教学过程的建议和看法。

虽然本研究还有一些不尽如人意的地方，学生有时候的表现也会让我觉得失望或受挫，但是当新的一节课中，看到他们积极参与角色扮演的热情、跟着PPT图片听我讲故事的认真表情、在桌游中的投入状态……看到他们虽是微小但日益改善的行为表现和学习单，我又觉得自己的社会情感教学对学生是有一定吸引力的。只要给予足够的时间和正确教学教法，蜗牛一步一步往上爬的轨迹终有一天会呈现在我们面前，但愿这个研究是带领特殊儿童获得良好社会互动的开端，而非结束，希望未来有更多的教师能关注特殊儿童的社会情感，让他们获得更好的生活质量！（志—231226）

一、学生的回馈

行动方案共三个主轴，十五个单元内容，在课程结束后我对学生做了简易的回馈调查，主要是以半结构式的非正式访谈方式进行，包括"你喜欢上黄老师的课吗？为什么？""你觉得黄老师的课有什么地方需要改变的吗？""如果继续上，你还想要学习什么？"对于"你喜欢上黄老师的课吗？为什么？"的问答，B1生和A2生的回应是"喜欢"，因为可以听各种好听的故事，可以参加各种角色扮演，还有有趣的游戏可以玩。A2生补充说这个课帮助他看到自己确实存在着很多需要改变的毛病。A3生则认为该课程让她知道了怎么去对付生活中经常遇到的一些问题，尤其是有关自我保护方面的问题以及青春期所面临的一些困扰，这些之前她可能会因害怕被人说笑而羞于开口，现在则会尝试把自己的想法说出来。B2生的回复亦是喜欢，因为在他为数不多的星星奖励中有不少是在我的课堂上获得的，这让他很有成就感，而且他很喜欢角色扮演中上台被瞩目的感觉。对于需要改变的部分，A2生希望能够减少一些作业单和多一些故事，B4生表示想多一些游戏和角色扮演类的活动和时间，B2生想要更多的表现机会，A1生则表示都挺好的，喜欢有新知识的感觉。对于未来继续学习部分，A2生想要知道怎么在网络上安全的交朋友，B1生希望能和自己喜欢的人做好朋友，B3生表示老师教什么都可以，A3生则想要学习怎么和家长沟通以及如何和异性更好地相处。从上述学生的回馈我发现，八位参与者均喜欢上此课，比较让学生印象深刻的游戏、故事和角色扮演等活动，有助于提升学生的学习动机和参与度，此回馈与本研究的观察及访谈结果一致。

二、教师和家长的访谈与建议

（一）对活动方案成效的回馈

1. 学生情绪管理有些许改善，开始展露正面的情绪控制，但仍需进步

对于本课程的教学，协同伙伴确实体会到了对学生的正面影响，加之教师的适时提醒与回馈，学生总会在不经意间让我们看到他们的成长和蜕变。学生情绪作为特教现场中普遍存在问题，自然也成为教师和家长的首要关注点。本次历程的情绪学习，参与者们原本的学习基点不一致，如 A2 生和 B1 生需要针对具体问题重点改善，而 B2 生和 A3 生因原本情绪状态相对较稳定，情绪管理的学习更多的是防患于未然，整体上八位参与者在该方面的表现均获得比较正面的肯定，具体如下所述：

在闹情绪的次数上，A2 生妈妈表示现在 A2 生有所减少，"我的脾气也是比较急的，如果我说几遍他还不动，我就会发火，一到这个时候他一般也会有情绪出来。但是现在稍微好点，比如我每次要给他带康复机把他的腿绑好，要是铃声响了他还不做好准备，我就会说他，现在我说他时，他有时候只会笑一笑，以前就是会直接拉着一张脸不理我"（访—A2 妈 230920）。在情绪表达方式上，"B1 生不会像以前表现得那么明显，虽然经常也是有情绪的，但是表达会柔和一些，比如他每次中午起床后好像都还没睡饱，就不喜欢别人去找他，现在他都会先自己一个人坐在旁边，等缓过来了再和别人一起玩"（访—徐师—230514）。B1 生家长也反映"B1 生这学年以来在家的情绪表现较之前会好一点，但是一生气起来还是会经常忘记（控制情绪）"（访—B1 妈—220514）。对于有时会因为外界事件刺激而情绪波动较大的 B2 生，如当有人不遂他的愿，他就会出现生气、烦躁不安等情绪，其家长表示"学会根据情境调整自己的情绪对他很重要的，这学期所学习关于情绪管理的一些小办法对他来说多多少少还是有用的，我也想在生活中让他多试试"（访—B2 妈—231224）。A1 和 A3 生学习了情绪管理的知识与技能之后，更能敏锐地感受和同理周围人的情绪，也掌握了更合理有效的自我调节方式，B4 和 B5 也初步感知了情绪的

辨认以及管理的有效策略。

　　情绪的改变并不是一朝一夕就可以实现的，八位参与者虽或多或少都有进步，但将技能技巧运用于实际情境现阶段他们仍需要成人的引导或提示。情绪影响着特殊儿童最终的行为表现，家长和教师一致认为情绪教育应贯穿至孩子们的整个学习生涯，"之后希望 A2、B1、B4 和 B5 生在情绪控制方面能够再好一些，有时候还是会冲动，而且又容易受到别人的教唆，一冲动之下可能会做出一些难以预料的事"（访—童师—231114）。情绪管理还未达到完全自控的学生，这方面的教育是他们未来不可忽视的课程。

　　2. 学生会有意识地解读社会情感情境的信息，是非与善恶的分辨对他们当下及未来都尤其重要

　　八位参与者对于社会意图的解读也不尽相同，如 A2 生总是将他人的行为归为敌意，B2 生却相反，常常缺乏自己的判断而容易上当受骗，"这方面要教起来也不容易，但是对我们的孩子很重要，尤其是以后要进入社会或参加工作"（访—章师—221029）。经过学习之后，学生也在无意识中萌发了对社会信息的运用：

　　B3 家长表示 B3 生"有时候愿意主动讲一些学校里面发生的事，会觉得哪些人的一些做法是不好的，会开始有好人和坏人的意识"；B2 生家长则指出 B2 生"对于不小心或故意的辨别，感觉他现在不会像以前那么容易受到别人的影响，有时候会自己做出判断，但是善意和恶意目前对他来说还是比较难的，还是要多多练习"。教师们认为 A2 生经过学习后，要准确区分同学的行为意图并不难，且在日常生活中也会流露一些善意的行为，"就像上次 B2 生生日时，A2 生陪他送蛋糕到吴老师的办公室，很贴心地提醒 B2 生留张纸条，并帮忙写下'吴老师，请你吃蛋糕'，B2 生再把自己名字写上。事后吴老师看到这张留言条，开心地拍照分享到班级群里，我们和家长当时在群里看到就觉得 B2 生应该不会自己写出来，后面才知道是有 A2 生的帮忙，家长们不仅表扬了 B2 生，也表扬了 A2 生"（访—童师—231204）。A2 生仍存在的主要问题是"即使他知道别人是不小心的，但是心里就是不舒服，就一定要报复回去，这可能是家长的教育理念影响的吧"（访—范师—230527）。A1 和 A3 生学习了以后不仅自己会做出判断，还能帮助同学分析别人行为的意图，并基于自己的判断思考对应

策略。

总之，教师和家长基于学生的长远发展，认为对社会信息的恰当分析能够帮助学生避免与他人产生不必要的冲突，且能力好的学生还能根据自己的判断自主产生一些对应的解决策略，以提升自己未来独立生活的能力。

3. 学生会展示出好的问题解决方式，更多的练习机会和技巧学习有助于其提升自主的解决问题能力

学生每天都有可能面临着各种各样的社会互动问题，已是青少年初期的他们也不能事事都依赖教师或家长，"你的问题解决模式也许能够帮助 A 组学生更独立地处理自己遇到的麻烦"（访—范师—230527），在本行动中，学生们也展示出了各自的解决过程：

在尊重与包容方面，教师和家长们都认为 A2 生有明显进步。在上述 A2 生善意提醒 B2 生留纸条事件中，对于 B2 生无法写出纸条内容的情况，A2 生不仅不像以前那样说"这都不会"，还会主动帮 B2 生把内容写好，并让 B2 生写上自己名字，这就是对 B2 生想更好完成这个任务的尊重，包容 B2 生书写表达能力较弱的特点。B1 生在这方面的表现也得到很大的认可，"他对同学也会更加包容，比如上次外出徒步，他的任务是带着 B5 生一起走，中途 B5 生好几次都杵在那边不肯走或是看到椅子就坐下来，但 B1 生都很有耐心地鼓励他继续走，实在劝不动就拉着走，大热天要走那么久，结果 B5 生在 B1 生的带领之下还真的走完了来回全程，我们教师可能都未必能像 B1 生带得那么好，但是他却毫无怨言地带着 B5 生走完了。现在 B1 生看到班级同学一些比较弱的表现，不再像之前那样觉得好笑或好玩，有时候还会表示关心，比如经常帮 A2 生解开腿部的束缚带，有时候也会帮 B4 生搬椅子"（访—范师—230527）。B2 和 B4 生也"开始有尊重的意识，有时候遇到问题会根据自己的经验，去采用可能的方法"（访—范师—220527）。

在沟通方面，范老师和陪读家长认为 A2 生有在慢慢改善自己的沟通方式，并提到一些事例，例如整队时他一改以往强硬命令的吼叫"××，你还不赶紧给我过来排队"，而是用好听的方式"××，我们要去排队去休息了，请你快些哦"。向来喜欢管事的 A2 生想制止 B5 生玩伞，说道"B5 生，请你不要玩伞了"，B5 生听了竟然也做出了回应，A2 生又耐心地跟他解释了一遍，B5 生最

后听话地把伞收了起来。从中能明显地感受到当 A2 生好好说话，而非采用大吼大叫这种伤人又害己的方式时，他的很多要求都能得到较好的回应，"但是要让他在短时间之内达到让自己经常性运用和保持这些良好的社会情感，也并不容易，还需要教师在实际生活中多加以引导，当然如果能够让父母也参与其中，效果将更加显著"（访—范师—231120）。对于一向喜欢聊天的 B2 和 B3 生，徐老师觉得他们"在口语表达时能够比较完整地说出一件事"，家长亦认为"最近感觉他们跟别人说话会比较清楚点，也不会像之前那样总喜欢去打断别人，但是如果要转达一件比较长的事情还是比较难的"。B4 和 B5 生在给予提示和支持的情况下，能够借助图片等工具表达简单的需求；A1 和 A3 生家长则觉得她们现在胆子比以前大了一点，比如在小区里面有时候会跟别人说话了。

在两性互动与自我保护方面，范老师表示"A1 和 A3 生掌握了这些技巧之后也确实开始有自我保护的意识，就像上次 A1 生被男孩子亲了这件事后面她真的自己主动告诉老师，这对于她来说算是一个突破了，这方面在她们的未来发展中也需要不断的持续下去"。而对于 B1 生，教师提到"因为你的课上有告诉他们哪些要注意的以及要怎么做，他现在应该会稍微收敛一点"。B1 生家长表示"对于异性，他以前总是有各种的好奇，现在可能是因为在课上学到了这些知识，知道有些行为是不好的，起码在公众场合的表现有好一点"。B2、B4 和 B5 生家长则觉得他们的孩子虽然目前还没有这方面的意识，但是要提前做好预防。

当下及未来学生所面临的问题远不止上述的几种，教师也难以做到针对每个问题都能系统性地教导，授人以鱼不如授人以渔，教给他们简单易操作的解决问题方式，鼓励学生在实际情境中加以变通是目前比较适切的做法。比如 A3 生的家长提到，"在家里因为经常让她带妹妹，如果有发生冲突时，她现在比较会想办法去解决，比如跟我们说或是告诉妹妹哪里做得不对，以前的话可能就是自己忍忍就过去了"。因此本课程的最终教学目标是期望特殊儿童能够较独立地处理自己所遇到社会情感困境，即使这是一个漫长的过程，但也是一个让学生与教师及家长双方受益、共赢的过程。

此外，研究伙伴认为由于社会情感课程中经常会运用到很多的故事，需要文字说明，因此学生的识字量及语文阅读理解等方面的能力在一定程度上会影响学生社会情感的习得程度。反之，社会情感的学习也可能促进学生在识字、理解等方面能力的提升。

4. 对学生未来社会情感能力培养的期望

教师们认为 A2 生是八位参与者中问题最明显、理解能力最好，也是改变比较明显的一位。对于他很重要的一点是要做好价值观的教导，因为他比较容易与周围人发生冲突。但他的认知能力尚可，在可能的情况下，可尝试多花一些时间与他在一起，开发更适合他自己处理冲突和行为事件的方式，帮助他了解自身的行为对其他人的影响，并思考可以让事情变得更好的方式。B1 和 B3 生则要有面对失败的勇气，"他们一有挫败感就很容易选择放弃，这在课上的游戏就可以看出来，一旦输了一两次，就会不玩了。另外，在和异性正确互动方面 B1 生也是要继续加强的"（访—童师—231121）。家长也表示 B1 和 B3 生一旦离开他所熟悉的环境，就会极其不自信，在表达情绪、清楚交代事件、判断别人的意图、尝试和不认识的人互动等各方面仍需要不断地练习和加强。班级教师们希望 B2、B4 和 B5 生在和其他人互动中能够明确分辨好与坏、善与恶，"他们出了学校很容易被其他人忽悠的"（访—范师—231121）。教师和家长对 A1 和 A3 生抱有比较大的期望，教师认为"她们毕业之后找一份简单的工作应该是没什么问题的，所以如果有机会她最好也还要学习一些关于职场上人际互动技巧"（访—范师—231221），家长也表示"以后我们还是想要她们能有自己的工作，所以希望她们说话能够更加丰富和清楚"。因为 A 组这两位女生目前在学校中属于佼佼者，大部分教师对她们都是给予肯定和表扬，加之之前她们比较容易因为一些小挫败而哭鼻子，研究伙伴尽可能地给予他们成功的机会。现今她们的抗挫能力已有所提升，结合其未来发展和工作的需求，可以考虑加入"挫折经验"有关的课程，让她们体悟到一般社会情境或工作环境中可能面临失败的真实情况，从这些挫折经验中学习如何处理问题与调适情绪。

整体而言，从上述学校教师及家长的访谈结果可知，课程方案对八位参与者在情绪管理、判断意图以及解决社会问题方面有所帮助，但仍需在自然情境中对学生做更多的引导和练习，并在此基础上不断地融入更多与其未来生活相适应的技巧。

（二）对活动方案设计与实施的回馈和感想

目前实务现场中，针对特殊儿童的社会情感教学仍是边缘性课程，以日常的机会教育或班会课为主，较少有系统性的专门课程教学，究其原因可能是因为教师对其目的、意义、定位、设计与实施等仍有困惑，通过本次的行动研究，场域中教师也提出了自己的看法。

1. 教学内容

在教学内容方面，教师们认为研究中所提供的教学内容对于学生适应社会有很大意义，每个主轴的内容在今后都值得借鉴，尤其是对于进入青春期的学生来说，两性互动和自我保护方面的课程还可以做更广和更深的探索。整体而言，本课程对轻中度智障的学生，教学效果比较明显。

针对本活动方案所发展出的学生版社会情感手册，协同伙伴认为对于学生有很大的帮助，不仅适用于当下，也为他们即将成为初中生、进入青春期做好准备，"我觉得你提出的这个问题红绿灯就很好，以后我们七年级时搬到三楼，隔壁八年级的汤同学肯定会总进来说各种各样奇奇怪怪的话，他们（八位参与者）到时候估计会很烦。B2 生就有可能直接对着他说'你很烦的，赶紧出去'，比较冲动的学生有可能去推他，但是汤同学他的目的就是要让你说他、去推他，你越去跟他计较他就越得意。到时候我就可以用这个红绿灯的办法和全班一起讨论用哪种办法对付汤同学比较好，从中选出既不伤害自己，又不伤害别人的办法"（访—童师—231120）。

学生手册对于 A 组学生来说基本没有问题，他们不仅认识字能够读懂题意，也能够自己独立地理解和运用。而对于 B 组学生来说，手册的字有些多，对他们进行检核时最好改成通俗的说法，或者运用点读笔的形式，将每一块的内容事先录进去，这样他们一点就能听到每个区域的主要内容，但是这需要家长的配合。如果可以的话，我们建议将这本手册做成比较精致的口袋书，以方便学生翻阅，手册中的图片可以改用学生自己生活事迹的照片，或是用学生熟悉的例子呈现出来。

2. 教学及引导策略

将原本枯燥的社会情感互动以丰富有趣的活动展现出来，例如合适的桌游，对于特殊儿童普遍比较适用，这种简单有趣的游戏寓教于乐，当学生掌握规则了之后就很适合在他们的课后进行推广。协同伙伴觉得甚至可以在课余时间和学生一起玩桌游，在玩的过程中大家不仅享受游戏的快乐，还可以互相分享自己的感受。班主任指出，学生们平时课间总是打打闹闹，如果能够玩一些适合他们年龄的游戏，还可以学到一些本领。

观看视频完成任务卡时，研究伙伴认为经过上节课任务卡的改良，也就是题目和选项都用图片来提示，B 组学生对于题目的理解和正确率有了明显的提升，但是解答的正确率和速度仍有待提高。在经过第一次了解视频主要内容过程之后，完成任务卡时对于 B 组学生要重点引导，因为他们的注意力和记忆力都比较弱，因此最好针对每一题都要让他们看完相应的视频片段之后立马回答，如此他们更能理解题目和答案之间的关系以及选哪一个。"因为我们的学生特别容易遗忘，所以我的语文课总是在不断复习和练习，我觉得你的课上也可在每个单元的课程前、课程中或是课程最后，引导学生不断复习那些已经学过的技巧，让他们能将前后的课程进行连贯"（访—范师—230509）。

3. 社会情感能力培养的课堂进展方式

学生能力程度差异大，对于每一项新授的内容，即使是对他们已经比较了解的教师，也不能百分之百地把握课堂上就能够行云流水般的顺畅，"所以我的语文每次上新课时，都会准备充分些，比如在教授新词语的过程中，可能大部分的词 A 组生已经认识了，我一般会事先为他们准备额外的任务卡，如写出相近词、组词、造句等或是与课文相关的延伸小短文，当其他学生再圈出自己不认识的词语时他也是有任务的，我觉得你的课可能也可以参考一下这种策略"（访—范师—220925）。不论是语文课或社会情感课，教学活动本身存在若干程度可事先预防或难以预料的变因，对每个活动做多个备案或紧急应变计划，可以避免因任务太难或太简单而导致教学卡壳情况的出现，例如对同一主题准备多个情境，以供学生选出适合自身兴趣和能力的情境进行演练。

教师在实际教学中经常面临着各种突发状况，这时临场应变能力就显得尤其重要，比如及时"转弯"或找到替代性活动以保证课程的顺畅展开。根据情况审时度势，运用学生比较有兴趣的与主题相关的活动，教师可以有序地将学生的注意力拉回至学习主题上，并在之后的上课过程中将这种突发事件以客观、中立的态度与学生一起分析和讨论，在正式场合中尽量先不要绝对性地否定或批评某一个人，可课后针对个别学生再做进一步的辅导。"我觉得你之前在上自我保护的课上就做得很好，因为像 B 组生他们是不太理解言语警报、视觉警报这些说法，所以当你听到他们用自己的理解说成是耳朵警报、眼睛警报之类，并没有急着去纠正，而是顺应他们的能力改成他们能接受的表达方式，这样的话虽然和原本的教案不一致，但这才是真实的课堂呀"（访—章师—231024）。

这些经验也让我明白，对于不同的特殊学生，即便是接受一样的社会情感教学内容，也需要做适当改变或调整呈现的方式，并不一定要完全按既定的设计走，可以在原有的基础上添加一些比较贴近他们角度的思考元素，在共通性的学习主题上发展属于他们自己单一性的策略。或许在一段时间之内几位参与者不一定能发展为教师们或家长们所期待的样子，但学生们却因为有我们的投入和协助，有这些社会情感能力的加持，在未来的生活中获益。当他们在面对人、事、物时可能会将课程带给他们的收获逐渐融入其中，通过持续的练习与摸索，找到符合他们自己的应对方式。

三、结语

整体而言，从上述对学生的观察、评估，对研究伙伴及家长的访谈结果可知，社会情感能力培养的课程方案对八名参与者在情绪管理、社会信息的运用以及社会问题解决的表现有帮助，并能提升八名学生整体的社会情感能力。

虽有不少主题对于 A 组而言也是首次学习，但他们理解知识都比较快，给予适当提示后，A 组学生的课堂练习表现很好有时甚至有精彩的表现。如角色扮演中，A2 和 A3 生配合完美，很好地给全班同学展示了如何用好的说话方式找同学帮忙（观—230423）。A 组学生在类化情境中也有较好的表现，尤其是A2 生，他的生活经验比较丰富、认知能力较好，进步速度也很快，但是在自然情境中他这些技巧维持的稳定性还有待加强。现在 A1 和 A3 生逐渐萌发了自我肯定的意识，在沟通表达、社会问题解决等方面不仅习得了课程中的内容技巧，也愿意在实际生活中说出更多更符合情境的信息或是运用更有效的办法处理自己所遇到的问题。究其原因，一方面可能是本活动方案的内容正好是其所需的，只要多加解说和练习，对于认知能力和学习态度都较好的 A1 和 A3 生来说，要习得并类化这些技巧并不难；另一方面我在执行本活动方案的过程中，尽量会让 A1 和 A3 生发挥她的优点，以鼓励、支架的方式让她们在课堂中大胆地参与，并适当担任小老师、小助手的角色，让她们在获得成就感的同时理解了相关的技巧知识。

而 B 组学生，在理解相应的主题内涵之后，也有相应的提高。B1 和 B3 生这一学年在学校中各方面的表现得到了教师们的肯定，而他们自己也很在乎别人对他的评价和荣誉感，周边人对他的认可又会反过来激发他们的表现动机，我在这学年中尽可能鼓励和肯定他在社会情感方面的进步。B2、B4 和 B5 生虽注意力比较涣散，但若能够激发其学习动机并给予适当的个别指导，当他们比较投入地做一件事时，确实能看到学习成果。我也在这一年半中不断地摸索适合他们的教学模式，发现将角色扮演、游戏、故事教学等策略进行包裹式教学能够更好地激发他们的参与意愿和增进学习的效果。

此外综合八位学生的评估结果可知相较于社会信息运用与问题解决主轴，情绪管理主轴的进步水平较低，这可能是因为学生所面临的情绪问题受到生活各种因素的影响，如家长的态度、自己的需求等，且进入青春期的学生更容易产生焦虑、不安、生气等负向情绪。生活所发生的人际互动问题和情境往往是复杂的，情绪的处理可能需要同时运用到多种技巧，受限于认知与经验，特殊儿童在情绪管理尤其是对生气这一情绪的控制上有较大困难（Willner, Brace & Phillips，2005）。但他们正处于情绪发展与社会能力的关键阶段，教师若能在此阶段根据实际发生的社会问题，协助学生捋清负向情绪所产生具体问题，每个问题需要用到什么技巧，引导其做经常性的训练，将有助于进一步改善于特殊儿童的情绪管理能力。任何的教学成效都是潜移默化的，从观察、评估、访谈及数据搜集的结果可以发现，有些改变可以在课堂上立即呈现，尤其是对于能力较好的 A 组生，课前和课堂总结时的变化还是比较明显的，例如能够换一种方式来表达自己的意思，但多数改变或成长需要学生经过一段时间慢慢酝酿才能发生。"罗马不是一天造成的"，社会情感的内化也非一步登天之事，教师首先需要调整自己的心态，宽心看待学生的表现，相信他们总有一天会有所蜕变。

第七章

社会情感能力培养行动历程的省思与启示

教学场域也是在人与人之间的互动中，研究者与参与者共同探索、体验与建构、经营而来。一年半社会情感课程的行动与实践历程中，研究者与参与者拥有许多惊喜与收获，但也伴随了诸多尚待厘清的问题，这是质性研究必经的历程，永远无止境、永远有新的开始与期待。本研究所提出的"结论"与"建议"仅针对目前实施的行动结果提出个人的分享，后续相关的探究仍需进一步的开发、反思与实践，以符合行动研究之精神。

第一节　行动研究的些许思考

一、对教学行动现场的感悟

（一）台上一分钟，台下十年功

在这个历程中我深深地感受到特教现场教师教学的不容易，一堂看似简单完整而顺畅的课可能是教师们无数次构思、讨论与修改的结果。因为我是单纯负责自己的研究课程，可以全心全意地雕琢每一节课，但即使这样，一周三节的进度有时仍会让我觉得准备时间不够充分，从教案的编写、教学素材的搜集、学习单的设计到教具的准备，每一个环节每一个细节都不容忽视。且这一过程相当的花时间和精力，有时候为了制作一份能够贴合班级各个层次学生理解能力的 PPT 课件就需要两三个小时，如果要在排版、画面、声音等方面更加精益求精，这些时间和精力远远不够，这也让我对身兼多门学科却依然保持热情地上好每一节课的教师油然升起敬佩之情。

在实际现场中，潜藏着许多无法掌控的未知数，研究者无法准确地预估到行动中的各种问题和答案，时时反省、检讨不容忽视，很多改进之道都是存在于教学行动中，如第五章所提到的学生在课堂上的真实反应点拨了我，使我在教学素材、教学策略等方面作出更接地气的改变。也可以通过观看和检讨课堂录像来进行反思，以局外人的身份站在"俯瞰""全局"的角度，我发现许多之前未曾注意到的问题。而每一次的新循环即使只是细节上的改良，也会让我对此次的教学历程有了再认知，有新的动力尝试更符合学生需求的教学，并对于处理学生的行为问题有新的认识。从前我对于"拉近与教学实践与理论的距离"的说法并未有太多的触动，在既定的课程标准之下，我们并没有主动成为一位研究者或反思者，在这种环境中教师很容易忽略了师生间互为主体性的关系，以及课程执行与建构的意义。当教师致力于完善自己的课堂教学、提升自身的专业实践能力时，会发现课程教学方案设计与实施之间的差距有多大，这之间具有相当大的弹性与修正空间，诚如第五章所描述的本课程正是在行动的进程中不断地调整，以寻觅最适合学生学习的方式与内容。因此，在把握课程架构、方向与原则的基础上，课程的进展并非固定、僵化或不可改变的。

兼顾研究者与教学者使我在实际执行方案中更加明确地感受到"课程行动研究"的真正含义。作为研究者，我能够自主设计合适的课程方案，而作为教学者，我能够随时把握教学的进度和内容，并视情况及时作出调整，让研究更顺畅地展开，对研究和教学有更大的主动权。最后，再一次的教学经验，对我而言，亦是为将来参与教学现场储备能量的绝佳机会。

（二）接纳不同的声音

此次行动中我感受最深的一点是研究者要完全放开自己的心态，行动研究本质上是从批判的视角解读研究，包括自我批判和他人批判，若不能真诚地接纳研究伙伴的建议，也就失去了研究的价值。第一次上关于基本情绪的课时，我同时教了"开心、生气、难过、害怕、紧张以及讨厌"等几种情绪，前面几个情绪解释之后学生基本上能够理解，但是在解释紧张和讨厌时，B组学生明显地混淆了起来，"其实害怕和紧张很难分清的，生气和讨厌也是经常连在一起的呀，我自己都没分那么清楚"（访—章师—231112），基于章师的建议，我们将主要教学情绪改为基本的喜怒哀惧，紧张和讨厌作为补充，这样教学起来就清楚了很多（观—231112）。之前的我可能会无意识选择忽略或"忘记"失败的经验，缺乏与他人探讨的勇气，当有了第一次与协同伙伴的真诚交流，之后的研究中我越来越开放自己的课堂，协同伙伴也会愿意发表自己的真实想法而非表面上的恭维或敷衍。这种开放的心胸同样被要求于与学生之间的互动，一开始我组织学生进行角色扮演时，总是让学生们演，自己不好意思做示范，即使有时候他们演的不尽如人意，我也没有勇敢地做出示范，只是进行口头上的提示。但是一次上课中，因为学生人数还不够，我作为增补人员一起扮演，我的加入让学生们觉得更有趣了，他们演的也更加起劲（观—230516）。当研究者能够接纳不同的声音，有些困扰很久的问题有可能自然而然地迎刃而解了。

（三）尊重他人，是赢得他人尊重的开端

在此历程中对现场教师和家长保持应有的尊重是最基本的要求。"以前有研究生来做自闭症的，他们就只管自己的研究，一到教室门口就直接喊，谁是自闭症的家长，然后就要求家长完成一些问卷，当时小辰奶奶就很生气"（访—范师—221114），像这种只是为了研究而研究，并不在意现场中教师和家长的感受的例子并不少见，因此，我告诉自己："在职教师能帮助我做研究已经不容易了，我希望将来的研究结果能够回馈给她们，而非研究结束就毫无瓜葛，希望我和研究伙伴在研究的过程中一起成长，而非只是单方面获利。"（志—230326）在研究过程中我会听取教师和家长的建议，尊重她们原有的生活形态与例行活动，结束之后，我也确实将修正之后的教材、课件毫无保留地与她们分享，期望能够对更多的学生有所帮助。同样的，她们也乐于和我分享班级学生的各种实例，并愿意表达出自己的主观想法，也总会将我纳入学校的各项活动中，因此尊重他人应是质性研究者的基本素养。

（四）累积行动的力量，坚信学生的潜能

行动研究是帮助新手教师履行教师职责和处理教学现场中各种复杂问题的一种重要途径。行动研究的"落地"本质能够让我在实践中发现和解决问题，如找到与学生关系建立的突破点、调整教学素材等，如果解决不了就换成其他的方案，总能找到适合的方法……以前只是看到学生问题的表面，经过这次开始会有反思：当学生达不到老师的要求时，他们遇到了什么困难，我们可以做出哪些改变。我不仅通过和同伴交流进行反思，还会通过查找一些文献来获取问题解决的有效方法（思—230627）。本研究中我正是在行动的过程中积累日常经验，发现学生的微小进步和发展潜能的，也是在这个过程中我理解了社会情感的内涵以及各种有效教学策略的原理，当老师建立了足够的背景知识和觉察到经验，才能抓取向上的力量往前进。

以"教育"精神的角度，看待现场中学生的一言一行，我看到当教师放下索求，走进学生时，才能真正找到合理有效的教学策略，与学生共同进步、共同改善。虽说学生们的有些习惯由来已久或是已成定性，如缺乏尊重的意识、难以控制自己的情绪等，但只要教师找对适合的教学内容与策略，这股教育力量就会如同滴水穿石一般，让学生们在多次的学习与实践中理解各种社会情感的意义及做法，内化至自身的认知模块中。且这次的行动研究是借用其他教师的班级学生，从对学生的了解程度、家长的配合度以及学校的支持度等方面来看，肯定不如在编教师在自己班级实施所具有的方便性，但仍可看到学生点点滴滴的成长与进步。真正理解现场的是活在现场中的人，若现场教师能在自己班级内自愿实施社会情感教学，相信对于促进学生的社会互动能力、班级管理等各方面的改善将会是显而易见的。

二、行动研究历程的共鸣

行动研究不只是学术范畴的一种质性研究法，更是符合特殊需求学生教学的实作依归与伦理态度。教师在课前对教学情境的理解与规划，以及课后对教学实践的反省与分析，必须通过系统性、反思性的行动研究法来建构出一套反馈机制，如此才能够进一步推进有效教学行动方案的展开。质性研究不仅仅是完成一项研究任务，它借由研究来丰富研究对象与研究者的互动与生命，通过分析得以理解生命中的差异性与无限的可能性。作为行动研究者与研究对象，如同乐曲和艺术品的共同创造，在生命经验交流之下，产出无数的乐章与色彩相互交织，而论文本身就是交响乐团和艺术家，将乐曲演奏出来供世人聆听与欣赏，这一历程，既有平缓前行的喜悦，更有彷徨迷离的时刻。

（一）角色的转变

质性研究过程本身是一种社会性互动，研究者的角色影响着双方的关系与互动模式，进而影响着研究对象提供数据的意愿，和研究者对资料的诠释程度。整个行动历程中，我的角色在与合作伙伴及学生的互动中也在不断地发生变化，"目前的我，对于自己在现场中角色位置还不够明朗，也许再经过一段时间的行动后，又会有一番新的领会与诠释"（思—221105），从最初的陌生与模糊到之后逐渐熟悉与混淆，到最后清晰定位，整个变化过程也折射出行动的轨迹。

1. 观察者？实习者？

刚进入场域时，为了能够全面了解班级状况及每一位学生的特点，我跟随着学生的课程安排在不同教师的课堂场域中游走着，这时的我将自己定位为纯粹的观察者。但在听课观察过程中，因为该场域中常有实习生跟班听课，很多教师也就理所当然地将我当作实习生，在观察过程中，她们会很自然顺手地让我辅助课堂中的任务，如在美术课与体育课上帮忙个别指导、在心理课上帮忙管理学生的行为问题等，这无形中推进了我对班级学生的了解，也让我有些措手不及。所幸的是我已有了在特教班教学的经验，因此对于课堂上的辅助者身份能够比较快胜任。但教师们把我当作实习生看待的态度我在心理上有些许的抵触，可能觉得自己是研究者的心理在作祟，此时的我还未能完全放下身段融入场域。

2. 观察者——辅助教师——正式上课教师及朋友

之后，当我确定了研究对象之后，主要在教室中观察学生的表现，因为班级教师了解我的身份与研究目的，因此她们能够恰如其分地与我沟通和互动，我们之间保持着相互尊重与合作的关系，彼此都在适应对方的风格与特性。期间当我和研究伙伴的意见相左时，我在离开场域后会思考她们已经带这些孩子两年多且朝夕相处，处理学生的问题应该会更深入一些。诚如初始阶段我会被A2生的表面言行所蒙蔽，认为他和同学之间的矛盾就如同他自己所描述一般，但班级教师会根据自己的经验做出更符合事实的判断，而采取可能与我相反的做法。在与协同伙伴多次交流和共同处理班级实务的历程中，我们之间的关系流动和相处程度也逐渐趋于自然性和非强迫性，虽然我终究是一个外来者，但从第二学期开始我感觉自己越来越以场内人的姿态和大家一起生活、学习。且这种姿态不仅存在于六年级中，在学校的其他场域我也越来越有归属感。在这过程中我也逐渐摆正自己的心态，尝试以谦卑的态度自愿地协助班级或全校性活动。而进入班级之后，因学校中的任课教师有相当一部分年龄和我相仿，加之以女教师为主，熟悉了之后分享日常生活也就顺理成章，如此在探讨问题时我们之间可以比较无负担地加入个人的主观感受与价值观判断。在这种从陌生到认识再到熟悉的关系转化中，我和班级教师不仅是研究伙伴，亦是生活中的朋友，且在离开场域之后仍会保持联系，每个人在生活中都有多重的角色，"分而不离"应是比较负责任的研究态度，有可能促使协同伙伴延续课程教学，为下一次的合作谱写序曲。

3. 不同情境中的其他角色切换

为了拉近与学生之间的距离，让他们能够人尽其才地参与本课程，我开始让自己成为一名学生的"优缺点侦察员"，尝试挖掘学生的特定兴趣、爱好或优势与不足。这可以通过与协同伙伴讨论、访谈或观察来实现，一旦确定了孩子的长短处，就可以在课堂中加以扬长避短。例如，A2 生的口语表达能力较强，但面对其他同学时比较傲慢，在教学中要注意充分发挥其表达能力又要避免滋长他的优越感。在绘本故事的分角色朗读中，我有时候会让 A2 生朗读词句比较多的旁白部分，其他学生负责主要角色的对话，这样既不会让他失去心理平衡，也能让他看到其他学生的潜能。

在正式的课堂中我是授业解惑的教师，而在各种学校或班级活动中，如社会实践、运动会、春游或秋游中，我是学生的新伙伴，因为基本上每一次活动对我而言都是第一次参与，而经验丰富的学生都会热情地邀请我，并告诉我以往的经历以及可以做什么。例如第一次与他们出去秋游时，大家争先恐后地告诉我他们准备带什么食物。也正是他们无私的分享，让我对场域中所发生的事情、所遇到的人有一个比较立体的了解。在运动会或各种才能展示活动中，我成了他们的欣赏者或学习者，例如在运动场上 B1 生为班级荣誉而拼尽全力努力奔跑的姿态令我和班级教师折服，那一刻运动场是他们的舞台，而我们作为配角为他们拍照、呐喊；在学校的展览柜中，心灵手巧的 A3 生创造的一件件栩栩如生的泥塑作品被展示出来，让我不禁感叹她的耐心与细致；A3 生和 B1 生长期参与学校的旱冰球训练并打到全国赛场，让我感受到了他们的韧性；B2 生和 B4 生的纯粹也让我看到了这个世界的单纯与可爱，他的直率教会了我用更坦荡的胸襟面对场域中的人和事，也给我们带来了很多乐趣；A2 生的自信与热忱让我学会如何去尊重和理解一名有自尊、有想法、爱自己的特殊学生。总之，随着行动的推进我看到了学生的多元性，我给予他们各种具体的社会情感技能，而他们在无形中也给予我心灵上的洗涤，影响着我的教育信念，这种多重角色的体验让我的行动历程更具有层次感。

每周有两三天的时间，我可以从教学现场中抽离出来，站在研究者的角度来审视本周的教学状况、学生表现及与其他教师的互动质量。这一做法可以增强我在场域中的敏锐度，提醒我随时捕捉学生的各种行为与心理状态。从最初只记录学生静态的个人特质，到之后逐渐累加的学生动态事件和教师及家长的自然互动，我逐渐正视自身的不足，尝试沉淀反思，汲取实时的课堂经验，不断丰富自身在社会情感教学方面的专业发展。

（二）我对行动研究的领悟

行动研究是一种追求了解与改变的实践过程，它不是为了达到一般科学研究所强调的预测与控制（成虹飞，2013），需要花足够的时间与经历才能体验其中的峰回路转，对于一些事务繁忙的教师来说，质性的投入可能也会让她们望而却步。最初对质性的不确定，我内心也会挣扎和动摇，投入这么多的时间、精力，还需要有财力支持的质性研究到底是否值得？但是仅仅靠搜集来的一些数据能够解决我心中的困惑吗？2023年6月通过参加质性研究方法工作坊，我找到了自己在质性研究中所遇到困惑的些许解决道路，知道质性研究不仅仅是为解决教学问题，也是一种对场域中各个生命珍贵特质或存在样态的捕捉。即使是很平凡简单的故事，只要有足够的真诚和爱，也可以让人从中看见完整的人生经验、看见人性的挣扎和希望，引发人们去感受、了解自己、重新实践。质性研究能够促使研究者对于一些司空见惯之事重新思考与分析，在将各种看似不相关的事件和矛盾串接在一起的探索过程中，柳暗花明又一村的喜悦感也会水到渠成的。

回到教学现场，质性研究中不断的自我省思也让我探究我的教育价值观是什么？是什么在形塑我，使我做出各种教学的调整或改变？这些不断的思考，让我重新审视自己，也让本研究的教材轮廓日益凸显出来。在省思的过程中思维纷乱的情况常会出现，我通过试着与其他老师对话，查阅相关数据等方式，解开心中的重重谜团。同时，教学录像带的播放和检视，也能帮助我分析教学实践轨迹，以回顾、整理和澄清所发生的事件。

一个外来的研究者，要真正贴近研究场域理解其中的复杂情境并发展行动研究，实属不易。与当地的实务工作者相比，即使所处的是同一个场域面对同样的人，外来研究者也不可能有相同的心境，无法理解另一角色、处境下的遭遇、理解和实践。虽然我是在进班已有相当长的一段时间，和班级老师也比较熟络了的情况下开展的研究，但我与当地的实务工作者毕竟不同。除了我的教学任务外，其他很多时候班级实务一般是我主动帮忙的，老师们在自己能胜任的情况下一般不会主动来麻烦我，即使我自己觉得无所谓。例如有一周副班主任需要外出学习一周，原本我以为这周我可以替代副班主任管理班级，但是学校还是根据规定请本校的其他教师来扮演副班主任的角色。因此当班主任和副班主任在班上时，即使我主动协同管理班级事务，但"班主任和副班主任在""这是她们的场域"的念头仍时不时地提醒我要考虑分寸拿捏、不要喧宾夺主。另外我每周固定在班级的时间是三天半，当我觉得困惑或劳累时，我可以中场离开稍做休整改日再来，但如果是自己带班，不仅要处理班级内的各种事务，还要应付学校的各种要求，就没办法随心所欲了。

整个行动的历程，并非如我想象中的一帆风顺，不可能总是井然有序、层次分明，研究场域中总是充满跳跃式的、非固定式的各种状况，充满着一些难以预料的未知数，最明显就是很多时候我以为学生已经具有对应的先备经验，但是真正实施课程时，他们仍需先扫除一些盲点，如要先理解和认识"善意"与"恶意"的词语及含义，要把红绿灯具体的概念与情绪管理作联结等，这种动态的实践历程也让我从中得到了另一番成长的体悟。在课程规划的阶段，我必须反复思索，如何设计一套比较完善并贴近学生需求的教学方案，由订定确切的目标着手，之后分析、组织教材，选择教学素材，实施教学与设计评估方式，在这个过程中反复省思并修正。经过这一连串课程设计的历程，我的课程设计与规划的能力也得到了相应的提升，对行动研究有了更深的理解。

1. 行动研究需要坚持到底的决心与耐力

为了保证资料的及时性与真实性，连贯持久的记录是整个研究历程不可或缺的步骤，需要研究者持之以恒的自律。研究初期，我总会在当日结束之后立即密集作记，有时候甚至可以洋洋洒洒地描述现场的各种细节，但在期中和期末有时会欲振乏力，将两三次的课程堆积一起共同描述，虽也是完成了任务，但可能会错过一些比较有时刻性的想法或信息。即使如此，这也会鞭策我不因外界的任何干扰因素而中断每日持续性的记录。日积月累，有些当初可能是无意间记录的小事或突发的感想，竟也能逐渐成为研究过程中有意义的材料说明，让写作分析有脉络可寻。例如我在第一学期记录过这样一件事：课堂上击鼓传花环节当花传到 B5 生时，因 B5 生的动作太快，直接扔给了 B1 生，B1 生当场就怒了，直接对着同学大叫"不是到我，我不想分享"。因为这件事过去的时间有些久，我的印象比较模糊。第二学期的课堂上，我发现当 B1 生生气或情绪快爆发时，他会离开一会儿或者自己在旁边休息一会儿……无意间再翻到以前的记录，对比之下便可明显感受到 B1 生的进步。持续的记录和描述能够帮助我弥补记忆力的不足，并真实地感受到学生点点滴滴的进步。

2. 同时兼顾教师与研究者，能以研究的眼光和思考的态度看待教学现场所发生的一切

驻校研究的这一年半，同时兼顾老师与研究者的我，重新审视特殊教育现场中学生之间的社会互动，与过去缺少自己的思考与判断相比，这时的我会开始静下来思考，努力寻求各种支持与帮助：查阅相关文献，搜集资料，面向现场教师、家长等的咨询与沟通。通过内外协作，我试图将这些静态的知识与千变万化的现场拉近距离，增广与深化看待事物的角度，以扎实、稳健的脚步处理所遇到的问题。

作为教育工作者，我们每天都要做出许多关于如何采取行动的决定。反思、教育情境分析、做出判断和采取行动的这些技能决定了年轻教师是否能成功应对相关的挑战。从本质上讲，这意味着如果我们想要改进专业实践，应具有反思性精神，仔细研究自己和他人的专业实践，分析教学过程中可用的选项，有意识地选择合理的行动。此次的行动教学，我认为整个研究中最大的受益者是我自己，我不仅在现场的教学技能上有长足的进步，也对于社会情感课程有了自己认识。

3. 行动资料的分析

就像侦探在案发现场中寻求整个案件的关联点以逐渐拼凑出案情的始末并发现其中蹊跷一般，行动研究中面对其中繁多的数据与资料，如何抓出焦点的人事物，对于研究者而言亦是一个挑战。

　　在书写过程中，我也会迷茫，也会无从下手，也会痛苦，在现实层面上，我可能是为了满足研究要求而写，但从理想层面而言，我希望能为参与伙伴而写，为特殊儿童而写，因为行动研究从实务工作者出发。"我们看中的并不是那些高大上的理论依据和数据来源，说实话我们可能没时间去理解，我们更需要的是实践经验的分享与反思以及可被借鉴的教学资源素材，这些才是我们想要的干货"（访—范师—221028），因此行动研究的书写表达应能够达到与实务工作者沟通的目的。

　　长期以来，教育知识的生产者一般是教授学者，基层教师则是被动地接受这些知识，很少有自主生产知识的空间，而不少教授学者所提出的说法经常是老生常谈或脱离实务太远，"之前有个高校教师编制自闭症教材，提到要注意教学环境，营造温暖和谐的气氛，这些统整性的原则基本上每一个一线老师都知道，我们真正的处境和具体的问题他们其实并不了解"（访—章师—221025）。而教师自主的行动研究是为了行动而研究，是为了改变她们在实践工作中遇到的瓶颈或难题，这可能是每一位用心的教师在平时就已经在做的事，他们缺少的是系统的研究过程和经验呈现与分享。这种从下而上的知识建构过程才是最真实也是最有价值的，因此站在基层教师的视角来分析行动数据更具有可取之处。

　　"如人饮水、冷暖自知"！我经历这次真实的行动研究之后，许多体验与收获自然涌现，这些非阅读文献的论述即可感受的。经过这么一回较完整的行动，我更清楚自己在研究、教学及生活中的角色与位置，相信自己在下一回合课程行动研究中会比这次走得更稳健！

第二节　特殊儿童社会情感能力培养的再次反思

　　由于个体的行为表现受其环境及文化的影响，故社会情感能力培养是一项复杂且具挑战性的工作，对于特殊学生更是如此。而如果能针对于此对他们进行持之以恒的教育，其效果的改善也是值得肯定的。

一、课程方案发展与行动历程

(一) 课程实施的调适性

本研究依据理论设计的"特殊儿童社会情感能力培养的课程方案",实际执行过程仍需依据学生的学习反应、实际能力和教学目标,调整教学内容。

本方案依据理论架构拟定课程大纲,包括情绪的管理、社会信息的运用以及社会问题解决三大主轴,在学生最自然的学习环境中教学,采取有效的教学策略与内容协助学生习得所需的社会情感。"教,然后知不足",实际教学过程中,在每个阶段依据学生对不同教学内容的回应,考虑不同学生认知、参与度的差异,研究者经由反思、与合作者讨论的历程,思考、评估和调整课堂细节、教学内容、教学方法、学习单、评估方式等,观察并接纳学生的各种真实反应,依据不同学生的特质与需求简化、深化、整合、添加或删除相应的学习内容,经由循环的历程,逐步增进学生达成方案目标的能力与类化的表现。

(二) 教学策略的多样性

社会情感教学宜采取多元的教学策略,其中故事教学、角色扮演以及影片、游戏教学尤受特殊儿童的青睐,而支架、提示、强化则是必不可少的基础性策略。

在本次行动教学中,为了能够符合研究对象的学习特质,提升他们的学习效果,研究者综合运用多种适合他们的教学策略,其中模拟生活情境的角色扮演、生动有趣的故事与影片教学及"玩中学"的游戏活动深受学生的喜爱,更易激发特殊儿童的学习动机,并给予他们深刻的启发,对于程度较好的 A 组学生还具有迁移的可能。言语、动作、学习单等各种支架支持及提示是特殊儿童学习社会情感的必要策略,初级与次级强化能够维持他们良好的社会情感表现,其他教学策略可视需求加以适当运用。

(三) 教学评估方式的多元化

社会情感能力的评估更注重学生的过程性表现,同样需要多元的评估方式。

社会情感能力最终表现在学生的言谈举止之中,对学生的社会情感表现不可只以单一的检核表、访谈等方式对他们的表现做出优秀或较差的评价，应尽量通过观察、检核、访谈以及模拟等综合评估，更全面地获知学生行为表现的质量与真实性，从而做出正确的判断。

(四) 课程建构主体的协作性

与班级教师的共同合作与关系的建立是建构本课程的重要支持，研究者与研究伙伴以这种方式共同面对学生参与社会情感课程历程中的问题，拟定适切的解决方案。

特教现场总是充满不确定性，面对现场中各种问题与挑战，作为外来研究者闭门造车只会造成出门不合辙的结果。与协同伙伴保持及时有效的沟通，能够较快地找到问题的缘由，从而对症下药地解决问题，因为她们与研究者处于同一场域，对于研究者遇到的问题最能感同身受，所提出建议也最中肯实用。但外来研究者和场域内的老师们要达到较理想的沟通状态，可能需一定时间的磨合，当彼此之间相互了解与信任，形成朋友关系，交流的话题不局限于研究主题，还包括生活趣事与琐事的分享时，沟通的效果最佳。因为如此一来几位研究伙伴与研究者会自然地分享学生日常生活的种种表现，并客观地评价各自教学过程中的闪光点与不足之处。我在与她们的交互沟通中逐渐拨开云雾见月明，我们共同思考与确认解决计划并形成共识，为学生发展出适切的活动方案。

(五) 教育影响的迟效性

教育行动过程需要等待，与学生之间的真诚关系是最好的催化剂。

对于特殊学生的教育无法追求速效，社会情感的教学更是如此，唯有真心地投入，找到适合学生的教学内容与模式，方可见到成效。与学生建立信任关系是行动研究推进的基础，如果我们不了解学生的过去、现在和将来，我们将无法完全理解他们，也无法真正发挥教育的价值。在此次行动历程中，我与八位参与者从最初的陌生到最后的熟悉与信任，我看到他们身上的可塑性而非局限性，他们也给我带来诸多意外的惊喜，让我坚信教育中潜心浇灌总会开花结果。虽难以保证短暂一年半的用心教学与陪伴对他们的影响力和持续性，但是这一年半里，我观察和感受到这些学生开始有意识地调整自身的情绪管理方式、尝试着解读社会情感互动的可能信息、在人际互动中逐步习得更合宜的方式应对问题。教学可能并不能改变学生太多，但与学生坦诚相待，相信他们可能让行动更有影响力。

二、课程方案对特殊儿童社会情感能力的影响

(一) 情绪管理能力提高

学生参与社会情感能力培养的课程方案之后，能有效地提升对情绪的辨识与控制，但在实践类化中仍需进一步加强情绪的管理。

从八位参与者的评估和访谈、观察结果可以看出，行动过程中他们逐渐理解和掌握了情绪处理的基本知识与技能，也能在一些学校情境中于提示之下加以类化，如课间与同伴发生冲突情绪即将爆发之际，教师给予提示，学生能够冷静下来，正确应对。另外，在日常生活中，如学生在宣泄情绪的过程中若教师结合课程引导其用正确的方式，能够帮助其更多地练习情绪控制，足够的练习数量之后，学生慢慢地能够形成内控。但因在家庭或社区时缺乏成人的有效提示，父母普遍参与度比较低，学生在学校之外情境中的情绪管理虽有少许的改善，但仍需更多的实践引导。

(二) 社会信息运用能力提高

学生参与社会情感能力培养的课程方案之后，社会信息的分辨与运用能力有所提升，在实际复杂动态的社会情境中，综合运用多种线索的能力有待更多的学习与练习。

几位参与者之前几乎没有接触过有关社会信息判断的学习，在日常生活中除了 A3 生，其他人经常会以负向的角度解读别人的意图。课程本位评估和访谈、观察结果显示，参与该主轴的教学活动之后，八位参与者能够理解各种社会信息的含义，并对简单的情境做出较正向的解读。但现实生活中社会情感情境往往是多种线索信息交杂在一起，这对于他们仍具有挑战性，需要在他们精熟了各种单一线索的判断之后，逐渐融入多种线索信息的综合解读，以应对未来更灵活多变的互动情境。

(三) 社会问题解决能力提高

学生参与社会情感能力培养的课程方案之后，解决社会问题能力得到了提高，有些对于学生是重难点的议题可延续至未来的学习生活中。

社会问题解决能力需要学生综合运用技能，特殊儿童面对各种问题时往往是寻求他人协助、无效和报复性的策略，较少能够自主运用澄清、沟通等正向的策略（贾菲，2014）。八位参与者也不例外，本课程教学前他们常以被动、负向的态度处理人际互动中的冲突，行动历程中他们在社会问题解决方面各有进步，又各自仍有需进一步加强的技能，如 A3 生面对异性的不当行为，能够更主动地告诉教师或同伴，只是在家庭小区方面需要家长更积极的配合，以提升她在更多情境中的类化能力；B2 生在沟通表达方面更完整，但在倾听方面需要多加以练习，对于尊重与两性互动的理解仍比较粗浅，未来需要多结合他的自身实例给予诠释；A2 生开始逐步学会尊重他人和好好说话，这些仍是他之后的学习重点；B1 生在两性互动中逐渐有了分寸感，且有必要在今后的学习生活中维持和加强这种分寸感……可见解决社会问题的训练能够成功改善特殊儿童的不良行为和解决问题的技能，如果能将训练的结果更多地纳入学生的日常生活，将有助于该项技能的长久维持。

（四）社会情感能力培养的课程方案的价值与意义得到认可

家长和教师普遍认可社会情感能力培养的课程价值与意义，期望能提高类化效果。

家长和教师一致认同本课程的教学内容以及对学生的价值，认为本课程所安排各项技能均是几位研究对象现在及未来都应具备的，经过一年多的学习，他们也确实在情绪处理、社会信息运用及问题解决方面有所收获，对自身生活产生积极的影响，之后仍可基于学生的实际需求，利用这套课程再做调整和教学。说明基于课堂教学和支持的社会情感干预能够促进特殊儿童社会情感能力的有效提升，这与 Adeniyi 和 Omigbodun（2016）的研究结论相一致。然而，八位参与者的教师和家长在课程本位评估前后测的分析、访谈数据分析显示，要在类化情境中看到学生的长久成效仍有待商榷，而影响成效的主要原因是现实因素，如家长和教师的个人精力。要达成较好的类化效果可能需要从生态环境的角度上给予更多的支持和配合，如给予家长定期的喘息机会，让她们在调整自身情绪状态之后，能够以较正向的态度和策略处理孩子的社会情感问题。

第三节　特殊儿童社会情感能力培养
行动经验的启示

一、社会情感教学的启示

(一) 课程方案的适宜性和细致化调整

社会情感课程宜融入相关议题作更细致的规划，并基于学生的最近发展区设计与调整，以利于特殊儿童的学习类化。

本课程每一个单元的教学内容还可以进行更细致的划分和研究，例如在问题解决的课上，学生对于其中的几个关键性步骤"界定问题、确立方法、付诸行动"均需要在实际生活中多做练习。教师使用该课程时宜根据所任教的学生进行个别调整，弹性地选用学习内容，系统性地编辑教材并兼顾教材的纵向衔接及其与其他科目或学习领域的横向联系，以便于融入各个领域中的教学，例如结合心理课的内容。如何将社会情感内容整合到现有教学中，而不是将其视为已有繁忙的学校日常生活中的另一项要求，确保学生在一天中有充足的机会来练习解决冲突和问题，是值得思考的议题。

基于学生最近发展区调整教学的安排，本研究中的每个学生在社会情感技能方面都有自己的优劣势，程度差异较大，但在教学过程中，教师又必须同时顾及所有的学生。因此在教学目标与内容设计及作业单等方面，必须进行适度的调整，如对于 A 组学生，通过安排学习与分享儿童文学故事书，在他们的能力范围之内提升学习要求与难度；对于 B 组学生，则提供各种图表支架作业单，降低相应的任务难度，使其能够获得一定的成就感。

(二) 课程实施的长期性与系统性安排

保证充足的课堂时间与教学频率，实施系统性的长期课程，以促进特殊儿童学习完整、有效的社会情感。

若要比较系统的实施社会情感教学，首先应该取得协同伙伴和学校在课程时间方面的配合。同时课程以一学期或一学年为单位，一周最好是 2 至 3 节为宜：课程教学时间过短或频率低则影响未及深化，教学效果无法持续，效果不易显现。因目前特殊教育学校的课程教学大纲中对于社会情感还未有专门的要求和说明，综合特校的课程安排，可在心理课、生活课或品社课以及班队课开展社会情感课程。此外因实施本课程过程中，一节 35 分钟的时间对于以活动为形式、需要差异化指导等要求的社会情感课堂，有时候时间会显得过于紧张而来不及做总结或其他安排，因此可适当延长 5—10 分钟，让教学实施更加完整。

（三）注重课堂教学气氛的营造

1. 与学生建立良好的关系，营造关怀尊重的环境

因为教师在最初阶段与学生建立的互动模式，是促成正向或负向关系的关键因素，因此教学之初教师应致力于营造一个正向、互相尊重与接纳的教室环境，这在发展学生良好的社会情感情绪能力方面扮演着重要的角色。这种环境的营造首先需要教育者调整自身的社会情感能力，因为教师的言传身教在潜移默化中影响着学生对各种社会情感的理解与习得，因此教师应随时警示自己，在教学过程中避免使用不得体的言辞，以防止学生在耳濡目染之中深受影响；同时对学生的评价以正面为主，给予具体针对性的赞美，利用机会教学纠正学生的技能而非训斥，确认每个学生受到尊重、得到公平公正的对待。教师对学生展现出真诚的支持、肯定、了解及关怀，势必也会得到相应的回应，这种良性的互动能够帮助学生迎向成功。

2. 重视学生的真实反应

行动研究的可贵之处就在于它是扎扎实实在实践经验中进行验证与调整，在这种有温度、瞬息万变的现场，作为研究工具的研究者需要以包容、开放的态度捕捉和接纳现场中每一个值得吸收的建议或意见。尤其是在与学生的互动中，学生的课堂反应最能直接反映课程的适切度，也最有可能为教师提供判断他们学习水平的教学线索。教师若能及时采纳学生这些有效的信息和线索，进而调整自己的课程内容或策略等，不仅是站在学生角度上以他们能够接受的方式建构了知识，反过来学习的成就感也将刺激学生参与本课程的意愿。反之，教师若不能敏锐地察觉学生在课堂中所传达出的有效信息，而仍是沿用自己原

先设计的教学安排，那么结果有可能是吃力不讨好，因此每个研究参与者的观点都不能轻易地忽视。

（四）教学策略的改进

社会情感教学方法相当多元化，对于特殊学生而言，直接的讲述可能会导致课堂沉闷，一则他们注意力和吸收量都有限，无法接收太多的信息；二则单纯依靠教师的讲解，既显得苍白无力，又费时费力。因此本研究综合运用多种策略，以期提升学生的学习效果，除了本研究所用的方法，在未来，教学策略还可进一步的改进：

1. 缩小辅助科技与社会情感教学之间的差距

针对中度特殊儿童在书写方面比较困难且识字量有限的情况，可在学习单和学习手册的设计上通过点读笔进行录音，完成相应的学习任务。这虽只是一个微小的改变，但相关前景报告指出，目前前沿性的教育科技工具在社会和情感学习模块上大有可为。例如，现有基于教育游戏的学习解决方案中通常会含有促进社会情感和情感学习的核心要素，如负责任的决策、复杂的沟通和积极的同伴协作等，研究人员还在尝试使用虚拟和增强现实的方法，提供从深呼吸到解决复杂社会情感品格问题等各种技能的沉浸式训练，以提高学生对个性化内容的参与度和信心感（McGraw-Hill，2017）。虽然辅助科技工具可能永远无法取代学生在社会情感和情感学习中互动的作用，但这些工具不仅可以为现有社会情感教学提供强大补充，还可以帮助学生增进学业。

2. 融入桌游活动寓教于乐，保证足够或专门的桌游时间

桌游对于学生有较大吸引力，如果时间比较充裕或是不受研究时间的限制，学校老师完全可以根据所学的主题多多设计相关的桌游，这种让学生真正参与式的互动游戏，能在寓教于乐中提升学生的学习动机与效果。但是仅凭一两次35分钟的课堂时间远远不够，而要让全班学生都参与桌游，时间明显不足。尤其是对于B组学生，如果一节课35分钟，去掉游戏前的解说和介绍用时，一节课下来每个人平均参与的时间不足五分钟，有时候学生正玩得兴浓下课铃声就响了。故若是条件允许，教师可以利用连续两节课的时间开展桌游活动。或是分成两组，准备两分游戏材料，由两个教师分别组织进行，尽可能地让每一名学生都有充分的参与时间。一线教师在平时的教学中完全可以多花几

节课在桌游的教学中，进行越多次游戏最终之效果可能越佳。

3. 教师在学生角色扮演活动中应灵活把握自己的身份与功能

如果是人数比较多的角色扮演活动，教师也许可以采取手偶或人物模型的形式，在桌面上进行，以避免因学生站出来活动造成混乱或者被一些不必要的走动喧宾夺主掩盖了主题内容。扮演过程中，教师作为总导演的身份，应根据学生的反应灵活应变，尽量让他们的表现贴近主题，敏锐地察觉他们最真实的表演，并给予适当的支架，助其顺畅地演练。扮演过程中教师要有开放的心态，勇敢地做出示范，必要时一起加入表演，这不仅会让学生们觉得有趣，他们演起来也会更加起劲。但这当中教师对跳进跳出的衔接非常重要，如果过度教学，会使扮演过程中断，妨碍学生对角色的把握和理解，同时变相地让学生依赖别人；如果观察不够敏感，缺乏适时的提示，特殊儿童可能会不知所措，造成演练卡壳或瓦解。因此，角色扮演中，教师并不是单纯的旁观者，需要具备统整全局的观念，时时刻刻观察表演者与观众的反应，并做出适当的回馈。

4. 选择适当的社会情感故事，根据学生情况做适度的调整，并联合其他策略共同使用

本研究教学过程中发现，各种有针对性的社会故事、绘本故事或寓言故事，具有良好的教学效果。这些情感故事能够帮助学生理解抽象的概念，使学生在故事中与角色产生共鸣，获得相关社会情感的具体内容与要求。当然，良好效果的取得还需要研究者根据参与者的阅读程度、生活经验和本课程教学主题及目标来选择相契合的故事，并做必要的改编，如将故事情节贴近学生的生活，故事内容不可太长、所用的描述语言通俗易懂，避免过于书面的叙述、去除国外绘本中不相符的文化背景内容等。同时，对于有智力障碍尤其是中度障碍的学生，所编制的社会情感故事应尽量结合情境搭配鲜明的图片说明，以具体地传达重要的概念。此外，将角色扮演与社会情感故事包裹式的教学策略能更彰显出学习成效，如邀请学生为绘本角色命名并扮演该角色，如此可拉近故事和学生的距离，使学生对教学内容感到亲切。因此未来的教学中可将二者多多结合，促进学生的参与动机，并提高其理解能力。

5. 运用各种形式提升特殊儿童在自然情境的社会情感表现

受制于自身认知与记忆力的不足，特殊儿童经常遗忘所学的知识。比如学习数学，特殊儿童即使已经掌握了 20 以内的加减运算，具备了书面运算能力，但是一到生活中进行真实买卖计算价格，他们就会出错。社会情感也类似，特殊儿童在课堂上能够判断社会情感情境中哪些做法是可取的，也能够在角色扮演中演示出正确的做法，但是在现实生活中遇到真实社会情感问题时，他们仍会不知所措。例如已学过关于青春期的基本知识，心理课上他们已有所接触，但重新提及时基本上每个人都已毫无印象。因此社会情感仅仅通过课堂上的学习是远远不够的，还需要在课后通过各种形式进行加强，包括借由作业单、提示卡、小册子等在各种创设情境和自然情境中进行加强练习。

（五）推动家长更积极地参与，注重特殊学生家长的心理需求

有些轻中度障碍孩子的家长多多少少会持有"等大些自然就会好了"的心态，他们认为自己孩子现在出现的问题会随着时间慢慢变好，殊不知即使是普通孩子都要接受社会情感方面的学习，更何况是无法有效控制自己情绪和解决社会问题的特殊儿童。因为这几个研究对象相对而言认知程度较好，家长反而更在乎的是他们的学业成就，习惯了用语文和数学学科的模式来看待该课程的实施，即他们更重视孩子在这个课程中具体能够获得哪些知识。

特殊学生的家庭状况是无法忽视也是很难改变的事实，例如 B1 生妈妈有时候会把 B1 生和普通小孩做比较，在这种落差之下加之生活各种琐事缠绕在一起，家长的情绪表现自然不会太好。但这一年下来 B1 生在情绪管理方面有所改善，如果家庭功能方面也能得以进一步的调和，让家长有相应的资源（包括各种正式与非正式管道）能够减轻负担，将会有事半功倍的可能。所以这又回到关于家校配合的问题上，其实对于轻中度的特殊儿童来讲，如果家长能够多些耐心、精力和方法，大部分的学生都会取得较明显的进步。只是现实中，有些家庭不仅是低功能的，家里一般也会有另一个普通的孩子，父母会把较多的精力放在另一个孩子身上，对于特殊儿童则往往是低期望的，这也是教师所无法改变的。教师能做的就是和家长保持及时的沟通，为他们提供简单易完成的家校配合任务。

因此特殊儿童的弱势不仅体现在自身的能力局限性上，在家庭功能方面他们往往也无法和普通孩子相比。主要是由于家长对普通孩子是有期待的，期望他们在长大成人之后能够有所成就，而大部分的特殊学生家长对自己的孩子是不抱期待的。此外，特殊儿童本身不像普通学生那样有外在的竞争压力和要求，即使是对于一些轻度障碍的学生，他们也难有这种（竞争）意识。当普通学生在课余时间还要进行阅读、沟通等各方面的练习时，轻度障碍的孩子沉浸在 IPAD、手机、电视和计算机的世界中。他们原本也有能力，可以完成一些属于他们能力范围之内的任务，例如阅读绘本故事等，但因没有适当的压力、竞争环境和意识，也缺乏家长的监督和期待，这些能力逐渐被淡忘和忽视了。相较于普通学生，原本特殊学生在课余时间应花更多的时间练习，结果却相反。总之，无论是整体的社会环境（宏观系统）还是家庭环境（微观系统）都影响着特殊儿童的社会行为表现及学习成就，故应为特殊学生的家长提供更多的支持，鼓励和提升家长在特殊儿童社会情感学习中的参与比例。

二、行动研究的启示

(一) 强调现场中批判性的自我反省

特教领域的行动研究近年来有所增多，但较多研究仍以实验为主，不论是教学实验或是测试性的实验，普遍以各种数据作为研究的主要依据。工具与技术导向思考模式似乎成了主流，这可能会遗漏一些问题，如现场诸多不可忽视却有重要意义的思考历程，量化研究的方法也无法鲜活地感知每个生命体的学习与改变过程，更不能为现场教师提供感同身受的经验。故从研究机构或研究者的角度来看，有必要平衡质性研究与量化研究的比例，自上而下地为现场教师作出表率，提供切实可参考的研究结果。

此外，从现场实务教师的角度来看，他们往往承担着繁重的教学或行政任务，如果没有学校的硬性规定，要做到在规划、行动、观察与反思之间不断地调整与循环很难。即使有个别教师采取了类似于行动研究的做法，也面临着如何将数据进行有效整理与呈现的问题，不过，这也为其他教师提供了借鉴。例如，教师可能会阐述班级或课堂上学生的互动情形，但他们可能不会花额外的时间和精力来思考如何进行变革。而反思是其中的重要组成部分，因为反思实践可以帮助教师了解儿童的需求和能力，且教育部 2015 年颁布的《特殊教育教师专业标准（试行）》、2019 年颁布的《特殊教育专业认证标准》均明确强调特教教师要会反思。《特殊教育教师专业标准（试行）》指出，特殊教育教师的专业能力包括反思与发展，《特殊教育专业认证标准》（第二级）则指出，普通高等学校培养特殊教育教师的本、专科特殊教育专业，其毕业的要求之一是学会反思。同样的，自我反思对于社会情感教学的影响也是举足轻重的，因此应鼓励教育者考虑自己的信念、行为、期望及规范如何影响课堂环境以及学生的学习，通过不断进行的自我反思，教师可以确定教学调整历程中所存在的障碍和可能。

（二）从场域内部做调整，鼓励教师参与行动

现场教师普遍面临繁忙的日常工作，执行需要持之以恒的行动可能需要额外的时间和精力，因此对于行动研究的实施可采取权宜之计，例如将行动研究的问题与目的分割为更小的单元，分阶段实施；或是延长行动研究的时间，在时间充裕的前提下保证足够的反省与循环空间，以点滴聚少成多的方式搜集材料。同时发挥在职教师的优势与便利，与志同道合的同事分工合作，既能达到专业对话的可能，也能减轻研究的压力。行动研究者也应以开放的心态接纳不同研究取向的特性，可以依据需要加入量化研究的技巧来搜集和分析资料，为实际教学的改善做出具有更强说服力的判断与选择。

（三）以实践行动促进特殊教育教师之间的互动与合作

本课程研发与教学实践的实证研究发现，教师之间在课程研发之际发生的困境与挑战包括课程结构的限制、教学专业的坚持、教育哲思的差异。在课程结构、教学专业、教育哲思的冲撞与拉扯的历程中，教师只有跳脱工具理性的思维，进行信念的重构，才能带领儿童突破矛盾，进行课程开展与自我实现。时至今日，教师的专业实践从传统的孤立性与隐蔽性，转趋合作性与开放性，借由系统化的支持，通过专业的学习社群，教师之间的专业沟通交流与合作得以增进，其认知、情意与技能也在人际互动中得以提升（Santagata & Guarino，2012）。实证研究指出，教师存在孤立性，他们不希望其他教师进入自己的班级，教师彼此会进行非正式的社交互动，但鲜少讨论涉及专业的班级问题、合作等促进专业发展的互动，因为教师间存在着寻求帮助就意谓失败的思维（卢

长娥，罗生全，2022）。进一步来说，教师之间进行课程研发时，纵使他们已达成共识，但是教学实践时，潜藏于个体间深层的结构与哲思的议题会逐一浮现，对于课程研发时所想望的美好会逐一形成挑战，此时需要回归到主体的存有来思考，虽然造成困境但绝非无法突破，只是需要花心思琢磨更好的解决之道。换言之，课程研发时引发的自由创意的发声虽如洒落满天的珍珠般扩散，但也能延展独树一格的创意。

（四）以实践行动的改变提升特殊儿童的学习成效

唯有教师改变才有契机展现课程创新，为特殊儿童带来课程改变（Martin & Michelli，2001），当教师互动以合作的形式表现时，有助于觉察与掌握学生的学习需求（孙扶志、邓慕诗，2019），提升学生学习成效（Passini，Molinari & Speltini，2015），促进特殊儿童的参与度，并助益于学习区环境规划、课程与教学教案设计与班级经营（刘秀枝、黄秀霜，2013）；温暖、接纳的情境脉络，形塑潜移默化的影响，有助于特殊儿童的社会情感能力提升。换言之，当特殊教育教师积极在实践中探索学生的需求和挖掘课程教学的创新点，展现正向的人际互动时，这些积极的因素会自然地流露于教师的言教、身教与境教中，潜移默化地展现在课程与教学的成效与质量上，有助于觉察、关注并提升特殊儿童学习。

参考文献

成虹飞:《行动研究的书写与阅读——困境与可能性(阿美与阿花的对话录)》,《教育资料与研究》2000 年第 6 期。

陈玮婷:《〈特殊教育研究学刊〉之质性研究趋势:以近十年为例》,《特殊教育季刊》2011 年第 118 期。

蔡明富:《中小学生社会行为评量系统之发展》,《特殊教育学报》2015 年第 41 期。

蔡清田:《教育行动研究新论》,台湾五南出版社,2013 年。

丁同梅:《中重度智障儿童生活能力发展现状及制约因素》,《现代特殊教育》2013 年第 5 期。

杜媛、毛亚庆:《从专门课程到综合变革:学生社会情感能力发展策略的模式变迁》,《全球教育展望》2019 年第 48 卷第 5 期。

郭绒:《国际教师社会情感能力的实证研究:理论模型、研究设计和研究成果——基于 23 项核心实证研究的领域综述》,《比较教育报》2022 年第 1 期。

洪俪瑜:《社会技巧训练的理念与实施》,台湾师范大学特殊教育学系,2002 年。

黄忠敬:《社会与情感能力:理论、政策与实践》,华东师范大学出版社,2022 年。

黄珊、陈玉、佘丽:《中国台湾社交技能教学对智障者介入成效的元分析——以单一被试实验研究法为例》,《中国特殊教育》2017 年第 11 期。

黄美慧、钮文英:《社会故事对广泛自闭症者教学成效之分析》,《特殊教育与复健学报》2010 年第 22 期。

贾菲:《21 世纪以来日本支援残障学生走向自立的相关政策研究》,硕士学位论文,西北师范大学,2014 年。

金星、韦小满:《弱智儿童亲社会行为研究综述》,《中国特殊教育》2007 年第 79 期。

许家成:《特殊教育领域中的行动研究——兼评全国现代特殊教育论文大赛参赛论文》,《现代特殊教育》2008 年第 9 期。

吕梦:《生态化融合背景下自闭谱系障碍儿童人际支持干预研究》,硕士学位论文,华东师范大学,2016 年。

卢长娥、罗生全:《基于专业学习共同体的幼儿教师深度学习模型构建》,《教育与教学研究》2022 年第 2 期。

芦燕云:《〈培智学校义务教育生活适应课程标准〉解读》,《现代特殊教育》2017 年第 3 期。

林汝轩:《鹰架教学理论在身心障碍学生语言教学上的应用》,《小学特殊教育》2012 年第 53 期。

林庚英:《提高中度智障学生自我意识水平的教学策略研究》,硕士学位论文,华中师范大学,2013 年。

林淑莉:《主题活动搭配社会性故事及录影带回馈之社交技巧教学方案对中重度智障儿童社交互动行为的影响》,《特殊教育学报》2006 年第 23 期。

李明蔚、毛亚庆、李亚芬:《影响学生社会情感能力的个体与班级因素分析》,《当代教育科学》2021 年第 12 期。

刘春玲、马红英:《智力障碍儿童的发展与教育》,北京大学出版社,2011 年。

刘思佳、高瑜:《维果茨基的社会建构主义理论对教学交往的启示》,《教育与教学研究》2011 年第 25 卷第 1 期。

刘电芝、疏德明:《基于班杜拉观察学习理论的隐性课程开发》,《教育探索》2009 年第 213 卷第 3 期。

刘秀枝、黄秀霜:《教师社群互动对职场希望感与创新教学关系之探究:以幼教师观点为例》,《教育研究与发展期刊》2013 年第 9 卷第 1 期。

牟晓宇:《录像示范法对自闭症儿童扰乱行为教学研究》,硕士学位论文,华东师范大学,2012 年。

钮文英:《启智教育课程与教学设计》,台湾心理出版社,2003 年。

潘文福:《建构互为主体性的教室观察指标——诠释的观点》,《教育资料与研究双月刊》2010 年第 96 期。

潘世尊:《教育实践、知识与行动研究》,《教育学刊》2006 年第 26 期。

朴永馨:《特殊教育辞典(第三版)》,华夏出版社,2014 年。

唐赛君:《智障人士社会适应能力提升的社工介入——以武汉市 X 阳光家园小组工作实务为例》,硕士学位论文,华中科技大学,2015 年。

孙圣涛:《家庭环境对幼儿社会技能的影响:作用与机制》,博士学位论文,上海师范大学,2016 年。

唐淑华:《众声喧哗? 跨界思维? —— 论"教学转化"的意涵及其在文史科目教学上的应用》,《教科书研究》2011 年第 4 卷第 2 期。

吴裕圣、曾玉村:《鹰架式概念构图教学策略对学童生物文章的阅读表徵与情意之影响》,《教育心理学报》2011 年第 43 期。

吴静:《录像示范法应用于自闭症儿童社会互动行为的干预有效性研究》,硕士学位论文,华东师范大学,2014 年。

翁盛、魏寿洪:《录像示范法在自闭症儿童社交技能训练中的应用》,《中国特殊教育》2015 年第 9 期。

杨平如、朱思颖:《角色扮演课程教学以增进自闭症幼儿社会互动能力之成效》,《幼儿教育年刊》2013 年第 24 期。

颜瑞隆、张正芬:《从生态系统理论谈自闭症学生的学校适应》,《特殊教育季刊》2012 年第 124 期。

于雪莉:《角色扮演与 4 岁儿童心理理论的相关研究》,硕士学位论文,辽宁师范大学,2014 年。

闫明、刘明:《课程本位评估在特殊儿童早期教育中的应用》,《绥化学院学报》2012 年第 32 卷第 4 期。

王沙:《攻击型轻度智力障碍儿童人际交往问题解决认知技能的训练研究》,硕士学位论文,华东师范大学,2012 年。

王欣宜、柯玉真、苏昱蓁:《障碍学生社会技巧实施成效分析》,《特殊教育与辅助科技》2012 年第 8 期。

王贞琳:《儿童绘本与心智理论的发展:从麦兜到三只小猪的真实故事》,《香港幼儿学报》2010 年第 9 卷第 2 期。

王梅轩、黄瑞珍:《小学课程本位阅读测量方法之信度与效度研究》,《特殊教育研究学刊》2005 年第 29 期。

王雁、宋楠、王姣艳:《智力障碍儿童社会技能训练》,北京师范大学出版社,2014 年。

王辉、王雁:《对我国大陆培智学校课程建设问题的几点思考》,《中国特殊教育》2015 年第 175 期。

王静:《西安市智障群体生存现状与思考》,《中国校外研究》2010 年第 18 期。

McNiff,J & Whitehead,J:《行动研究:原理与实作》,朱仲谋译,台湾五南出版社,2004 年。

周宗奎:《儿童社会技能的测评方法》,《心理教育与发展》1996 年第 36 卷第 3 期。

周宗奎:《儿童的社会技能》,华中师范大学出版社,2002 年。

昝飞、马红英:《特殊学校教师教育技能》,北京大学出版社,2021 年。

展宁宁、张益辉:《小学中高年级儿童的同伴接纳、社会行为与父母教养方式的关系》,《石家庄学院学报》2008 年第 10 卷第 3 期。

张玉红:《智力障碍儿童亲社会行为研究》,博士学位论文,华东师范大学,2018 年。

张正芬:《数字社会性课程教学攻略——在高功能自闭症与亚斯伯格症之应用》,台湾心理出版社,2012 年。

张修竹、刘爱书、张妍、于增艳:《非言语型学习障碍的社会技能研究述评》,《中国特殊教育》2016 年第 5 期。

张国栋:《视频示范法在儿童自闭症教学中的应用研究》,《社会福利》2012 年第 7 期。

张庆鹏、寇彧:《自我增强取向下的亲社会行为:基于能动性和社交性的行为路径》,《北京师范大学学报(社会科学版)》2012 年第 1 期。

张文京:《特殊教育课程理论与实践》,重庆出版社,2013 年。

曾凡林:《上海市成年智障人士家庭需求调查》,《中国特殊教育》2006 年第

9 期。

曾琼祺、洪俪瑜:《学习障碍学生社会情绪适应困难内涵初探》,《特殊教育季刊》2015 年第 137 期。

赵悦彤、孙晓娟、张向葵:《提升羞怯幼儿的社交能力:基于社会信息加工模型的干预方法》,《中国临床心理学杂志》2018 年第 5 期。

郑芬兰、蔡惠玲、江淑卿:《由社会信息处理观点分析小学儿童的关怀行为》,《人文社会科学研究》2010 年第 4 卷第 3 期。

郑蕴铮、郑金洲:《教育行动研究:成效、问题与改进》,《教育发展研究》2020 年第 4 期。

张玉华:《促进国家课程政策落实的学校课程规划:编制与实施》,《中国教育学刊》2023 年第 6 期。

甄晓兰:《课程行动研究:实例与方法解析》,台湾师大书苑出版社,2003 年。

傅丽美、毛婕妤:《在绘本教学中促进孤独症儿童社会性发展的策略研究》,《现代特殊教育》2024 年第 3 期。

Adeniyi,Y. C. & Omigbodun,O. O. (2016). Effect of aclassroombased intervention on the social skills of pupils with intellectual disability in Southwest Nigeria. *Child and Adolescent Psychiatry and Mental Health*,10(29),1-12.

Akmanoglu,N. & Tekin-iftar,E. (2011). Teaching children with autism how torespond to the lures of strangers. *Autism: The International Journal of Research and Practice*,15,1-8.

Allen,K. P. (2010). Classroom management,bullying,and teacher practices. *The Professional Educator*,34(1),1-15.

Aksoy,P. & Gresham,F. M. (2020). *Theoretical bases of "social-emotional learning intervention programs" for preschool children. International Online Journal of Education and Teaching (IOJET)*,7(4),1517-1531.

Al-Yagon,M. & Margalit,M. (2013). Social cognition of children and adolescents with LD: In-(Eds.),*Handbook of learning disabilities* (pp. 278-292). New York,NY: Guilford Press.

AAIDD(American Association on Intellectual and Developmental Disabilities)

(2010). *Intellectual disability: Definition, classification, and systems of supports* (11th ed.). Washington, DC: Author.

American Psychiatric Association (2013). *Diagnostic and statistical manual of mental disorders* (*DSM-5*) . Washington, DC: Author.

APA (American Psychiatric Association). (2013) *Diagnostic and Statistical Manual of Mental Disorders.* 5th ed (DSM-5). American Psychiatric Association, Washington, DC.

Arsenio, W. F. & Lemerise, E. A. (2004). Aggression and moral development: Integrating social information processing and moral domain models. *Child Development*, 75(4),987-1002.

Bandura, A. (1995). Social learning. In A. S. R. Manstead & M. Hewstone (Eds.), *Blackwell encyclopedia of social psychology* (pp. 600 - 606). Oxford: Blackwell.

Barbour, R. S. (2001). Checklists for improving rigour in qualitative research: A case of the tail wagging the dog? *BMJ Clinical Research*, 322, 1115-1117.

Bauminger, N. , Edelsztein, H. S. & Morash, J. (2005). Social Information Processing and Emotional Understanding in Children with LD. *Journal of Learning Disabilities*, 38(1),45-61.

Bawazir, W. & Jones, P. (2017). A theoretical framework on using social stories with the creative arts for individuals on the autistic spectrum. *Journal of Medical and Health Sciences*, 11 (9),533-542.

Bellini, S. , Akullian, J. & Hopf, A. (2007). Increasing social engagement in young children with autism spectrum disorders using self-modeling. *School Psychology*, 36,80-90.

Bellini, S. , Gardner, L. & Markoff, K. (2014). *Social skill interventions.* Retrieved from https://doi. org/10. 1002/9781119911389. hautc37.

Berg-Nielsen, T. S. , Vika, A. & Dahl, A. A. (2003). When adolescents disagree with their mothers: CBCL-YSR discrepancies related to maternal depression and adolescent self-esteem. *Child: Care, Health & Development*, 29(3),207-213.

Bethards, M. L. (2014). Applying social learning theory to the observer role in simulation. *Clinical Simulation in Nursing*, 10(2), 65-69.

Boxer, P. & Dubow, E. F. (2002). A social-cognitive information-processing model for school-based aggression reduction and prevention programs: Issues for research and practice. *Applied & Preventive Psychology*, 10, 177-192.

Brady, M. E., Leffert, J. S., Hudson, L. J. & Siperstein, G. N. (2009). *Social skills tools for teachers*. Retrieved from https://www. umb. edu/csde/tools.

Brassard, M. R. & Boehm, A. E. (2007). *Preschool assessment: Principles and practices*. New York: Guilford Press.

Bronfenbrenner, U. (1979). *The ecology of human development: Experiments by nature and design*. Cambridge, MA: Harvard University Press.

Buragga, K., Dhir, A. & Boreqqah, A. A. (2013). *iPad 2013: A Leaning tool for students with special needs*. In HCI International 2013-Posters' Extended Abstracts. Berlin, Germany: Springer Heidelberg.

Burgess, K. B., Wojslawowics, J. C., Rubin, K. H., Rose-Krasnor, L. & Booth-LaForce, C. (2006). Social information processing and coping strategiesof shy/withdrawn and aggressive children: Does friendship matter? *Child Development*, 77, 371-83.

Caldarella, P. & Merrell, K. W. (1997). Common dimensions of social skills of children and adolescents: A taxonomy of positive behaviors. *School Psychology Review*, 26(2), 264-278.

Carney, A. G. & Merrell, K. W. (2001). Bullying in schools: Perspectives on understanding and preventing an international problem. *School Psychology International*, 22, 364-382.

Carter, A. S., Briggs-Gowan, M. J. & Davis, N. O. (2004). Assessment of young children's social-emotional development and psychopathology: Recent advances and recommendations for practice. *Journal of Child Psychology and Psychiatry*, 45 (1), 109-134.

Castorina, L. L. & Negri, L. M. (2011). The inclusion of siblings in social skills training groups for boys with asperger syndrome. *Journal of Autism and Developmental Disorders*,41(1),73–81.

Cavell,T. A. ,Meehan,B. T. & Fiala,S. E. (2003). Assessing social competence in children and adolescents. In C. R. Reynolds & R. Kampuaus (Eds.),*Handbook of psychological and educational assessment of children*(2nd ed. , pp. 433–454). New York: Guilford Press.

Centre for the Study and Preventation of Violence (2016). *Blueprint for healthy youth development.* Retrieved from http://www. blueprintsprograms. com/

Chadsey-Rusch, J. (1992). Toward defining and measuring social skills in employment setting. *American Journal on Mental Retardation*,96,405–419.

Chen,X. (2010). Socioemotional development in Chinese children. In M. H. Bond (Ed.),*Handbook of Chinese psychology* (pp. 37–52). Oxford:Oxford University Press.

Conduct Problems Prevention Research Group (1993). A developmental and clinical model for the prevention of conduct disorder: The FAST track program. *Developmen and Psychopathology*,4(4),509–527.

Conduct Problems Prevention Research Group (2010). The difficulty of maintaining positive intervention effects: A look at disruptive behavior,deviant peer relations, and social skills during the middle school years. *Journal of Early Adolescence*,6,131–157.

Conduct Problems Prevention Research Group (1999a). Initial impact of the Fast Track prevention trial for conduct problems: I. The high-risk sample. *Journal of Consulting and Clinical Psychology*,67,631–647.

Conduct Problems Prevention Research Group. (1999b). Initial impact of the Fast Track Prevention Trial for conduct problems: II. Classroom effects. *Journal of Consulting and Clinical Psychology*,67,648–657.

Connolly, J. , Craig, W. , Goldberg, A. & Pepler, D. (2004). Mixed-gender groups,dating,and romantic relationships in early adolescence. *Journal of Research on Adolescence*,14,195–207. doi: 10. 1111/j. 1532–7795. 2004. 01402003. x

Cote, D. L. (2009). *Increasing skill performances of problem solving in students with intellectual disabilities*. Unpublished doctoral dissertation, University of Nevada, Las Vegas.

Cote, D. L. (2011). Implementing a problem-solving intervention with students with mild to moderate disabilities. *Intervention in School and Clinic*, 46(5), 259–265.

Cox, A. W. (2013). *Prompting (PP) fact sheet*. Chapel Hill: The University of North Carolina, Frank Porter Graham Child Development Institute, The National Professional Development Center on Autism Spectrum Disorders.

Crick, N. R. & Dodge, K. A. (1994). A review and reformulation of social information-processing mechanisms in children's social adjustment. *Psychological Bulletin*, 115, 74–101.

Crites, S. A. & Dunn, C. (2004). Teaching social problem solving to individuals with mental retardation. *Education and Training in Developmental Disabilities*, 39(4), 301–309.

Davies, M., Cooper, G., Kettler, R. J. & Elliott, S. (2014). Developing social skills of students with additional needs within the context of the australian curriculum. *Australasian Journal of Special Education*, 39(1), 37–55.

De Bildt, A., Serra, M., Luteijn, E., Kraijer, D., Sytema, S. & Minderaa, R. (2005). Social skills in children with intellectual disabilities with and without autism. *Journal of Intellectual Disability Research*, 49, 317–328.

De Castro, B. O. (2010). *Rage, revenge, and precious pride: Emotions in information processing by children with aggressive behavior problems*. US: American Psychological Association.

Delano, M. E. (2007). Video modeling interventions for individuals with autism. *Remedial and Special Education*, 28, 33–42.

Deno, S. L. (2003). Developments in curriculum-based measurement. *Journal of Special Education*, 37, 194–192.

Diane, B., Schoen, D. M. & Jane, S. (2004). Mental health screening in young children. *Infants & Young Children*, 17(2), 129–144.

Dick, B. (2011). Action research literature 2008 – 2010: Themes and trends. *Action Research*, 9(2), 122–143.

Dixon, D. R., Bergstrom, R., Smith, M. & Tarbox, J. (2010). A review ofresearch on porcedures for teaching safety skins to persona with developmental disabilities. *Research in Developmental Disabilities*, 3, 985–994.

Doll, W. E. (2008). Complexity and the culture of curriculum. *Educational Philosophy and Theory*, 40 (1), 190–212.

Duncan, M. M., Holverstott, J., Myles, B. S. & Swanson, T. C. (2007). Power card strategy. Autism spectrum disorders(two volumes): *A handbook for parents and professionals* (pp. 274–275). Charlotte : Baker & Taylor.

Durlak, J. A., Weissberg, R. P., Dymnicki, A. B. & Schellinger, K. B. (2011). The Impact of Enhancing Students' Social and Emotional Learning: A Meta-Analysis of School-Based Universal Interventions. *Child Development*, 82(1), 405–432.

Eddy, J., Reid, J. & Curry, V. (2002). The etiology of youth antisocial behavior, delinquency, and violence and a public health approach to prevention. In H. Walker, M. Shinn & G. Stoner (Eds.), *Interventions for academic and behavior problems: II. Preventive and remedial approaches* (pp. 27–51). Bethesda, MD: National Association of School Psychologists.

Eisenberg, N., Valiente, C. & Sulik, M. J. (2009). How the study of regulation can inform the study of coping. *New Directions for Child & Adolescent Development*, 124, 75–86.

Eisenberg, N., Pasternack, J. E. & Lennon, R. (1987). *Prosocial Development in middle childhood*. Paper presented at the biennial Meeting of the Southwestern Society for Research in Human Development, Denver, CO.

Elaine, G. M. (2010). *Strategies for teaching social skills in the school environment*. Retrieved from https://education. wm. edu/centers/ttac/resources/articles/teachtechnique/strategiesforteachingsocialskills/index. php

Elizabeth, A. L. & William, F. A. (2000). An integrated model of emotion processes and cognition in social information processing. *Child Development*, 71(1),

107-119.

Elliott, S. N. & Gresham, F. M. (2008). *Social skills improvement system intervention guide manual.* Minneapolis, MN: Pearson Assessments.

Elliott, S. N. & Busse, R. T. (2004). Assessment and evaluation of students' behavior and intervention outcomes: The utility of rating scale methods. In R. Rutherford (Ed.), *Handbook of research in emotional and behavioral disorders* (pp. 123-142). New York: Guilford.

Elliott, S. N. & Gresham, F. M. (1992). *Social skills intervention guide.* Circle Pines, MN: American.

Farmer, T. W. (2000). The social dynamics of aggressive and disruptive behavior in school. *Journal of Educational and Psychological Consultation*, 11, 299-321.

Fettig, A. (2013). *Social skills training (SST) fact sheet.* Chapel Hill: The University of North Carolina, Frank Porter Graham Child Development Institute, The National Professional Development Center on Autism Spectrum Disorders.

Fink, E., Rosnay, M., Peterson, C. & Slaughter, V. (2013). Validation of the peer social maturity scale for assessing children's social skills. *Infant and Child Development*, 22, 539-552.

Fligstein, N. (1997). Social skill and institutional theory. *American Behavioral Scientist*, 40, 397-405.

Fox, J. & Bailenson, J. N. (2009). Virtual self-modeling: The effects of vicarious reinforcement and identification on exercise behaviors. *Media Psychology*, 12, 1-25.

Fraser, M. W., Nash, J. K., Galinsky, M. J. & Darwin, K. M. (2000). *Making choices: Social problem-solving skills for children.* Washington, DC: NASW Press.

Frey, K. S., Hirschstein, M. K. & Guzzo, B. A. (2000). Second Step: Preventing aggression by promoting social competence. *Journal of Emotional and Behavioral Disorders*, 8, 102-112.

Gagnon, E. (2001). *Power cards : Using special interests to motivate children and youth with Asperger syndrome and autism.* Shawnee Mission, KS: Autism Asperger Publishing Company.

Ganz, J. , Earles-Vollrath, T. & Cook, K. (2011). Video modeling: A visually based intervention for children with autism spectrum disorder. *Teaching Exceptional Children*, 43, 8−19.

Garrote, A. (2017). Relationship between the social participation and social skills of pupils with an intellectual disability: A study in inclusive classrooms. *Frontline Learning Research*, 5(1), 1−15.

Gay, G. (2010). *Culturally responsive teaching: Theory, research, and practice*. Michigan State: Teachers College.

Gersten, R. , Fuchs, L. S. , Compton, D. , Coyne, M. , Greenwood, C. & Innocenti, M. S. (2005). Quality indicators for group experimental and quasiexperimental research in special education. *Exceptional Children*, 71(2), 149−164.

Goleman, D. (1996). *Inteligencia emocional.* Barcelona: Kairós.

Gomez, R. & Hazeldine, P. (1996). Social information processing in mild mentally retarded children. *Research in Developmental Disabilities*, 17(3), 217−227.

Greenberg, M. T. & Kusché, C. A. (2006). Building social and emotional competence: The PATHS Curriculum. In S. R. Jimerson & M. J. Furlong (Eds.), *Handbook of school violence and school safety: From research to practice* (pp. 395 − 412). Mahwah, NJ: Erlbaum.

Greenberg, M. T. , Kusche, C. A. & Riggs, N. (2004). The PATHS curriculum: Theory and research on neuro-cognitive development and school success. In J. E. Zins, R. P. Weissberg, M. C. Wang & H. J. Walberg (Eds.), *Building academic success on social and emotional learning: What does the research say?* (pp. 170 − 198). New York, NY: Teachers College Press.

Greenberg, M. T. , Kusche, C. A. , Cook, E. T. & Quamma, J. P. (1995). Promoting emotional competence in school-aged children: The effects of the PATHS curriculum. *Development and Psychopathology*, 7(1), 117−136.

Gresham, F. M. & Elliot, S. N. (2008). *Social Skills Improvement System Rating Scales.* MN: NCS Pearson, Minneapolis.

Gresham, F. M. , Elliott, S. N. & Kettler, R. J. (2010). Base rates of social skillsacquisition/performance deficits, strengths, and problem behaviors: An analysis of the social skills improvement system—rating scales. *Psychological Assessment*. Advance online publication. doi: 10. 1037/a0020255

Gresham, F. M. , Sugai, G. & Horner, R. H. (2001). Interpreting outcomes of social skills training for students with high-incidence disabilities. *Exceptional Children*, 67(3), 331–344.

Gresham, F. M. , Van, M. & Cook, C. R. (2006). Social skills training for teaching replacement behaviors: Remediation of acquisition deficits for at-risk children. *Behavioral Disorders*, 32, 32–46.

Gresham, F. M. , Elliott, S. N. , Metallo, S. et al. (2021). Corrigendum to Psychometric Fundamentals of the Social Skills Improvement System: Social–Emotional Learning Edition Rating Forms. *Assessment for Effective Intervention*, 46(3), 1–15.

Guardino, C. A. & Fullerton, E. (2010). Changing behaviors by changing the classroom environment. *Teaching Exceptional Children*, 42(6), 8–13.

Hart, J. E. & Whalon, K. J. (2011). Creating social opportunities for students with autism spectrum disorder in inclusive settings. *Intervention in School and Clinic*, 46(5), 273–279.

Heer, J. & Agrawala, M. (2010). Design considerations for collaborative visual analytics. *Journal of Information Visualization*, 7, 49–62.

Hetzroni, O. E. & Tannous, J. (2004). Effects of a computer-based intervention program on the communicative functions of children with autism. *Journal of Autism and Developmental Disorders*, 34(2), 95–114.

Henderson J. G. & Hawthorne, R. D. (2000). *Transformative Curriculum Leadership*. Upper Saddle River, NJ: Pearson Education.

Horner, R. H. , Carr, E. G. , Halle, J. et al. (2005). The use of single-subject research to identify evidence-based practice in special education. *Exceptional Children*, 71(2), 165–179.

Hughes, E. M. , Katsiyannis, A. , McDaniel, M. et al. (2011). Research-based educational practices for students with autism spectrum disorders. *Teaching Exceptional*

Children,43(3),56-64.

Hughes, J. N. , Cavell, T. A. & Meehan, B. (2004). Development and validation of a gender-balanced measure of aggression-relevant social cognition. *Journal of Clinical Child & Adolescent Psychology*,33,292-302.

Hess, M. , Scheithauer, H. , Kleiber, D. et al. (2014). The Parent version of the preschool social skills rating system: psychometric analysis and adaptation with a german preschool sample. *Journal of Psychoeducational Assessment*,32(3),216-226.

Jackson, V. A. & Back, A. L. (2011). Teaching communication skills using role-play: An experience-based guide for educators. *Journal of palliative medicine*,14(6), 775-780.

Jaggy, A. , Kalkusch, I. , Bossi, C. B. et al. (2023). *The impact of social pretend play on preschoolers' social development: Results of an experimental study*. Early Childhood Research Quarterly,64(3),13-25.

Jennings, P. A. & Greenberg, M. T. (2009). The prosocial classroom: Teacher social and emotional competence in relation to student and classroom outcomes. *Review of Educational Research*,79(1),491-525.

Junttila, N. , Voeten, M. , Kaukiainen, A. & Vauras, M. (2006). Multisource assessment of children's social competence. *Educational and psychological measurement*,66(5),874-929.

Ferguson, J. L. , Cihon, J. H. , Leaf, J. B. et al. (2018). Assessment of social validity trends in the journal of applied behavior analysis, *European Journal of Behavior Analysis*,4,1-12.

Kemp, K. (2015). *Teaching social skills to students with autism spectrum disorders and students with intellectual disabilities (Doctoral dissertation, columbia university*. Retrieved from https://academiccommons. columbia. edu/doi/10. 7916/D8R78D99.

King, C. A. & Kirschenbaum, D. S. (1992). *Helping young children develop social skills: The social growth program*. Pacific Grove, CA: Brooks/Cole.

Kjesbo, R. R. & Daymut, J. A. (2011). *Scripting: Role-Playing for Social Success*. Retrieved from www. handyhandouts. com

Ladd, G. W. & Mize, J. (1983). A cognitive−social learning model of social-skill training. *Psychological Review*, 90(2), 127−157.

LeDoux, J. E. (1995). Emotion: Clues from the brain. *Annual Review of Psychology*, 46, 209−235.

Leffert, J. S., Siperstein, G. N. & Widaman, K. F. (2010). Social perception in children with intellectual disabilities: The interpretation of benign and hostile intentions. *Journal of Intellectual Disability Research*, 54, 168−190.

Leffert, J. & Siperstein, G. (2002). Social cognition: A key to understanding adaptive behavior in individuals with mild mental retardation. *International Review of Research in Mental Retardation*, 25, 135−191.

Leffert, J. S., Brady. M. E. & Siperstein. G. N. (2009). A "tools for teachers" approach for infusing social skills Instruction into daily teaching activities. *Teaching Exceptional Children*, 6(2), 1−25.

Lenz, B. K., Deshler, D. D. & Kissam, B. (2004). *Teaching content to all: Evidenced practices for middle and high school settings*. New York: Allyn Bacon.

Leyva, D., Berrocal, M. & Nolivos, V. (2014). Spanish−speaking parent−child emotional narratives and children's social skills. *Journal of Cognition and Development*, 15(1), 22−42.

Linn, A. & Myles, B. S. (2004). Asperger syndrome and six strategies for success. *Journal of Beyond Behavior*, 14(1), 3−9.

Lovat, T., Dally, K., Clement, N. & Toomey, R. (2011). Values pedagogy and teacher education: Re-conceiving the foundations. *Australian Journal of Teacher Education*, 36(7), 31−44.

Lundby, K. (2008). *Digital storytelling, mediatized stories: Self-representations in new media*. New York: Peter Lang Publishing.

Maag, J. W. (2005). Social skills training for youth with emotional and behavioral disorders and learning disabilities: problems, conclusions, and suggestions. *Exceptionality*, 13(3), 155−172.

Mason, J. (2000). Asking mathematical questions mathematically. *International*

Journal of Mathematical Education in Science & Technology,31,97-111.

Margalit, M. (1994). *Loneliness among children with special needs: theory. Research, coping, and intervention.* New York: Springer-Verlag.

Mary, D. A. (2019) *Curriculum Becoming in the Assemblage of Lower Secondary Education in Ireland.* PhD thesis, National University of Ireland Maynooth.

Maria, D. K. & Nikolaos, P. (2017). Strengthening social skills in students with an intellectual disability in secondary education. *Sino-US English Teaching*, 14(6), 345-359.

Marzano, R. J. & Marzano, J. S. (2003). The key to classroom management. *Educational leadership: Journal of the Department of Supervision and Curriculum Development*, 61(1),6-13.

Marjorie, M. & Kay, L. (2009). *Job related social skills: A curriculum for students with special needs.* Exceptional Innovations, Inc.

Matson, J. L. & Wilkins, J. (2007). A critical review of assessment targets and methods for social skills excesses and deficits for children with autism spectrum disorders. *Research in Autism Spectrum Disorders*, 1,28-37.

Matczak, A. (2007). *Kwestionariusz Kompetencji Społecznych.* Warszawa: Pracownia testów Psychologicznych.

McClelland, M. M. & Scalzo, C. (2006). Social skills deficits. *Clinician's Handbook of Child Behavioral Assessment*,313-323.

McNeil, J. D. (2006). *Contemporary curriculum in thought and action.* Hoboken, NJ: John Wiley & Sons, Inc.

McGraw-Hill(2017). *Fostering Social and Emotional Learning (SEL) Through Technology.*

Meier, C. R. , DiPema, J. C. & Oster, M. M. (2006). Importance of social skills in the elementary grades. *Education and Treatment of Children*,29(3),409-419.

Merritt, E. G. , Wanless, S. B. , Rimm-Kaufman, S. E. et al. (2012). The contribution of teachers' emotional support to children's social behaviors and self-regulatory skills in first grade. *School Psychology Review*,41(2),141-159.

Monash University (2017). *ASG parents report card*. Oakleigh Vic: Australian Scholarships Group Friendly Society Limited.

Morcom, V. (2014). Scaffolding social and emotional learning in an elementary classroom community: A sociocultural perspective. *International Journal of Educational Research*, 67, 19–29.

Mundy, P., Block, J., Hecke, A. V. et al. (2007). Individual differences and the development of joint attention in infancy. *Child Development*, 78(3), 938–954.

Myles, B. S., Hagen, K., Holverstott, J. et al. (2005). *Life journey through autism: An educator's guide to Asperger syndrome*. Arlington: Organization for Autism Research.

Yoder, N. & Devaney, E. (2015). *Social and emotional learning practices: A self-reflection tool for afterschool staff*. Retrieved from https://www.air.org/sites/default/files/downloads/report/Social-Emotional-Learning-Afterschool-Toolkit-Sept-2015.pdf

Novak, M., Mihic, J., Bašic, J. & Nix, R. L. (2017). PATHS in Croatia: A school-based randomised-controlled trial of a social and emotional learning curriculum. *International Journal of Psychology*, 52(2), 87–95.

Ogelman, H. G. & Seven, S. (2012). The effect social information processing in six-year-old children has on their social competence and peer relationships. *Early Child Development and Care*, 192(12), 1623–1643.

Olçay-Gül, S. (2012). *Ailelerce sunulan sosyal öykülerin otizm spektrum bozuklugu olan ergenlerin sosyal becerilerine etkileri* [The effect of social stories offered by the family on the social skills of adolescents with autism spectrum disorder]. Ankara, Turkey: Egitenkitap.

Olçay-Gül, S. & Vuran, S. (2010). Analysis of the research conducted with the video model method in teaching social skills. *Kuram ve Uygulamada Egitim Bilimleri*, 10, 249–274.

Oliver, K. & Hannafin, M. (2000). Student management of web-based hypermedia resources during open-ended problem solving. *The Journal of Educational Research*, 942, 75–92.

Passini, S. , Molinari, L. & Speltini, G. (2015). A validation of the questionnaire on teacher interaction in Italian secondary school students: The effect of positive relations on motivation and academic achievement. *Social Psychology of Education*, 18, 547-559.

Penton, W. (2010). *Social stories for children with autism: Are they effective in changing behaviour and/or reducing anxiety?* (Doctoral dissertation, University of London). Retrieved from http://discovery. ucl. ac. uk/10007438/7/Penton% 2C% 20Wendy. pdf

Puntambekar, S. & Kolodner, J. L. (2005). Toward implementing distributed scaffolding: Helping students learn science from design. *Journal of Research in Science Teaching*, 42(2), 195-217.

Reynhout, G. & Carter, M. (2007). Social story efficacy with a child withautism spectrum disorders and moderate intellectual disability. *Focus on Autism and Other Developmental Disabilities*, 22(3), 173-192.

Robson, C. (2002). *Real world research: A resource for social scientists and practitioner researchers*, 2nd edn. Oxford: Blackwell Publishing.

Santagata, R. & Guarino, J. (2012). Preparing future teachers to collaborate. *Issues in Teacher Education*, 21(1), 59-69.

Samuels, R. & Stansfield, J. (2011). The effectiveness of social stories to develop social interactions with adults with characteristics of autism spectrum disorder. *British Journal of Learning Disabilities*, 40, 272-285.

Sansosti, F. J. , Powell-Smith, K. A. & Cowan, R. J. (2010). *High functioning autism/Asperger syndrome in schools: Assessment and Intervention*. New York, NY: Guilford Press.

Sansosti, F. J. (2010). Teaching social skills to children with autism spectrum disorders using tiers of support: A guide for school-based practitioners. *Psychology in the Schools*, 47, 257-281. doi: 10. 1002/pits. 20469

Sansosti, F. J. & Powell-Smith, A. K. (2008). Using computer presented social stores and video models to increase the social communication skills of children with high functioning autism spectrum disorders. *Journal of Positive Behavior interventions*,

10(3),162-178.

Scattone,D. (2008). Enhancing the conversation skills of a boy with Asperger's Disorder through social stories and video modeling. *Journal of Autism and Developmental Disorders*,38,395-400.

Scattone, D. , Tingstrom, D. & Wilczynski, S. (2006). Increasing appropriate social interactions of children with autism spectrum disorders using social stories. *Focus on Autism and Other Developmental Disabilities*,21 (4),211-222.

Schneider,N. & Goldstein,H. (2010). Using social stories and visual schedules to improve socially appropriate behaviors in children with autism. *Journal of Positive Behavior Interventions*,12,149-160.

Scruggs,T. E. , Mastropieri, M. A. & McDuffie, K. A. (2007). Co-Teaching in inclusive classrooms: A metasynthesis of qualitative research. *Council for exceptional childre*,74(3),392-416.

Scruggs,T. E. & McDuffie, K. A. (2008). The contributions of qualitative research to discussions of evidence-based practice in special education. *Intervention in School and Clinic*,44(2),91-97.

Seray,O. G. (2016). The combined use of video modeling and social stories in teaching social skills for individuals with intellectual disability. *Educational sciences: theory & practice*,16(1),83-107.

Shearer,R. , Fernandez, V. , Dominguez, X. & Rouse, H. L. (2011). Behavior problems in learning activities and social interactions in head start classrooms andearly reading,mathematics,and approaches to learning. *School Psychology Review*,40(1), 39-56.

Shepherd,A. , Hoban, G. & Dixon, R. (2014). Using slowmation to develop the social skills of primary school students with mild intellectual disabilities: Four case studies. *Australasian Journal of Special Education*,38(2),150-168.

Smit,J. , Van Eerde,D. & Bakker,A. (2013). A conceptualisation of whole-class scaffolding. *British Educational Research Journal*,39(5),817-834.

Spence,S. H. (2003). Social skills training with children and young people:

Theory, evidence and practice. *Child and Adolescent Mental Health*, 8(2), 84-96.

Spencer, V., Simpson, C. G., Day, M. & Buster, E. (2008). Using the power card strategy to teach social skills to a child with autism. *Teaching Exceptional Children Plus*, 5(1), 1-10.

Spriggs, A., Gast, D. & Knight, V. (2016). Video modeling and observational learning to teach gaming access to students with asd. *Journal of Autism and Developmental Disorders*, 46(9), 2845-2858. doi: 10.1007/s10803-016-2824-3.

Stewart-Brown, S. & Edmunds, L. (2003). Assessing emotional and social competence in preschool and primary school settings: A review of instruments. *Perspectives in Education*, 21(4), 17-40.

Taylor, J. L., Lindsay, W. R. & Willner, P. (2008). CBT for people with intellectual disabilities: Emerging evidence, cognitive ability and IQ effects. *Behavioural & Cognitive Psychotherapy*, 36, 723-733.

The HLP Writing Team (2017). *High-Leverage practices in special education.* Retrieved from https://ceedar. education. ufl. edu/wp-content/uploads/2017/07/ CEC-HLP-Web. pdf

Turkstra, L., Ciccia, A. & Seaton, S. (2003). Interactive behaviors in adolescent conversation dyads. *Language Speech and Hearing Services in Schools*, 34(2), 117- 127.

Turkstra, L. S., Dixon, T. M. & Baker, K. K. (2004). Theory of mind and social beliefs in adolescents with traumatic braininjury. *Neurorehabilitation*, 19(3), 245- 256.

Torres, J., Saldaña, D. & Rodríguez-Ortiz, I. R. (2016). Social information processing in deaf adolescents. *Journal of Deaf Studies and Deaf Education*, 21(3), 326 -338.

Umadevi, U. M. & Sukumaran, P. S. (2012). Functional social skills of adults with intellectual disability. *Disablitity, CBR and Inclusive Development*, 23(2), 72-80.

Vaughn, S., Bos, C. S. & Schumm, J. S. (2000). *Teaching exceptional, diverse, and at-risk students in the general education classroom* (2nd ed.). Boston: Allyn &

Bacon.

Wang, P. & Spillane, A. (2009). Evidence-based social skills interventions for children with autism: a meta-analysis. *Education and Training in Developmental Disabilities*, 44 (3), 319-342.

Weiss, S. L. (2013). Learning-related behaviors: Small group instruction in the general education classroom. *Intervention in School and Clinic*, 48(5), 294-302.

Wentzel, K. R. (2003). Motivating students to behavior in socially competent ways. *Theory into Practice*, 42, 319-326.

Wert, B. Y. & Neisworth, J. T. (2003). Effects of video self-modeling on spontaneous requesting in children with autism. *Journal of Positive Behavior Interventions*, 5, 30-36.

Whitehead, J. & McNiff, J. (2006). *Action research: Living theory*. London: SAGE Publications.

Wilhelm, J. D., Baker, T. N., Dube, J. (2001). *Strategic reading: Guiding students to lifelong literacy*. Boynton: Cook Publishers-Heinemann Willner, P., Brace, N. & Phillips, J. (2005). Assessment of anger coping skills in individuals with intellectual disabilities. *Journal of Intellectual Disability Research*. 49(5), 329-339.

Wilson, S. J. & Lipsey, M. (2006). The effects of school-based social information processing interventions on aggressive behavior, part II: Selected/Indicated Pull-out Programs. *Campbell Systematic Reviews*, 6, 1-40.

Xin, J. F. & Sutman, F. X. (2011). Smart board in teaching social stories to students with autism. *Teaching Exceptional Children*, 43, 19-24.

Zamboo, D. M. (2007). What can you learn from Bombaloo? *Teaching Exceptional Children*, 39(3), 32-39.

附　录

附录一　访谈大纲

一、教师/家长半结构访谈纲要

（一）教学前	（二）教学中与教学后
1. 您认为该生社会情感能力如何？您对该生社会情感发展的关注重点和期待是什么？ 2. 在培养该生社会情感能力方面，您觉得最具有挑战性的事情是什么？为什么？ 3. 您认为本研究所设计的活动方案内容与实施策略和形式是否符合该生的需求？如果没有，差距在哪里？	1. 您认为该生现阶段的社会情感表现如何？之前所关注的重点是否有改善？实施本方案过程中和结束后，您觉得该生最大的改变在哪里？请举例描述让您印象深刻的事件？ 2. 您认为本方案是否有助于启发您解决之前所遇到的有关实施社会情感教学所遇到的困境？具体体现在哪些方面？ 3. 综合该生的未来发展，您觉得本方案的教学内容、实施策略或形式等方面需要做哪些调整？

二、学生访谈纲要

1. 你喜欢上这个老师的课吗？为什么？
2. 你觉得老师的课有什么地方需要改变的吗？
3. 如果继续上，你还想要学习什么？

附录二　教学省思记录表（示例）

日期	实践行动	遭遇困难的情况	解决策略	解决困难的情形	研究者的想法或启发
10.25 10.30 11.1	情绪的原因及结果	1. 从前导研究（一）可知学生熟悉的照片和事件是社会情感很好的教学素材，但有时候效果并不明显 2. 当学生根据事件/原因—想法—情绪的顺序来分析所提供情境中情绪时，A2 生和 A3 生能够很快地根据自己的想法分析出来，而 B2 生和 B1 生似乎还不太能理解情绪产生的逻辑顺序，本来设计是提供两张情境图、两个想法和两种情绪脸谱，希望他们能够将对应的情境图、想法和情绪匹配起来，结果二者在情绪下面又贴上了另一张情境图	1. 在之后选择照片时最好采用学生最近发生或刚经历的照片作为素材，这样更能唤起他们的记忆，更有利于学生与自身经验相结合进行练习 2. 一是对于 B2 生和 B1 生应给直接的示范，教师示范如何按照事件/原因—想法—情绪的顺序将对应的图卡贴在对应的位置，并在练习过程中给予适当的提示；二是对于学习新课，初步练习的阶段，对于二者直接给予一套情境练习即可，让他们熟悉这种分析模式之后，再给予更多的选择分析，并之后结合他们自身的照片进行分析	实施后能解决此困难	教师要善于捕捉学生近期的主要表现，并做相关记录，或是随时录制学生的生活剪影，作为教学素材的新鲜来源，这样也能与他们的生活产生立即的联结 情绪原因分析的视觉分析学习单对本班学生尤其是对于 A2 生和 B1 生比较有帮助，二者很容易生气，但又不会管理自身情绪，不能理性分析情绪产生的原因。可将这种学习单贴在教室墙上，一是作为今天课堂的延伸，尤其是对于 B 组的学生，可以加强其对于情绪原因分析的理解，并进行相应的练习；二是可对贯穿于学生日常生活的自然发生的事情进行实时分析，进一步加强学生对于情绪原因的分析

附录三　教学观察记录表（示例）

	情绪红绿灯	
	教师表现	学生表现
动机	关注这个活动对于 B1 生和 B2 生的意义，之后对全体学生加以引导，可以让他们跟着说一说情绪就像气球一样会爆炸的朗读标题（AB 组共同朗读）是一个不错的做法	吹气球环节，B2 生表现得比较积极。这个活动 B1 生和 A2 生也比较感兴趣
发展	老师今天讲课比较有感染力，加上一些肢体动作，在解释红绿灯停可以加上停的手势语注意进行个别化强调，尤其是 B2 生第一次学习情绪红绿灯，还很难把生活中的红绿灯意义与情绪红绿灯联系在一起最后将红绿所有的步骤整合在一起最好可以放在同一张 PPT 中或是一张大的海报中，A4 纸还是有些偏小视频的红绿灯任务卡看完一遍之后再发放比较会让学生集中注意力看视频在看情绪红绿灯的影片中可以加入温度计，解释小明的情绪状况看视频过程中，教师走到同学的身旁做适当的提醒，而不是一直站在台上，如此更能让他们注意力集中在视频上，尤其是 B2 生	B2 生对于红绿灯感觉还不太熟练，需要多加强调大家看情绪红绿灯的影片整体上比较认真A2 生和 A3 生看完一遍视频之后就能理解其中的主要内容，在解释三个小明时应让 B1 生和 B2 生多多参与，可以在提示之下让其一起讨论每个小明是什么样的表现完成任务卡之后，可以让学生念一念，加强印象在完成任务卡阶段，经过老师的个别指导，B1 生和 B2 生能够初步理解小明的情绪红绿灯处理过程
综合	这节课主要是介绍情绪红绿灯的概念，接下来的课程之中要加强演练，可以通过角色扮演进行。最后的总结阶段，可以让全班一起念标题和主要的步骤作为结尾，或是在下节课刚开始时一起念读复习主要步骤	

附录四　教学日志记录表（示例）

日期	关键事件记录
	1. A2 生在平时说话还是比较尖酸刻薄，需要多提醒他"不伤人"，即使他已经明白这些道理。他的这些品行已经长时间养成了习惯，要改变实属不易，班主任也反映很多时候跟他说，他也是能明白这些道理的，但是那种严于待人，宽于对己的态度在实际生活中还是一如既往 2. B1 生和 B2 生的认知水平确实比较弱，缺乏判断能力，比如当 A2 生故意打了一下 B4 生，B4 生可能会下意识地用手反击回去，A2 生会故意大喊"B4 生你欺负我"，B1 生和 B2 生看了就会不明是非地大喊"B4 你竟然欺负 A2 生"，更搞不清状况的 B4 生就也以为是自己欺负了 A2 生。又比如 A2 生欺负 B4 生时，被班主任批评之后会哭，B2 生看到 A2 生哭得那么可怜，就会喊道"B4 生你把 A2 生弄哭了"，结果 B4 生反而向 A2 生说对不起，让班主任白白教育一场。他们两个如果进入社会，很容易在他人的教唆之下做一些违反道德甚至是违法的事情，尤其是 B1 生，他性格比较冲动，需要学习如何克制自己的情绪，而 B2 生则对很多社会信息和意图缺乏判断能力，更是需要学会辨识是非 3. A3 生虽然是学校中能力较好的学生，但是和普通同龄的小孩比起来，认知上还有比较大的差距。今天在完成胖虎冷静与不冷静的学习单时，对于第二次的处理方式和结果表现她并不完全理解，而是把原因写在了处理方式，结果认为是处理方式，这可能与她前几节没有来上也有关系 4. 今天 B5 生在我的课上因为纠结于铅笔盒的放置问题而大吵大闹（可能是由于青春期的叛逆问题），之后在数学课之前又要开始纠结同样的问题，后来老师带着他在操场走了几圈情绪缓和了很多。通过这个例子可以分析出 B5 生两种不同的情绪表达方式，前面一种影响到了其他人上课，后面一种是正确的行为，因为这种方式不伤害自己和他人，也没有破坏到其他的事物

附录五 各主轴单元所对应的培智课程标准表

主轴一：情绪管理

单元内容	培智课程标准内容
1-1 认识及辨识常见的情绪	一、康复训练——情绪与行为训练 1 情绪识别 1.1 能从面部表情、言语、动作等识别高兴或不高兴的情绪 1.2 能从面部表情、言语、动作等识别其他简单的情绪 二、生活语文——倾听与说话 4. 能从语气、语调中理解交际对象的情绪变化
1-2 评估引发不同情绪的原因及结果 1-3 区分感觉与行为	康复训练——情绪与行为训练 3 情绪理解 3.1 能辨别不同情境并理解自己的情绪 3.2 能辨别不同情境并理解他人的情绪
1-4 冷静的方法	一、生活适应—个人生活 3. 会表达自己的情绪情感
1-5 认识正负情绪并选择合适的表达方式 1-6 察觉情绪的强度并选择合适的表达方式	二、康复训练——情绪与行为训练 4 情绪调节 4.1 能用安全、不干扰他人的方式调控自己的情绪 4.2 能用寻求帮助的方式调节自己的情绪 三、运动与保健——心理健康 学会调控情绪的方法：在体育活动中合理调节自己的情绪

主轴二：社会信息的运用

单元内容	培智课程标准内容
2-1 不小心与故意 2-2 善意与恶意 2-3 真诚与不真诚 2-4 问题与办法	虽目前课程标准中尚无较明显的与该主轴相关的内容或目标，但从生活适应课程的性质与理念中仍可寻得些许的依据，如"提高学生解决生活实际问题的能力，促进其融入社会"等，且基于学生的实际需求以及教师和家长意见，该主轴仍是必不可少的教学内容

续表

主轴三：社会问题解决

单元内容	培智课程标准内容
3-1-1　倾听与回应技巧	生活语文——倾听与说话 1. 能认真倾听他人讲话，不随意插话 2. 能听懂他人的问询，并作出适当回应
3-1-2　基本表达要素（人、事、时、地、评论）	一、生活语文——倾听与说话 6. 能用一句话或几句话表达自己的基本需求 9. 能简单讲述生活中发生的事情 12. 能根据以生活为主题的图画说一二句话 二、生活语文——综合性学习 3. 结合语文学习，观察大自然，用口头的形式表达自己的见闻和想法 三、康复训练——沟通与交往训练 4.3　能听懂日常沟通中的简单句 4.6　能用常用词语和词组表达需求、拒绝、情绪和描述事件
3-1-3　谈话技巧 1. 注意说话的语气 2. 注意说话的时机、场合及方式 3. 怎么加入聊天	一、生活语文——倾听与说话 5. 能使用礼貌用语，文明地与人交流。 8. 能参与讨论自己感兴趣的话题。 13. 能根据不同的场合，用适当的语气、语调说话。 二、生活适应——家庭生活 1.3　学会与亲友进行沟通交流
3-2-2 包容与尊重他人	一、生活适应——心理卫生 6.3　懂得感恩，学会宽容和尊重他人 二、生活适应——学校生活 1.2　友爱同学，与同学平等相处、互相帮助 1.3　学会欣赏他人的优点 1.4　尊重工作人员的劳动 三、生活适应——小区生活 3.1　尊重他人，懂得礼让
3-3-1　理解与尊重身体界限	生活适应——个人生活 5.3　了解青春期的身体变化

续表

主轴三：社会问题解决	
单元内容	培智课程标准内容
3-3-2　自我保护	一、生活适应——学校生活 2.2　遵守学校的安全规则，遇到危险时会求救 二、生活适应——小区生活 4.3　知道与陌生人交往时的安全常识 三、生活适应——家庭生活 3.1　知道居家生活的安全常识

备注：上述所参考的课程标准均为义务教育学段的中年级段，即四到六年级；所对应的课程目标内容是"课程名称+学习领域+目标内容"。如"生活语文——倾听与说话"表示生活语文课程中倾听与说话的学习领域

附录六　各主轴单元教学内容的调整表

主轴一：情绪管理

原先单元主题内容	调整之后的内容	调整原因
1-1　认识及辨识常见的情绪	增加情绪事件线索的判断	除了通过直接的语调、肢体动作及表现判断情绪，事件是影响情绪变化的重要原因，结合事件辨识情绪让学生对情绪的理解更加立体和饱满
1-2　评估引发不同情绪的原因及结果	B组删除分析结果的要求，只需掌握"（谁）觉得（情绪），因为（事情）"	在实际教学中发现B组学生在预测情绪事件的结果方面具有较大的难度，因此此阶段对B组不做要求
1-3　区分感觉与行为	1-3　区分感觉与行为	
1-4　冷静的方法情绪红绿灯：红灯停、黄灯想、绿灯	1-4　冷静的方法情绪红绿灯：红灯停、红灯想、绿灯行	学生的实际生活经验主要是红灯停和绿灯行，较少接触黄灯，比较难以产生联结，修改之后更易让学生接受
1-5　认识正负情绪并选择合适的表达方式	删除情绪现象图	现象图对于几位参与者而言太抽象，且实际意义并不大
1-6　察觉情绪的强度并选择合适的表达方式	删除根据情绪适配性原则及根据不同强度匹配不同的策略	对于特殊儿童而言，需要经过多次的学习与练习方能掌握情绪处理的恰当方式，过于细致的要求可能会加重他们的认知负担，故删除对其而言实际意义较小的内容
1-7　情绪桌游活动	增加该主题内容	以游戏的形式加强学生对情绪管理的综合理解与运用

主轴二：社会信息的运用

原先单元主题内容	调整之后的内容		调整原因
2-1　确认意图	2-1　不小心与故意		将意图分解为更具体的单元，让学生能够更详细地掌握判断的要点
	2-2　善意与恶意		
2-3　真诚与不真诚	2-3　真诚与不真诚		

续表

主轴二：社会信息的运用		
2-4 确定目标 2-5 制定计划 2-6 归纳策略	2-4 问题与办法 将目标换一种方式融入至该主题，整合为更系统和简单的解决问题步骤	社会情感目标的概念对于学生来说比较抽象，且分离式的问题解决系统过于繁杂，简化之后更利于学生理解与运用
	2-5 社会信息判断与运用的桌游	以游戏的形式既能够吸引学生的参与度，也能及时发现学生精熟的知识点和需要补缺补漏的地方，在游戏中及时修正

主轴三：社会问题的解决			
原先单元主题内容		调整之后的内容	调整原因
3-1 基 本 沟 通 技 巧	3-1-1 倾听与回应技巧	3-1-1 倾听与回应技巧	
	3-1-2 基本表达要素（人、事、时、地）	3-1-2 基本表达要素（人、事、时、地、评论）	因参与者的口语能力尚可，尤其是两名 A 组学生，增加对事件的评论或看法，能够丰富他们的表达能力，提升自主表达的欲望
	3-1-3 谈话技巧 1. 开启话题 2. 加入谈话 3. 结束谈话 4. 了解话语中的隐蕴含义	3-1-3 谈话技巧 增加注意说话的语气 1. 与 3 一起改为注意说话的时机、场合及方式 2. 加入聊天未变 3. 删除 4. 删除	增加说话的语气教学，主要是考虑到班级学生目前普遍存在说话语气不当，甚至引发同学之间冲突的现象；开启与结束话题分开教学让沟通过于程序化，与实际的沟通回合有所出入，因不论是开启和结束，都要对说话的时机、场合及方式进行判断与选择，因此用注意说话的时机、场合及方式替代 1 和 3；4 的内容对于 B 组学生难度较大，且不是学生目前发展需求的优先选择，故先删除

	主轴三：社会问题的解决		
3-2 友谊管理	3-2-1　合作	删除	限于时间的考虑，相较于其他的社会行为表现，班级学生在合作能力方面相对表现较好
	3-2-2　包容与尊重他人	3-2-2　包容与尊重他人	友谊管理单元本学期主要教导包容与尊重，班级学生目前常会有不尊重与包容他人，自身却浑然不知的现象，故需优先教导
	3-2-3　同理心	删除	一是限于时间的考虑，二是原本设计的同理心教学中同时涵盖情绪的理解、意图的判断以及说话方式的选择与运用，具有较高的综合运用能力要求，超出学生目前的最近发展区
3-3 两性互动	3-3-1　恰当地表达对他人的尊重与喜爱	3-3-1　理解与尊重身体界限 1. 增加"认识青春期的变化" 2. 深化身体的界限及接触应对（安全圈）	班级学生普遍缺乏青春期的基本知识，给予学生相关的先备知识以利于后续更好的学习；目前班级学生进入青春初期，开始对异性有较大的好奇心，两性互动的问题也比较明显，故身体界限的主题在原有内容基础上进一步深化，并以安全圈的形式让学生掌握各自的身体界限要求及其应对策略
	3-3-2　自我保护	3-3-2　自我保护 将教学内容分解为更具体和细致的自我保护技巧 3-3-3　增加"自我保护"的桌游	特殊儿童的自我保护技巧单一，难以应对复杂、可能具有危险性的社会情境，尤其是本研究中几位进入青春初期的学生，家长和教师一致认为他们需要更多有效的策略来处理当下或将来可能面临的冲突与危险，以桌游的形式能够加强他们对这些技巧的记忆与运用

后　记

　　社会情感学习与 21 世纪国际核心素养框架联系紧密，都强调学生的全面发展，是世界范围内提升基础教育质量的重要途径。社会情感学习对儿童的心理健康、知识学习、道德发展、合作互助和成就动机至关重要。社会情感能力发展良好的儿童在自我管理、与他人建立关系、解决冲突、对自己和周围的世界保持积极态度等方面更容易有优秀表现。当前普通中小学已经意识到儿童在成长过程中对情绪和情感的体验及表达的需求，围绕儿童社会情感学习展开了多样的实证研究，包括有目的地教授儿童掌握社会情感技能的课程模式、关注能力与关注环境相结合的项目模式以及家庭、学校、社区共同发挥作用的综合模式。

　　特殊教育作为基础教育的重要组成部分，对于特殊儿童社会情感能力的培养同样不容忽视，且特殊儿童比普通儿童更容易出现社交、情感方面的困难，同时社会情感能力也是促进特殊儿童自立、自强、自信以及实现可持续发展的必要条件。因此有必要基于特殊儿童的发展需求与学习特质，为其设计针对性的社会情感学习方案，从多元参与和预防性角度揭示特殊儿童社会情感能力的培养模式。

　　本书中的社会情感学习由支持特殊儿童心理健康的病理学路径和"治疗"范式，转向提升学生幸福感的健康路径和"预防"范式。以西方的理论和模式作为参考，基于我国培智学校的义务教育课标进行本土化，以班级为单位，深入观察和分析每个特殊儿童社会情感学习的历程，希望能够为实践中开展特殊儿童社会情感学习活动提供一定的借鉴。

　　在研究实践中，本书倡议通过行动研究来引领社会情感学习课程建构的本土研究。社会情感能力属于软能力，它的学习成效不像阅读、认知等

认知能力那样的外显易测，需要教师、家长等在日常的点点滴滴中观察和
记录儿童的表现与改变。课程行动实践和行动研究本身，是一种生命体验
与探索，而经验分享本身，则是生命的展现。分享研究经验与认知，不仅
能够展现儿童的社会情感学习历程，深描特殊儿童社会情感的收获与蜕变，
对研究者来说，也是一种自我检视和成长的机会。行动研究本身具有一种
"解放"教育实践的意图与特质，借由更多研究者和实务工作者的共同参
与，能够促进学术界与实务界一起重新思考平常认为理所当然的教育假设
与现象。在本次行动中，我尽力将自己的思想、知识和经验凝聚成文字，
希望能够为读者带来价值和启发。然而我深知，自身的见解和表达可能存
在局限，我的知识和理解也在不断地发展和完善中。本书欢迎每一位读者
的反馈和批评，正是通过交流和讨论，才能共同进步，不断接近真理。

　　在这本书的创作旅程中，感谢钟莉娟老师的悉心指导，钟老师以其深
厚的学术造诣和严谨的治学态度，为我的研究提供了宝贵的指导意见；感
谢樊江琴老师的实践支持与教学建议，樊老师丰富的一线教学经验延展了
本研究的教学内涵；感谢山东人民出版社马娟老师团队，以其专业的编辑
眼光，耐心和细致地帮我打磨每一个章节；最后感谢我的家人，你们是我
坚强的后盾和无尽的灵感源泉。

黄　珊

2024.5.26